ボンボン・ショコラ
の技術

Bon Bon Chocolat

旭屋出版

ボンボン・ショコラの技術
Contents

本書を読む前に

- 本書は35店のボンボン・ショコラの材料と作り方、その味づくりの考え方を解説しています。
- 内容は2017年の取材時のものです。値段、提供期間、材料や作り方、デザインなどは変わることがあります。
- 材料と作り方の表記は各店の方法に従っています。
- 分量に「適量」「少量」「少々」とあるものは、様子をみながらお好みでお使いください。
- 材料のチョコレートの「%」はカカオ分を、生クリームと牛乳の「%」は乳脂肪分を表しています。
- チョコレートのテンパリング温度は、チョコレートの各銘柄によって差異があります。使用するチョコレートのテンパリング温度については、製品パッケージにある温度表示を参照するか、メーカーに確認してください。
- 無塩バターの正規表示は「食塩不使用バター」ですが、通称の「無塩バター」で表記しています。
- 加熱・冷却・撹拌時間などは、各店で使用している機器を使用した場合のものです。
- 材料の呼び名、使用する道具の名称は各店での呼称に準じているところもあります。
- 掲載した各店の住所、電話番号、営業時間、定休日などは2017年10月現在のものです。

CRIOLLO

クリオロ

オーナーシェフパティシエ　サントス・アントワーヌ

香ばしさと優しさ、さまざまな方向に広がりゆく香りと酸味。それぞれの特徴を生かした3種類のチョコレートをブレンドした、なめらかな食感のガナッシュ。仕上げはゴールドのパールパウダーで繊細に。

プレーン
提供期間：通年
300円（税込）

プレーン

ガナッシュ

［材料］

◆2.25cm×2.25cm×高さ1.2cm　1000個分

A

- 70%チョコレート(ヴァローナ社「特注チョコレート」)…1740g
- 76%チョコレート(マルゥ「バリア」)…1160g
- 40%ミルクチョコレート(ヴァローナ社「ジヴァラ・ラクテ」)…350g

35%生クリーム…1740g
牛乳…440g
転化糖…330g
ソルビトール…580g
パート・ド・カカオ(ヴァローナ社「タイノリ」)…174g
グルコースシロップ(DE60)…500g
無塩バター…406g

1 ロボクープにAを入れる

2 鍋に生クリームと牛乳を入れて火にかけ、泡立て器で混ぜながら沸騰させる。転化糖を加える。

3 ソルビトールを加え、泡立て器で混ぜる。72℃までさます。ソルビトールを加えるのは、ガナッシュの中に湿気を保ち、しっとりさせるため。

4 1のロボクープに3を入れる。

5 溶かして40℃に調整したパート・ド・カカオを加える。30秒間回し、乳化させる。

6 グルコースシロップを加える。グルコースシロップを加えるのは、やわらかくスッと溶ける食感を表現するため。30秒間回し、乳化させる。

7 40℃に調温し、角切りにしたバターを加える。30秒間回し、乳化させる。36～37℃の状態でボウルに移す。

3 歯ブラシを使用して、パールパウダー（ゴールド）をふる。繊細に仕上げるため、歯ブラシに付けるパウダーの量に注意する。

トランペ・仕上げ

［材料］

◆仕込み量

55%チョコレート（ヴァローナ社「エクアトリアール・ノワール」）…適量
66%チョコレート（ヴァローナ社「カライブ」）…適量
＊上記のチョコレートを1対1の割合で混ぜる。
パールパウダー（ゴールド）…適量

1 2種のチョコレートをエンローバーにセットする。カットしたガナッシュをベルトの上に、隙間を空けて手で並べ、エンローバーでトランペする。

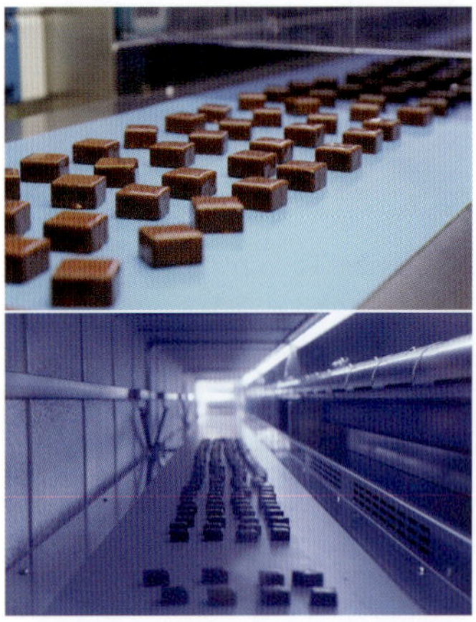

2 チョコレートクーリングトンネルに通し、ゆっくり結晶させる。チョコレートクーリングトンネルがない場合は、室温18℃の環境で翌日まで置き、ゆっくり結晶させる。

シャブロネ・ギッターでカットする

［材料］

◆仕込み量

56%チョコレート…適量

1 マーブル台の上に、バールで高さ1.2cmの枠を作る。ガナッシュを36〜37℃の状態で流す（流す際の室温は約18℃、湿度は60〜70%）。翌日まで置いて結晶させる。

2 テンパリングしたチョコレートを、表面にパレットナイフで薄く均一に下塗りする。

3 ギッターで2.25cm×2.25cmにカットする。端の余分を取り除く。

CRIOLLO
クリオロ

チャイ

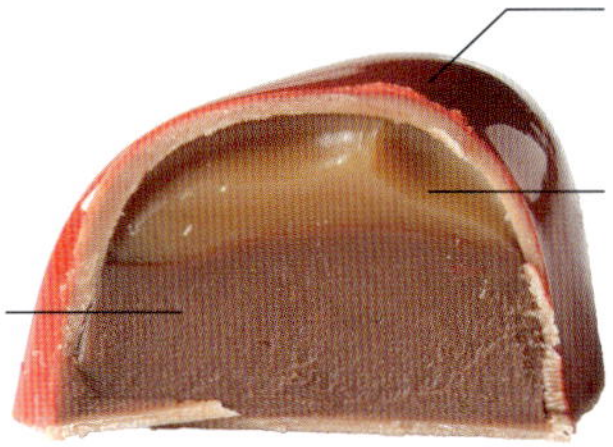

キャラメル・アールグレイ

カシス

カシス
300円（税込）
キャラメル・アールグレイ
350円（税込）
チャイ
300円（税込）
提供期間：各通年

チャイ

ガナッシュ

［材料］

◆1.5cm×3cm×高さ1.2cm　1000個分

A
- 66%チョコレート（ヴァローナ社「ピュアカライブ」）…3013g
- 40%ミルクチョコレート（ヴァローナ社「ジヴァラ・ラクテ」…1710g

35%生クリーム…1466g
牛乳…977g
水…464g
紅茶茶葉（チャイ）…114g
生姜（生）…43g
シナモンパウダー…9.2g
ソルビトール…632g
パート・ド・カカオ（ヴァローナ社「タイノリ」）…260g
グルコースシロップ（DE60）…227g
無塩バター…406g

［作り方］

1 Aを溶かし、30℃に調温しておく。
2 生クリーム、牛乳、水を火にかけて沸かし、紅茶茶葉、細かく刻んだ生姜、シナモンパウダーを加える。ふたをしてアンフュゼする。
3 ソルビトールを加え、72℃まで冷まして漉す。
4 ロボクープに1、3を入れる。
5 溶かして40℃に調整したパート・ド・カカオを加える。30秒間回し、乳化させる。
6 グルコースシロップを加える。30秒間回し、乳化させる。
7 バターを加える。30秒間回し、乳化させる。
8 36～37℃の状態でボウルに移す。

シャブロネ・ギッターでカットする

［材料］

◆仕込み量

35%ミルクチョコレート…適量

［作り方］

1 マーブル台の上に、バールで高さ1.2cmの枠を作り、ガナッシュを流す。（流す際の室温は約18℃、湿度は60～70%）。翌日まで置いて結晶させる。
2 表面にテンパリングしたチョコレートをパレットナイフで薄く均一に下塗りする。
3 ギッターで1.5×3cmにカットする。端の余分を取り除く。

トランペ・仕上げ

［材料］

◆仕込み量

35%ミルクチョコレート（ヴァローナ社「エクアトリアール・ラクテ」）…適量
紅茶茶葉…適量

［作り方］

1 チョコレートをエンローバーにセットする。カットしたガナッシュをベルトの上に、隙間を空けて手で並べ、エンローバーでトランペする。
2 チョコレートクーリングトンネルに通し、ゆっくり結晶させる。チョコレートクーリングトンネルがない場合は、室温18℃の環境で翌日まで置き、ゆっくり結晶させる。
3 紅茶茶葉を飾る。

キャラメル・アールグレイ

キャラメル

[材料]

◆ハート型　1000個分

グラニュー糖…922g
グルコース…600g
35%生クリーム…970g
塩(ゲランド産)…6.8g
無塩バター…827g
水…176g

[作り方]

1 鍋にグラニュー糖、グルコースを入れて火にかけ、キャラメル色になるまで煮詰める。
2 キャラメル色になったら火からおろし、温めておいた生クリームを少しずつ加える。
3 塩を加える。
4 バター、水を加えて混ぜる。

ガナッシュ

[材料]

◆ハート型　1000個分

水…276g
紅茶茶葉(アールグレイ)…84g
牛乳…736g
35%生クリーム…1264g
ソルビトール…644g
40%ミルクチョコレート(ヴァローナ社「ジヴァラ・ラクテ」)…736g
66%チョコレート(ヴァローナ社「カライブ」)…1380g
パート・ド・カカオ(ヴァローナ社「タイノリ」)…230g
グルコースシロップ(DE60)…74g
無塩バター…202g

[作り方]

1 鍋に水を入れて沸かし、紅茶茶葉を加える。ふたをして3分間アンフュゼする。
2 沸かした牛乳と生クリームを加える。ふたをして1分間アンフュゼする。
3 2を漉し、2000gになるように水(配合外)を加えて調整する。
4 ソルビトールを加える。
5 ロボクープに溶かした2種類のチョコレート、4を入れる。
6 溶かして40℃に調整したパート・ド・カカオを加える。30秒間回し、乳化させる。
7 グルコースシロップを加える。30秒間回し、乳化させる。
8 バターを加える。30秒間回し、乳化させる。
9 36〜37℃の状態でボウルに移す。

型どり

[材料]

◆仕込み量

チョコレート用色素(赤)…適量
35%ミルクチョコレート(ヴァローナ社「エクアトリアール・ラクテ」)…適量

[作り方]

1 ハート型にテンパリングした色素を吹き付ける。
2 テンパリングして30℃に調温したミルクチョコレートを流し、逆さにして余分を落とす。

組み立て・仕上げ

[材料]

◆ハート型　1000個分

[作り方]

1 型どりした型に、31〜32℃に調温したキャラメルを1/2の高さまで流す。18℃の室温に2〜3時間おく。
2 ガナッシュを上まで流す。18℃の室温に翌日までおく。
3 テンパリングしたミルクチョコレートでふたをする。18℃の室温に翌日までおく。
4 型からはずす。

カシス

ガナッシュ

［材料］

◆2.25cm×2.25cm×高さ1.2cm　1000個分

A

- 64%チョコレート（ヴァローナ社「マンジャリ」）…2440g
- 40%ミルクチョコレート（ヴァローナ社「ジヴァラ・ラクテ」）…1334g

35%生クリーム…700g

B

- カシス・ピューレ（シコリ社）…780g
- 転化糖…312g
- グルコースシロップ（DE60）…468g

無塩バター…795g

クレーム・ド・カシス…468g

ペクチン（イエローリボン）…12g

ソルビトール…12g

［作り方］

1 Aを溶かし、30℃に調整しておく。

2 生クリームを火にかけて沸かし、1に加えて混ぜ、乳化させる。

3 鍋にBを入れて沸かし、2に加えて混ぜ、乳化させる。

4 バターを加える。

5 クレーム・ド・カシスを加える。

6 あらかじめ合わせておいた、ペクチンとソルビトールを加える。

シャブロネ・ギッターでカットする

［材料］

◆仕込み量

56%チョコレート…適量

［作り方］

1 マーブル台の上に、バールで高さ1.2cmの枠を作る。ガナッシュを36〜37℃の状態で流す（流す際の室温は約18℃、湿度は60〜70%）。翌日までおいて結晶させる。

2 テンパリングしたチョコレートを、1の表面にパレットナイフで薄く均一に下塗りする。

3 ギッターで2.25cm×2.25cmにカットする。端の余分を取り除く。

トランペ・仕上げ

［材料］

◆仕込み量

55%チョコレート（ヴァローナ社「エクアトリアール・ノワール」）…適量

66%チョコレート（ヴァローナ社「カライブ」）…適量

＊上記のチョコレートを1対1の割合で混ぜる。

パールパウダー（ゴールド）…適量

［作り方］

1 2種のチョコレートをエンローバーにセットする。カットしたガナッシュをベルトの上に、隙間を空けて手で並べ、エンローバーでトランペする。

2 チョコレートクーリングトンネルに通し、ゆっくり結晶させる。チョコレートクーリングトンネルがない場合は、室温18℃の環境で翌日まで置き、ゆっくり結晶させる。

3 刷毛でパールパウダー（ゴールド）を飾る。

CRIOLLO

クリオロ

ヴァローナを知り尽くした シェフが奏でる味のハーモニー

〝身近な贅沢〟をコンセプトに掲げた2016年のリニューアルで、シックなイメージに生まれ変わったクリオロ。ヴァローナ・ジャポン(株)のシェフ・パティシエを務めたサントス・アントワーヌシェフにとって、チョコレートは商品構成のメインといってよいほど大切な存在だ。今回紹介する4品はいずれも、10粒入りボンボン・ショコラのアソート「サントスセレクト」に含まれているシェフのお気に入り。

　プレーンはヴァローナ社の70%特注チョコレート、ミルクチョコレート「ジヴァラ・ラクテ」、最近注目しているというベトナムのシングルオリジン、マルゥの76%「バリア」をブレンドした、やわらかくなめらかなガナッシュ。「最近はいろいろな国から面白いものが出てきています。マルゥのチョコレートは後からいろいろな香りが出てきて、ロの中に遊びが広がる。そのマルゥは酸味、特注チョコレートは香ばしさ、ジヴァラ・ラクテはやさしさを感じさせるためにブレンドしています。このガナッシュの特徴は、酸味があって深い感じ。カカオのパワーも感じさせながら、酸味でフィニッシュする。毎年味を調整して進化させています」とサントスシェフ。

　コーティングはヴァローナ社の55%「カライブ」と66%「エクアリアール・ノワール」。以前はエクアトリアール・ノワールのみだったが、時間が経つとやわらかくなり面白い食感がなくなるため、食感を残すためと、チョコレートのパワーを加えるために、カライブを入れている。

　チャイとキャラメル・アールグレイはプティ・ガトーの構成をボンボン・ショコラにアレンジしたもの。チャイは紅茶茶葉と生の生姜の香りを移した生クリームに、ヴァローナ社の66%「ピュアカライブ」とジヴァラ・ラクテを合わせた。コーティングはミルクチョコレートで、まろやかな甘さの中にスパイシーな香りが際立つ。キャラメル・アールグレイは名前の通り、キャラメルとアールグレイのガナッシュの2層。ガナッシュはジヴァラ・ラクテとカライブを、キャラメルとの相性を考えてブレンドしている。カシスは以前、テーマ別に分けたボンボン・ショコラのセット〝ブルゴーニュ〟に含まれていたもので、酸味が強くフルーツに合うヴァローナ社の64%「マンジャリ」とジヴァラ・ラクテを2対1の割合でブレンド、カシス・ピューレと合わせたガナッシュだ。

　チョコレートの製造には3つの部屋が使われている。ガナッシュを作る部屋、流す部屋、コーティングする部屋。リニューアルの際にイタリア・セルミ社のエンローバーと8mのクーリング用マシンを購入し、効率化を実現させた。レシピはすべてコンピューターソフトを使って細かく管理され、チョコレートのシーズンに備える。50名のスタッフを抱えるが、それにより作業がスムーズになった。

クラシックな組み合わせを貫きつつ 進化を続けるショコラ

　年間を通して15〜20種類を揃えるボンボン・ショコラのアイデアは、夏の間に考えることが多い。「私はいつも、絶対に合うものしか使いません。オリジナリティーを出そうとリスキーな組み合わせをする人もいますが、私はクラシックなものが好きで、フランボワーズとショコラとか、間違いないチョイスをします。生菓子もショコラも分かりやすくて、誰が食べても味が分かっておいしいものがよい。そこにお客様が楽しめる食感を加えることが大事だと思っています」。菓子作りの大切さを語る時、よく〝フィーリング〟という言葉を使うサントスシェフ。「ボンボン・ショコラは、同じレシピでも作り方によって食感が全然違うものが生まれる。それがすごく不思議で面白い。だから経験とフィーリングがとても大切。レシピを見るだけでなく、ちゃんと〝心を感じながら〟作ることです」。

Pâtisserie
Noliette

パティスリー ノリエット

オーナーシェフ　永井紀之

ダークとミルクをバランスよくブレンドしたガナッシュに、アニス、シナモン、バニラとアールグレイが華やかに香る。それをさらに複雑で奥行きのあるものに変えているのは、ほのかなパスティスの香り。

エピス
提供期間：10月〜翌6月
200円（税込）

エピス

ガナッシュ

［材料］

◆34cm×34cm×高さ1cmの型1枚　192個分

A
- 35%生クリーム…420g
- 牛乳…60g
- 転化糖…48g
- バニラビーンズ…0.6本
- スターアニス…2.4個
- シナモンスティック…0.6本
- 塩…1.4g

水…30cc
紅茶茶葉（アールグレイ）…6g

B
- 58%チョコレート（カレボー社「315」）…210g
- 70%チョコレート（カサルカ社「サンタンデール」）…210g
- 40%ミルクチョコレート（ヴァローナ社「ジヴァラ・ラクテ」）…420g

パスティス（アンリ・バルドゥアン社）…48g
無塩バター…36g

1 鍋にAの材料を入れて火にかけ、沸騰させる。
※バニラビーンズは中の種をかき出してさやごと加える。

2 別の鍋に水を入れて湯を沸かし、火を止めて紅茶茶葉を入れ、ふやかす。

3 1が沸騰したら、2の紅茶茶葉を加える。香りが移るまで少しおく
※紅茶茶葉は、生クリームに直接加えると葉がきちんと開かないため、湯の中で葉を戻してから、生クリームの中に加える。

4 ボウルにBを入れて、3をシノワで漉しながら入れる。泡立て器で混ぜ、乳化させる。

5 アルコール分が飛ぶように、温かいうちにパスティスを加える。

6 ポマード状にした無塩バターを加える。

7 ハンドブレンダーにかけてととのえる。

8 シルパットの上に1cm厚のバールで34×34cmの枠を作り、7を流す。20℃の室温でひと晩おく。

トランペ・仕上げ

［材料］

◆仕込み量

61%チョコレート（ヴァローナ社「エキストラビター」）…適量

1 表面が軽く乾燥したら、チョコレートフォークを使って、テンパリングして31℃に調温したチョコレートをトランペする。

2 転写シートをのせ、20℃の室温でひと晩おく。

3 固まったら転写シートをはがす。

シャブロネ・ギッターでカットする

［材料］

◆仕込み量

61%チョコレート（ヴァローナ社「エキストラビター」）…適量

1 表面にテンパリングしたチョコレートを、パレットナイフで薄く均一に塗る。

2 ギッターで2.8cm×2.1cmにカットする。

3 板の上に間隔を開けて並べ、20℃の室温で半日から1日おく。

パレ・ドール

ドフィノワ

フランボワーズ

ドフィノワ
フランボワーズ
パレ・ドール
提供期間:各10月〜翌6月
各200円(税込)

パレ・ドール

ガナッシュ

［材料］

◆直径2.8cm×高さ1cm　240個分

A

- 35%生クリーム…600g
- 転化糖…60g
- バニラビーンズ…0.5本

B

- 55%チョコレート（ヴァローナ社「エクアトリアール・ノワール」）…350g
- 70%チョコレート（カサルカ社「サンタンデール」）…350g
- 40%ミルクチョコレート（ヴァローナ社「ジヴァラ・ラクテ」）…300g

無塩バター…50g

ミルク・リキュール…80g

［作り方］

1 鍋にAの材料を入れて火にかけて沸騰させ、漉す。

2 Bを1に1度に加える。生クリームの熱でチョコレートが溶け始めたら、ゴムベラで混ぜ、乳化させる。

3 ポマード状にしたバターを加える。ハンドブレンダーでととのえ、きちんと乳化させる。

4 ミルク・リキュールを加える。

5 シルパットの上に34cm×34cm×高さ1cmのカードルをのせ、4を流す。20℃の室温でひと晩おく。

シャブロネ・型で抜く

［材料］

◆仕込み量

61%チョコレート（ヴァローナ社「エキストラビター」）…適量

［作り方］

1 枠をはずし、表面にテンパリングしたチョコレートを、パレットナイフで薄く均一に塗る。

2 直径2.8cmの丸型で抜く。

3 板の上に間隔を開けて並べ、20℃の室温で半日から1日おく。

4 アルコールランプで温めながら型を抜く。

トランペ・仕上げ

［材料］

◆仕込み量

61%チョコレート（ヴァローナ社「エキストラビター」）…適量

［作り方］

1 表面が軽く乾燥したら、チョコレートフォークを使って、テンパリングして31～31.5℃に調温したチョコレートをトランペする。

2 20℃の室温でひと晩おく。

3 金箔を飾る。

ドフィノワ

ガナッシュ

［材料］

◆100個分

A
- 35%生クリーム…120g
- 転化糖…10g

40%ミルクチョコレート（ヴァローナ社「ジヴァラ・ラクテ」）…220g
マジパン・ノワ＊…300g
キルシュ…30g

＊マジパン・ノワ
［材料］
◆仕込み量
クルミ（フランス・グルノーブル産/ローストしてないもの）・マジパン・グラニュー糖…各適量
1 マジパンと同量のグラニュー糖を133℃まで煮詰め、同量のクルミを合わせて混ぜる。
2 ローラーにかけてペースト状にする。

［作り方］

1 鍋にAを入れて火にかけ、沸騰させる。
2 ミルクチョコレートに1を1度に加える。ゴムベラで混ぜ、乳化させる。
3 マジパン・ノワとキルシュを合わせて混ぜる。
4 2と3を合わせてよく混ぜる。

型どり・仕上げ

［材料］

◆仕込み量

61%チョコレート（ヴァローナ社「エキストラビター」）…適量
クルミ（フランス・グルノーブル産/半割…100個

［作り方］

1 型にテンパリングして31～31.5℃に調温したチョコレートを流し、逆さにして余分を落とす。スケッパーで平らにならす。
2 ガナッシュを流し、テンパリングしたチョコレートでふたをする。
3 クルミをのせる。10～15分間冷蔵庫に入れる。
4 型からはずす。

フランボワーズ

ガナッシュ

［材料］

◆2.8cm×2.1cm高さ1cm　240個分

A

- フランボワーズ・ピューレ…500g
- フォンダン…35g
- 転化糖…120g

B

- 55%チョコレート（ヴァローナ社「エクアトリアール・ノワール」）…350g
- 70%チョコレート（カサルカ社「サンタンデール」）…350g
- 40%ミルクチョコレート（ヴァローナ社「ジヴァラ・ラクテ」）…500g

無塩バター…150g

フランボワーズのオー・ド・ヴィ…75g

［作り方］

1 鍋にAの材料を入れて火にかけ、沸騰させる。

2 Bの3種類のチョコレートに1を1度に加える。ゴムベラで混ぜ、乳化させる。

3 ポマード状にした無塩バターを加える。ハンドブレンダーでととのえる。

4 温かいうちにフランボワーズのオー・ド・ヴィを加える。

5 シルパットの上に34cm×34cm×高さ1cmのカードルをのせ、4を流す。20℃の室温でひと晩おく。

シャブロネ・ギッターでカットする

［材料］

◆仕込み量

61%チョコレート（ヴァローナ社「エキストラビター」）…適量

［作り方］

1 枠をはずし、表面にテンパリングしたチョコレートを、パレットナイフで薄く均一に塗る。

2 ギッターで2.8cm×2.1cmにカットする。

3 板の上に間隔を開けて並べ、20℃の室温でひと晩おく。

トランペ・仕上げ

［材料］

◆仕込み量

61%チョコレート（ヴァローナ社「エキストラビター」）…適量

フランボワーズ（フリーズドライ）…適量

［作り方］

1 表面が軽く乾燥したら、チョコレートフォークを使って、テンパリングして31～31.5℃に調温したチョコレートをトランペする。フランボワーズをのせる。

2 20℃の室温でひと晩おく。

Pâtisserie Noliette

パティスリー ノリエット

パスティスが奥深さを加えるスパイスの香り

まもなく25周年を迎えるノリエット。2014年のリニューアルで、1階がショップ、2階が厨房、3階がサロンとレストランになった。画家の工房のような雰囲気が漂う厨房の一隅で、チョコレートは丁寧な手作業により作られていく。『オーボンヴュータン』のオープニングスタッフとして2年間働いた後、渡仏。6年間の修業を経て帰国後、すぐに独立した永井紀之シェフにとって、チョコレートは常に身近にあり、〝菓子屋としてやらなければならない当たり前の仕事のひとつ〟だった。

夏の3カ月間を除き、25種類ほどのボンボン・ショコラを揃える。レシピを考える時は、ガナッシュがダークなのかミルクなのかホワイトなのか、それらに合わせた香りや味の素材を選び、また限られた種類の中で、フルーツ系、スパイス系など、いろいろな味が楽しめるように構成を考えている。

エピスはダークとミルクをバランス良く配合し、3種類のスパイスとアールグレイで香り付けしたガナッシュ。紅茶茶葉をお湯でよく戻してから生クリームに加え、アンフュゼすることで、苦味のない程良い香りを引き出している。最後に加えるバルドゥアン社のパスティスが、エピスと紅茶の香りをより複雑で奥行きのあるものに変えてくれると言う。ガナッシュを作る時は、つやや感触など自分の目で確かめ、きちんと乳化させること。それがスッとした口溶けの良さにつながる。トランペの際は当然のことながら気泡が出ないように、全面に均一にかけること。そのためにはテンパリングの温度が適正であることが大切だ。

ダークとミルクのプレーンなガナッシュ、パレ・ドールは、ミルク・リキュールを加えてまろやかさを出しているところが特徴。シンプルな味わいの中に丁寧に磨かれた宝石のような輝きがある。

クルミの型を使用したドフィノワの中身は、マジパンを合わせた自家製クルミペーストをミルクチョコレートと合わせたガナッシュ。油脂分が豊富で苦味が少ないフランス産クルミとミルクチョコレートのほっくりした相性が楽しめる。

そしてキリッとした香りの立つフランボワーズは、生クリームを使わずピューレをベースに作った、フルーツ味の強いガナッシュ。やや多めに配合したオー・ド・ヴィで香りを強めている。チョコレートはダークとミルク。苦さを特徴とするショコラ以外は、すべてミルクチョコレートをブレンドしているそうだ。生クリームは35%と42%を、素材によって使い分ける。「ガナッシュは口溶けが大切ですが、そのためには水分、油脂分、固形分のバランスが取れていること。チョコレートの中のカカオバター、生クリーム、あとで足すバターなどの油脂分のバランス、そして味のバランスを考えながらルセットを考えています」。

チョコレートは国内外の複数のメーカーから選んでいるが、南米系のスモーキーなものより、フルーティーなものを使うことが多いと言う。「産地にこだわったりすることはあまりない。これだけたくさんのメーカーがあり、昔よりたくさんのチョコレートを食べる機会に恵まれた今の時代、いろいろなチョコレートの中から、自分の感覚にあったものを選べばよいと思っています。その考えはチョコレートに関しても、生菓子に関しても同じ」と永井シェフ。

一粒一粒に愛情を込めて丁寧に手作り

エンローバーも所有しているが、基本的に手作業を貫く。「バレンタインのシーズンも他に店を出して売るわけではないし、一生懸命やればやっていける量しか作っていない。働いている人間にとっても訓練になると思いますし」。現代風のカラフルなデザインはあまり好きではないと言う。「チョコレートらしい表情があれば、それでいいと思っています」。素っ気ないとさえ感じさせる言葉の中に、チョコレートに対する深い愛情が息づく。

CLUB HARIE
八日市の杜

クラブ ハリエ ようかいちのもり

統括シェフ/ショコラティエ　小野林 範

グァテマラ産コーヒー豆を自家焙煎して香りを引き出し、クリスティアンとガナッシュの2層に仕立てた、苦味と甘味が融け合うボンボン・ショコラ。製菓の国際コンクール「WPTC」2012年で優勝した3品の1つ。

ピスケス

提供期間:通年

ホロスコープ(3種類入りボックス)1200円(税別)

ピスケス

プラリネ

［材料］

◆仕込み量

アーモンド…500g
ヘーゼルナッツ…500g
グラニュー糖…500g
カソナード…30g
バニラ粉末…5

1 アーモンド、ヘーゼルナッツ、グラニュー糖を中火にかけてゴムべらで混ぜる。

2 パチパチと音がして煮えてきたらカソナードとバニラを混ぜたものを加えて混ぜる。

3 溶けたらシルパットに伸ばして冷蔵庫で保管する。使う分だけフードプロセッサーにかける。写真はフードプロセッサーにかけた状態。

4 1が色づいたらバターを入れて混ぜる。

5 2と3をゴムべらで混ぜてから4に加え、火を止めて余熱で温めながら混ぜ合わせる。

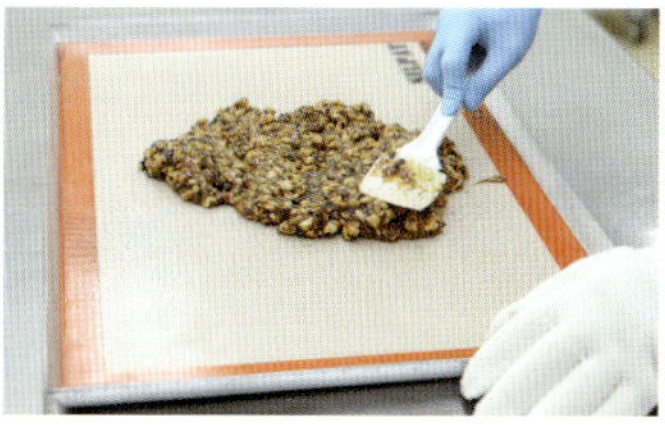

6 シルパットに5を流してゴムべらで平らにならし、粗熱が取れたら常温で冷ます。

ヌガチン カフェ ノワ

［材料］

◆仕込み量

グラニュー糖…100g
トレハロース…240g
水…70g
クルミ…215g
コーヒー生豆（グァテマラ産）…25g
無塩バター…70g

1 グラニュー糖、トレハロース、水をゴムべらでときどき混ぜながら沸かす。

2 クルミは上下120℃のオーブンでダンパーを開けて2時間ローストしておき、包丁で粗く砕く。

3 コーヒー豆は180℃で8分ローストしておき、ビニール袋に入れて綿棒で粗く砕く。

ガナッシュ カフェ

[材料]

◆25cm×25cm×高さ1cm　100個分

コーヒー生豆(グァテマラ産)…42g
水…42g
35%生クリーム(森永乳業「大雪原」)…123g
65%チョコレート(マックス・フェルクリン社「マラカイボ」)…205g
カカオバター…40g
水あめ…33g
グラッパ…33g
カカオバター・パウダー(バリー・カレボー社「マイクリオ」)…10g

1 コーヒー豆は180℃で8分ローストしておく。ミルでエスプレッソに近い粗さに挽き、コーヒーを淹れるように細く全体に水を回しかける。

2 フタをして750Wの電子レンジに1~2分かける。写真のような状態になる。

3 2に生クリームを加えて混ぜ、鍋に移す。

4 1を水にあてながらツヤが出るまで混ぜ、27~28℃に調温する。

5 4にプラリネの半量を加えて、滑らかになるまで混ぜる。

6 残りのプラリネを加えて、滑らかになるまで混ぜる。

7 ヌガチンを一気に加えて、ゴムべらでざっくりと混ぜる。

クリスティアン カフェ ノワ

[材料]

◆25cm×25cm×高さ1cm　100個分

38%ミルクチョコレート(マックス・フェルクリン社「ボリビア」)…66g
カカオバター…28g
プラリネ…133g
ヌガチン カフェ ノワ…適量

1 チョコレートとカカオバターをボウルに入れて38℃の環境でひと晩おく。

2 ヌガチンを使う分だけ割り、ビニール袋に入れて綿棒で叩く。

3 粗く砕けたらザルでふるって粉を落とす。大きな塊は手で割り、ザルに残った分から120gを計量する。

CLUB HARIE 八日市の杜《クラブ ハリエ ようかいちのもり》

4 60℃まで温めてシノワで濾す。ゴムべらでシノワにギュッと押しつけて絞る。

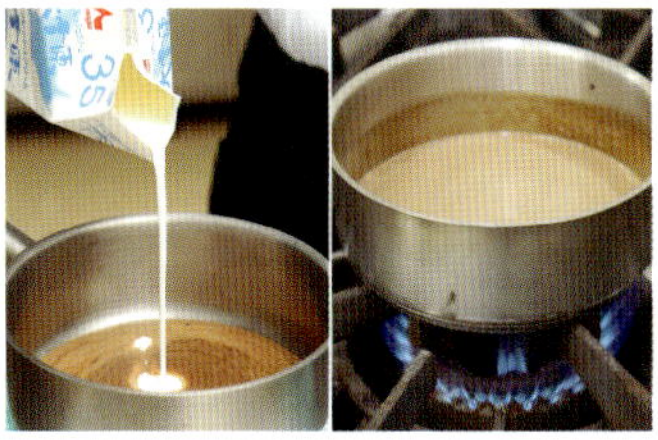

5 抽出した液に生クリームを足して123gに戻す。再び火にかけて60℃に温める。

6 チョコレートとカカオバターをフードプロセッサーにかけて粗く粉砕する。

7 6に水あめを加えて混ぜる。

8 7に5を一気に加え、ゴムべらで混ぜて40℃まで下げる。温度が下がりすぎたら電子レンジで調温する。

9 ツヤが出て、もったりと重くなるまで混ぜる。

10 9グラッパを加え、しっかり混ぜて乳化させる。温度は34℃を目指す。

11 カカオバター・パウダーを加えて、ハンドブレンダーで空気を入れないよう静かに混ぜる。

組み立て・ウォーターカッターでカットする

［材料］

◆仕込み量

クリスティアン カフェ ノワ…適量
ガナッシュ カフェ…適量
70%チョコレート（クラブハリエPB製品）…適量
56%チョコレート（クラブハリエPB製品）…70%チョコレートと3対7になる量

1 OPPシートの上に25cm×25cm×高さ5mmのカードルをのせ、クリスティアン カフェ ノワを流してスパチュラで隅まできっちりと広げる。

2 台に軽く落として気泡を抜き、18℃・湿度50%の環境で半日ほど冷やし固める。

3 カードルの内側をカットして外し、25cm×25cm×高さ1cmのカードルをはめる。

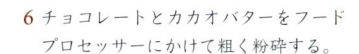

5 12mのクーラーを5分かけて通し、乾かしながら固める。写真上はクーラーをかける前、写真下は乾いて出てきたところ。

8 隙間をあけて並べ、18℃・湿度50%の環境でひと晩おく。

トランペ・仕上げ

［材料］

◆仕込み量分

38%ミルクチョコレート（クラブハリエPB製品）…適量

---

1 ミルクチョコレートをエンローバーに入れてテンパリングし、トランペ用チョコレートを作る。

2 カットしたチョコレートをベルトの上に隙間を空けて並べ、エンローバーにセットする。

3 エンローバーでトランペする。

4 チョコレートの中央にチョコレートフォークで模様をつける。

4 ガナッシュ カフェを流してスパチュラで隅まできっちりと広げる。

5 台に軽く落として気泡を抜き、OPPシートをぴったりとくっつけてかぶせる。カードでならして空気を抜き、18℃・湿度50%の環境でひと晩おく。

6 OPPシートとカードルをはずしてひっくり返す。チョコレートをテンパリングし、底面になる面に刷毛で薄く塗る。乾いたらすぐにひっくり返す。

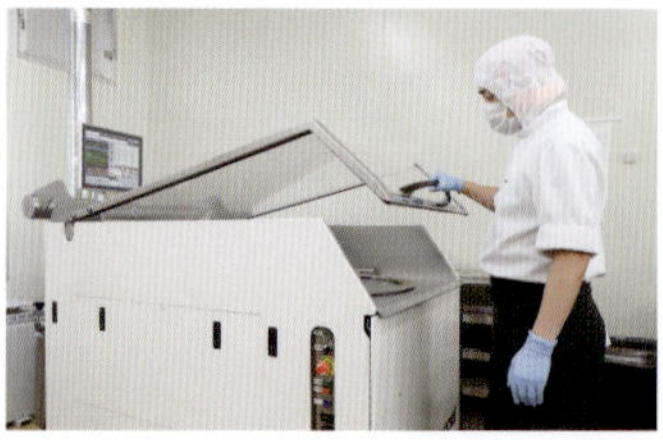

7 ウォーターカッターを2.5cm×2.5cmにセットしてカットする。

CLUB HARIE 八日市の杜
クラブ ハリエ ようかいちのもり

プラリネ向日葵

ラベンダー ノワゼット

ハイビスカス ローズ

アプリコット ジャスミン

プラリネ向日葵
ラベンダー ノワゼット
ハイビスカス ローズ
アプリコット ジャスミン
参考商品

プラリネ向日葵

プラリネ向日葵

[材料]

◆仕込み量

ひまわりの種…200g
グラニュー糖…100g
カソナード…20g
塩…2g

[作り方]

1 ひまわりの種、グラニュー糖を鍋に入れて、キャラメル色になるまで炒る。
2 1にカソナードと塩を加えて混ぜ、溶けたらシリコンシートの上に流して冷やし固める。

クリスティアン ショコラ

[材料]

◆25cm×25cm×高さ1cm　100個分

ひまわりの種(刻んだもの)…80g
プラリネ向日葵…300g
38%ミルクチョコレート…65g
カカオバター…65g
塩…1g

[作り方]

1 ひまわりの種は160℃のオーブンで15〜20分焼いておく。
2 プラリネ向日葵をロボクープで撹拌し、ペースト状にする。
3 チョコレートとカカオバターを合わせて溶かし、テンパリングをとる。
4 OPPシートの上にカードルを置く。2、3、塩を混ぜ合わせて流し、ゴムべらで平らにならす。
5 固まらないうちに1をまんべんなく振りかける。
6 18℃の環境で30分ほどおく。

シャブロネ・カット

[材料]

◆仕込み量

70%チョコレート(クラブハリエPB製品)…適量
56%チョコレート(クラブハリエPB製品)…70%チョコレートと3対7になる量

[作り方]

1 クリスティアン ショコラのカードルをはずしてひっくり返す。
2 チョコレートを合わせてテンパリングし、クリスティアン ショコラに薄く塗る。
3 固まったらひっくり返し、ウォーターカッターを2.5cm×2.5cmにセットし、カットする。
4 隙間を空けて並べ、18℃の環境でひと晩おく。

トランペ・仕上げ

[材料]

◆仕込み量

38%ミルクチョコレート(クラブハリエPB製品)…適量

[作り方]

1 エンローバーにトランペ用のチョコレートをセットしてテンパリングする。
2 エンローバーのベルトにクリスティアン ショコラをのせて、トランペする。
3 12mのクーラーを5分かけて通し、乾かしながら固める。

ラベンダー ノワゼット

プラリネ ノワゼット ラベンダー

[材料]

◆25cm×25cm×高さ1cm　100個分

38%ミルクチョコレート…120g
カカオバター…50g
ヘーゼルナッツ・プラリネ…150g
ヘーゼルナッツ・ペースト…100g
ラベンダー・ペースト…1g

[作り方]

1 チョコレートとカカオバターを合わせて溶かし、テンパリングをとる。
2 ヘーゼルナッツ・プラリネ、ヘーゼルナッツ・ペースト、ラベンダー・ペーストを1に加えて、ゴムべらで混ぜ合わせる。
3 OPPシートにカードルを置き、2を流してゴムべらでならす。18℃の環境で半日ほどおく。

ガナッシュ ラベンダー

[材料]

◆25cm×25cm×高さ1cm　約100個分

牛乳…160g
35%生クリーム…100g
ラベンダー（花・乾燥）…10g
46%ミルクチョコレート…400g
トレモリン…35g
ソルビトール…20g
ラベンダーオイル…10g
無塩バター…40g
カカオバター・パウダー（バリー・カレボー社「マイクリオ」）…20g

[作り方]

1 牛乳と生クリームを沸騰しないように温め、ラベンダーを加えて火を止める。フタをして15分蒸らす。
2 1を裏漉しして110gを取り分ける。
3 チョコレートとトレモリンを合わせる。
4 2とソルビトールを鍋で温め、3に加えてゴムべらでしっかりと混ぜ合わせる。
5 4を混ぜながらラベンダーオイル、バター、カカオバター・パウダーの順に加えてゆく。

組み立て・シャブロネ・カット

[材料]

◆仕込み量

プラリネ ノワゼット ラベンダー…適量
ガナッシュ ラベンダー…適量
70%チョコレート（クラブハリエPB製品）…適量
56%チョコレート（クラブハリエPB製品）…70%チョコレートと3対7になる量

[作り方]

1 プラリネ ノワゼット ラベンダーのカードルを外し、高さ1cmのカードルをはめる。
2 チョコレートを合わせてテンパリングをとり、1の上面に刷毛で薄く塗る。
3 2にガナッシュ ラベンダーを流し、OPPシートをぴったりのせてカードでならす。18℃の環境でひと晩おく。
4 3のカードルをはずしてひっくり返し、上面にテンパリングしたチョコレートを刷毛で薄く塗る。
5 固まったらひっくり返し、ウォーターカッターで2.5cm×2.5cmにカットする。隙間を空けて並べ、18℃の環境でひと晩おく。

トランペ・仕上げ

[材料]

◆仕込み量

70%チョコレート（クラブハリエPB製品）…適量
56%チョコレート（クラブハリエPB製品）…70%チョコレートと3対7になる量
ラベンダーの砂糖漬け＊…適量

＊ラベンダーの砂糖漬け
◆仕込み量
水…30g
グラニュー糖…100g
ラベンダー（花・乾燥）…40g
1 水とグラニュー糖を沸かし、ラベンダーを加えてからめる。シルパットに広げて冷ます。

[作り方]

1 チョコレートを合わせてエンローバーにセットし、テンパリングをとってトランペ用のチョコレートを作る。
2 エンローバーのベルトにガナッシュをのせてトランペする。
3 固まる前にラベンダーの砂糖漬けをのせる。
4 12mのクーラーを5分かけて通し、乾かしながら固める。

ハイビスカス ローズ

ガナッシュ ハイビスカス ローズ フランボワ

［材料］

◆25cm×25cm×高さ1cm　100個分

牛乳…100g
35%生クリーム…100g
ハイビスカス（乾燥）…11g
ローズ・レッド・ペタル（乾燥）…11g
46%ミルクチョコレート…400g
トレモリン…40g
ソルビトール…40g
フランボワーズ・ピューレ…155g
オー・ド・ヴィ（マスネ社「フランボワーズ」）…6g
無塩バター…55g
カカオバター・パウダー（バリー・カレボー社「マイクリオ」）…20g

［作り方］

1 牛乳、生クリームを鍋で温める。ハイビスカス、ローズ・レッド・ペタルを加えて火を止め、ふたをして15分蒸らす。
2 1を裏漉しして100gを取り分ける。
3 チョコレート、トレモリンを合わせておく。
4 2とソルビトールを鍋で温めて、3に加えてゴムべらでしっかりと混ぜる。
5 ピューレを鍋で温めて、4に加えて混ぜ合わせる。
6 5を混ぜながらオー・ド・ヴィ、バター、カカオバター・パウダーの順に加えてゆく。
7 OPPシートに25cm×25cm×高さ1cmのカードルを置き、6を流してならす。18℃の環境でひと晩おく。

シャブロネ・カット

［材料］

◆仕込み量

70%チョコレート（クラブハリエPB製品）…適量
56%チョコレート（クラブハリエPB製品）…70%チョコレートと3対7になる量

［作り方］

1 チョコレートを合わせてテンパリングをとる。
2 ガナッシュのカードルを外してひっくり返し、上面に1を刷毛で薄く塗る。
3 固まったらひっくり返し、ウォーターカッターで2.5cm×2.5cmにカットする。隙間を空けて並べ、18℃の環境でひと晩おく。

トランペ・仕上げ

［材料］

◆仕込み量

70%チョコレート（クラブハリエPB製品）…適量
56%チョコレート（クラブハリエPB製品）…70%チョコレートと3対7になる量
ローズ・レッド・ペタル（乾燥）…適量

［作り方］

1 チョコレートを合わせてエンローバーにセットし、テンパリングをとってトランペ用のチョコレートを作る。
2 エンローバーのベルトにガナッシュをのせてトランペする。
3 固まる前にローズ・レッド・ペタルをのせる。
4 12mのクーラーを5分かけて通し、乾かしながら固める。

アプリコット ジャスミン

ガナッシュアプリコットジャスミン

［材料］

◆25cm×25cm×高さ1cm　100個分

牛乳…150g
35%生クリーム…200g
ジャスミン茶葉…70g
46%ミルクチョコレート…400g
トレモリン…40g
ソルビトール…40g
アプリコット・ピューレ…155g
アプリコット・リキュール（ドーバー社「アルザス・アプリコット」）…8g
無塩バター…55g
カカオバター・パウダー（バリー・カレボー社「マイクリオ」）…20g

［作り方］

1 牛乳、生クリームを鍋で温める。ジャスミン茶葉を加えて火を止め、ふたをして15分蒸らす。
2 1を裏漉しして100gを取り分ける。
3 チョコレート、トレモリンを合わせておく。
4 2とソルビトールを鍋で温め、3に加えてゴムべらでしっかりと混ぜる。
5 4ピューレを鍋で温めて、4に加えて混ぜ合わせる。
6 5を混ぜながらアプリコット・リキュール、バター、カカオバター・パウダーの順に加えてゆく。
7 OPPシートに25cm×25cm×高さ1cmのカードルを置き、6を流してならす。18℃の環境でひと晩おく。

シャブロネ・カット

［材料］

◆2cm×2cm×2cm　100個分

70%チョコレート（クラブハリエPB製品）…適量
56%チョコレート（クラブハリエPB製品）…70%チョコレートと3対7になる量

［作り方］

1 チョコレートを合わせてテンパリングする。
2 ガナッシュのカードルを外してひっくり返し、上面に1を刷毛で薄く塗る。
3 固まったらひっくり返し、ウォーターカッターで2.5cm×2.5cmにカットする。隙間を空けて並べ、18℃の環境でひと晩おく。

トランペ・仕上げ

［材料］

◆仕込み量

38%ミルクチョコレート（クラブハリエPB製品）…適量
PCBシート（マルグリット社）…適量

［作り方］

1 チョコレートをエンローバーにセットし、テンパリングをとってトランペ用のチョコレートを作る。
2 エンローバーのベルトにガナッシュをのせてトランペする。
3 固まる前にPCBシートをのせ、しっかりと抑える。
4 12mのクーラーを5分かけて通し、乾かしながら固める。PCBシートをはがす。

CLUB HARIE 八日市の杜《クラブ ハリエ ようかいちのもり》

素材を〝いじめずに〟使う 口溶けのいいガナッシュ

小野林範さんは30歳で「クラブハリエ」のシェフに就任し、2014年からセクターシェフとしてチョコレート部門を任されている。ボンボン・ショコラの開発は基本的に小野林さんが行うが、2017年1月にリニューアルオープンした「八日市の杜」でのみ扱う商品も多い。同店のテーマは『チョコレート』。小野林さんは主にこの場所で定番商品のアレンジも含めたチョコレート菓子を作っている。

小野林さんがボンボン・ショコラを作るときのこだわりは、ガナッシュを含めて、必ずテンパリングをとること。一度分離させる方法でも逆に結合力が高まり日持ちはのびるが、縮みやすくなるうえ、ねっとりと重い口溶けになってしまう。総合的に判断して、テンパリングする方法を選んでいる。

コーティングはフランスで生産しているクラブハリエのPB製品。オールマイティな味が揃うが、小野林さんは38％ミルクチョコレートを使うことが多い。

使う素材は「自分の目で生産現場が見たい」と、可能な限り全国に足を運んで選ぶ。フルーツ、酒、ナッツなど多岐に渡り、それを「なるべくいじめずフレッシュに」使うのが小野林さんのこだわりだ。

今回紹介するのは、毎年発表する新作ボンボン・ショコラの2018年版の元になったもので、テーマは〝花〟。一箱の中でテクスチャーの違いを出すために、多数のハーブを取り寄せ、多数のチョコレートと合わせて開発した。（※実際の発売商品とは内容が異なる）

「ラベンダー ノワゼット」はラベンダーの香りを移したガナッシュと、ラベンダー・ペースト入りのプラリネ。「ハイビスカス ローズ」はハーブティに使う組み合わせにヒントを得て、フランボワーズとともにガナッシュに。「プラリネ向日葵」は、ひまわりの種を浅くローストしてプラリネを作り、塩でアクアントをつけた。「アプリコットジャスミン」は、ジャスミン・ティーをふんだんに使い、アプリコット・リキュールで香りをつけたガナッシュ。

ガナッシュはどれも牛乳を加えてあっさりと仕上げているため、花とチョコレートの香りが高い。「すっと味が切れる」後口も、乳味の薄さからくるものだ。〝花〟をテーマにしつつ、まったく異なる印象の4種に仕上がっている。

工程も材料も多く複雑な 手の込んだスペシャリテ

一方、手順を紹介した「ピスケス」は、とにかく手のかかったボンボン・ショコラだ。「WPTC（ワールド・ペストリー・チーム・チャンピオンシップ）2012」で日本チームを優勝に導いた3品のうち、小野林さんが担当した作品をそのままのクオリティで商品化したもの。凱旋作品ともいえるボンボン・ショコラだ。

こだわりはコーヒー豆を自家焙煎することから始まる。コーヒーを淹れるように細くまんべんなく水をかけて豆を膨らませ、抽出する。でき上がったコーヒーのヌガチンは「フードプロセッサーでは思う食感にならない」と手で砕き、ザルでふるって粒を揃える。「たったこれだけのポーションでわかってもらわなければならない。小さなこだわりで差がつくのだから、徹底的にやるべき」と、小野林さん。同店では、他の2作品との詰め合わせで販売している。工程が多すぎて大量生産には向かないが、試したい一品だ。

小野林さんはまた、自身のレシピに商品クオリティとしての自信を持っている。根拠は同社の品質管理が非常に厳しいこと。例えばガナッシュなら分離法と通常の乳化で作った2種を提出し、それぞれの劣化具合をみて日持ちをチェックされる。

再現性についても同様に、同じクオリティで量産できるか、小野林さんでなくても再現できるかが審議対象だ。何重もの管理体制を経て商品となる、プロらしい姿勢は参考にしたい。

Pâtisserie chocolaterie
Chant d'Oiseau

パティスリー ショコラトリー シャンドワゾー

シェフパティシエ 村山太一

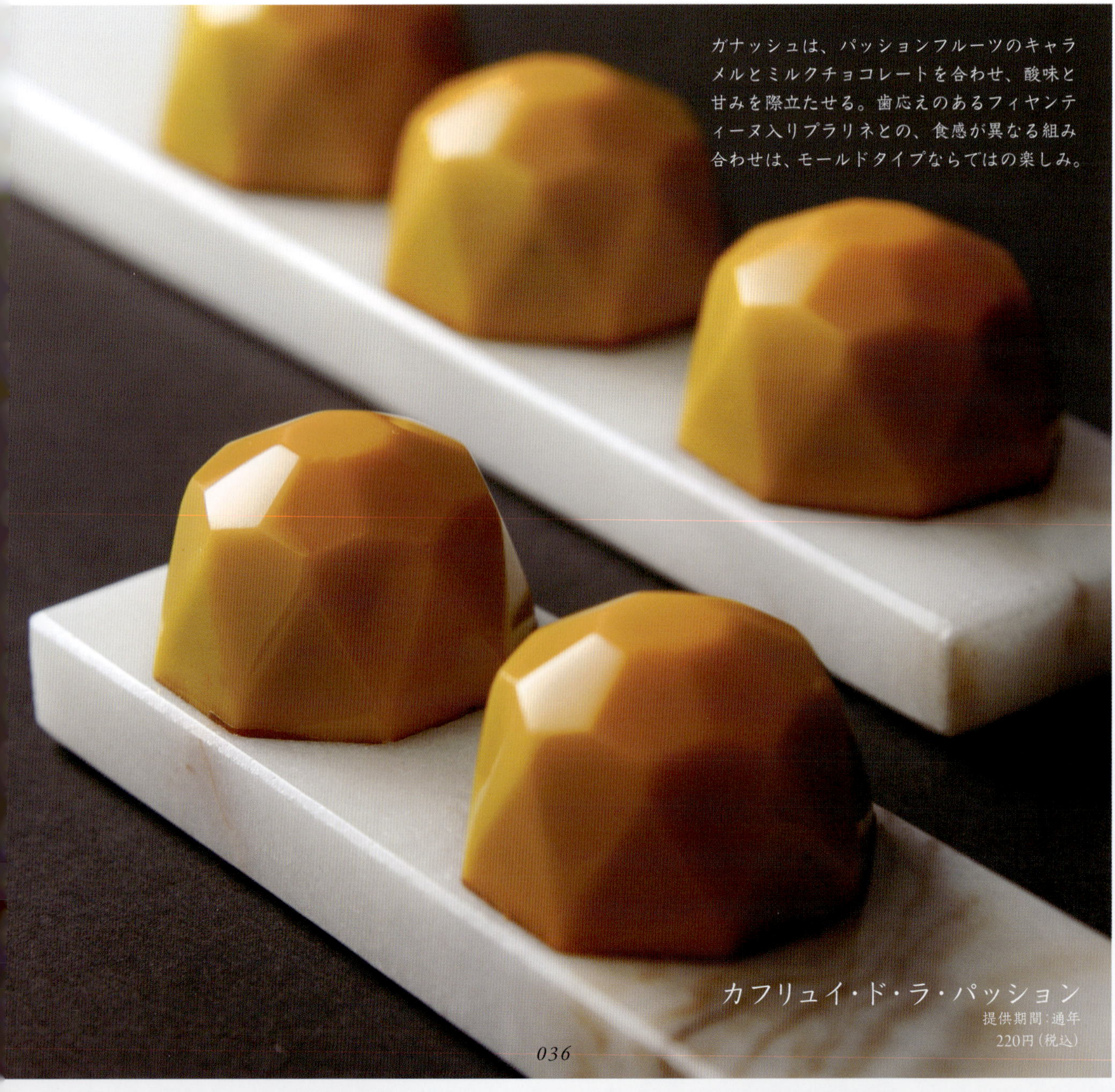

ガナッシュは、パッションフルーツのキャラメルとミルクチョコレートを合わせ、酸味と甘みを際立たせる。歯応えのあるフィヤンティーヌ入りプラリネとの、食感が異なる組み合わせは、モールドタイプならではの楽しみ。

カフリュイ・ド・ラ・パッション
提供期間:通年
220円(税込)

フリュイ・ド・ラ・パッション

2 ボウルにチョコレートを入れ、1の1/3量を注いで泡立て器で混ぜ、しっかりと乳化させる。

3 残りの1を数回に分けて加えながら、そのつど泡立て器で混ぜ、きちんと乳化させる。

4 泡立て器での乳化は十分ではないため、ハンドブレンダーで全体をきめ細かく乳化させる。

5 室温、あるいは氷せん（ボウルを氷に当てる）で30℃に調温する。

ガナッシュ パッション

［材料］

◆直径3cm×高さ2cm　20個分

A
- パッションフルーツピューレ（シコリ社）…35g
- 水あめ…4g
- 無塩バター…15g

40%ミルクチョコレート（ヴァローナ社「ジヴァラ・ラクテ」）…80g

1 Aを鍋に入れて弱火にかける。108℃まで加熱し、フルーツのキャラメルを作る。108℃になったら火からおろして、粗熱を取る。

プラリネ

［材料］

◆直径3cm×高さ2cm　20個分

40%ミルクチョコレート（ヴァローナ社「ジヴァラ・ラクテ」）…55g
ノワゼット・ペースト（自家製）…55g
フィヤンティーヌ…28g

1 水蒸気が入らないように、チョコレートは電子レンジで溶かす。チョコレートとノワゼット・ペーストを合わせ、細かく砕いたフィヤンティーヌを加えてむらなく混ぜ合わせる。

組み立て・仕上げ

[材料]

◆仕込み量

プラリネ…適量
ガナッシュ パッション…適量
70%チョコレート（カサルカ社「サンタンデール」）…適量
61%チョコレート（カサルカ社「マランタ」）…適量

1 型の表面が完全に結晶したら、30℃以下に調温したプラリネを絞る。

2 30℃以下に調温したガナッシュ パッションを、1に型のふちから0.5mmくらい下まで絞る。冷蔵庫で固める。

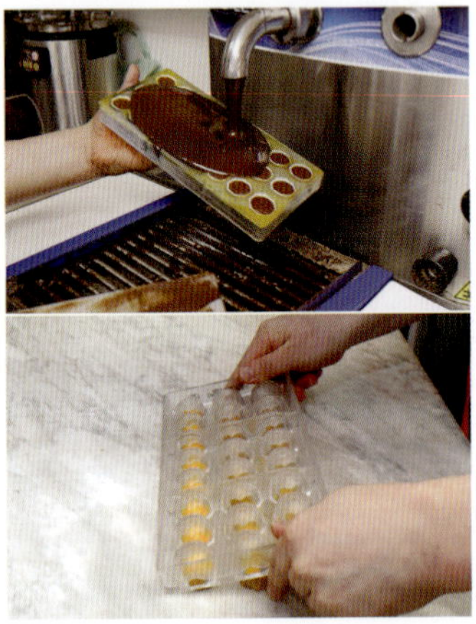

3 2種のチョコレートを合わせてテンパリングし、2に流して型の表面の余分なチョコレートをスケッパーできれいにこそげ落とす。結晶化したら、型からひとつひとつはずす。

4 型を棒（スパチュラの柄など）で叩いて気泡を抜き、チョコレートをまんべんなく行きわたらせる。型を逆さまにして、叩きながら余分なチョコレートを流す。型の叩き方でチョコレートの厚みが決まるため、チョコレートの状態に合わせて叩く加減を調整する。逆さまのまま、余分なチョコレートをスケッパーなどでこそげとる。

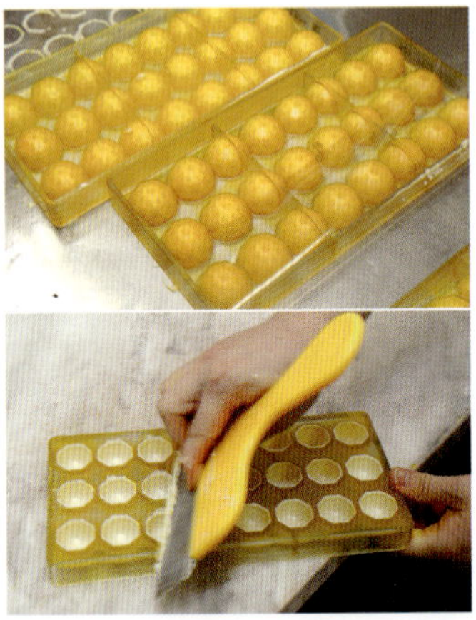

5 台にフィルムを敷き、型を伏せておく。カカオバターとチョコレートが溶け合って、その後、結晶化する。きれいにふたができるように、型についた余分なチョコレートをしっかりとスケッパーで削り取る。

6 カカオバターとチョコレートが溶け合って、その後、きちんと結晶化すると、一体化して美しいつやが生まれる。

型どり

[材料]

◆仕込み量

カカオバター…適量
食用色素（黄色）…適量
（カカオバターの15%量）
35%ホワイトチョコレート…適量

1 カカオバターを30～40℃に温め、色素を加えてミキサーでむらなく攪拌し、ピストレに入れる。ミキサーにかけると、ダマがなくなるため、漉す必要がない。

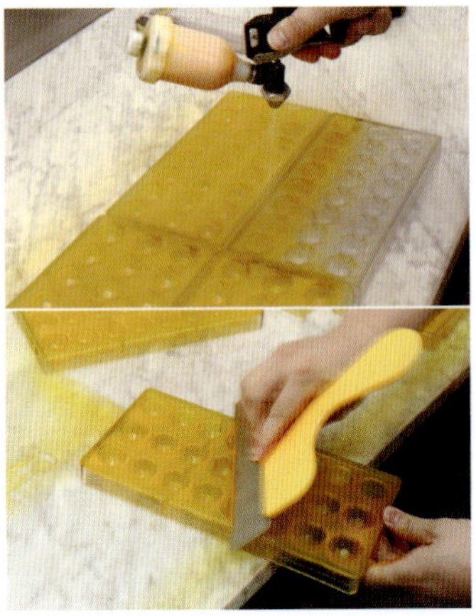

2 型にピストレして、必要以外に付着したところはスケッパーなどでこそげとる。1度ピストレしたところがマットな状態になったら、もう一度ピストレする。ピストレして数分置いてマットな状態になればベスト。色素が乾かないのは、型が適温よりも温かく、すぐに固まる場合は型が適温よりも冷えているため、どちらも好ましくない。

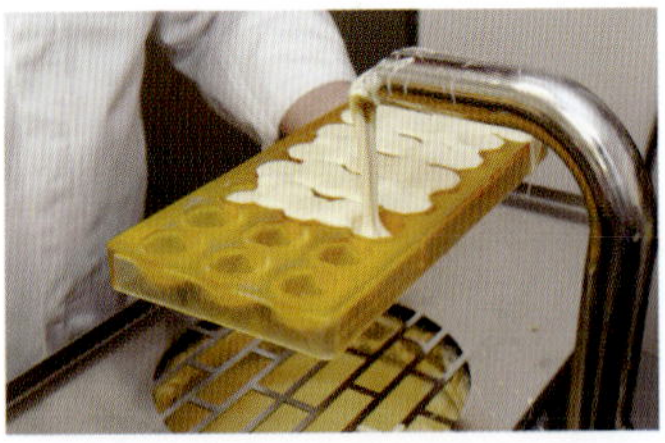

3 2にテンパリングしたチョコレートを流す。

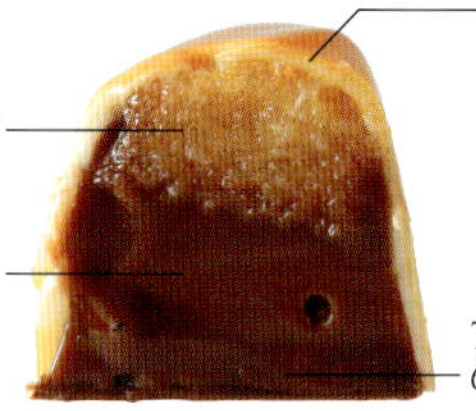

サバラン オ ロム

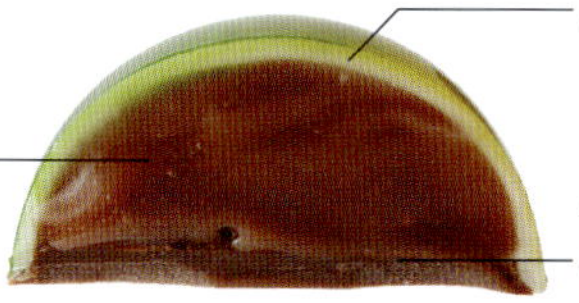

ライムジンジャー

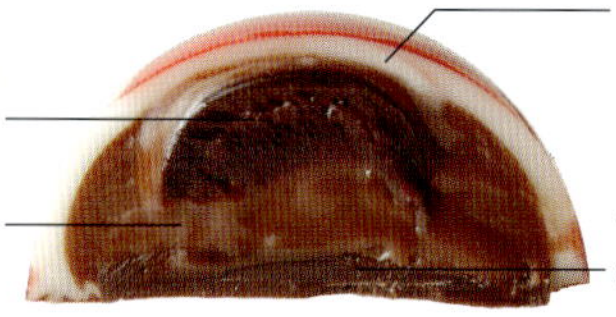

スリーズ

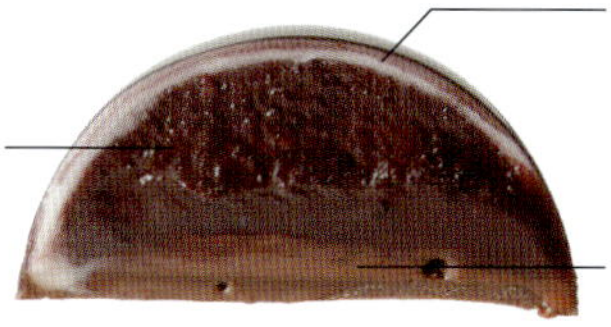

ヴィオレ

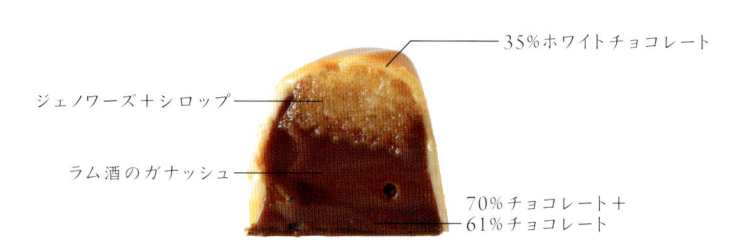

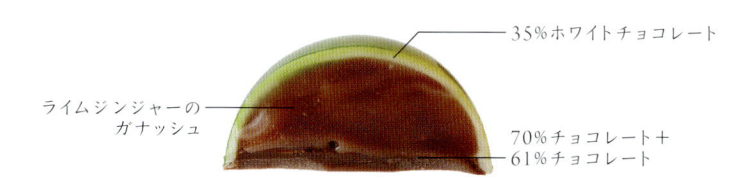

サバラン オ ロム
ヴィオレ
ライムジンジャー
スリーズ
提供期間：各通年
各220円（税込）

サバラン オ ロム

ジェノワーズ

［材料］

◆仕込み量

全卵…266g
卵黄…59.5g
グラニュー糖…200g
トレハロース…33g
はちみつ…25g
36%生クリーム…33g
モンレニオン ヴァニラ(100%天然濃縮ヴァニラ原液)…1g
薄力粉(ふるっておく)…188g

［作り方］

1 卵、卵黄、グラニュー糖、トレハロース、はちみつを人肌に温めて立てる。
2 生クリームにモンレニオン ヴァニラを加え、40℃くらいに温めておく。
3 1が立ち上がったら、2に少量入れてゴムべらで合わせておく。
4 1に薄力粉を加え、3を加える。
5 天板に流し、上火170℃下火160℃のオーブンで10分焼成し、上火を165℃に落とし(下火は160℃のまま)20分焼成する。

ラム酒のシロップ

［材料］

◆仕込み量

シロップ(ボーメ30°)…200g
ラム酒(ネグリタ)…400g

［作り方］

1 シロップにラム酒を加え混ぜる。

ラム酒のガナッシュ

［材料］

◆小さな辺1cm・大きな辺2.1cm×高さ1.9cm 384個分

A
- 36%生クリーム…784g
- トレモリン…64g
- 水あめ…48g
- 無塩バター…75g

61%チョコレート(カサルカ社「マランタ」)…744g
34%ミルクチョコレート(フリューベル社「マラカイボ」)…160g
ラム酒(ネグリタ)…64g

［作り方］

1 Aを加熱し、沸騰したら火を止める。
2 ボウルに2種のチョコレートを入れ、1の1/3量を注いで泡立て器で混ぜ、しっかりと乳化させる。
3 残りの1を数回に分けて加えながら、そのつど泡立て器で混ぜ、きちんと乳化させる。ラム酒を加え、さらに、ハンドブレンダーで全体をきめ細かく乳化させる。
4 室温、あるいは氷せん(ボウルを氷に当てる)で30℃に調温する。

型どり

［材料］

◆仕込み量

食用色素(オレンジ色・黄色)…適量
カカオバター…適量
35%ホワイトチョコレート…適量

［作り方］

1 カカオバターを30〜40℃に温め、オレンジ色と黄色、それぞれの色素を加えてミキサーでむらなく攪拌し、ピストレに入れる。
2 型にオレンジ色1回、黄色1回ピストレして、必要以外に付着したところはスケッパーなどでこそげとる。
3 2にテンパリングしたチョコレートを流し、余分なチョコレートをスケッパーなどでこそげとる。
4 型を棒などで叩いて気泡を抜き、チョコレートをまんべんなく行きわたらせる。型を逆さまにして、叩きながら余分なチョコレートを流す。逆さまのまま、余分なチョコレートをスケッパーなどでこそげとる。

組み立て・仕上げ

［材料］

◆仕込み量

ジェノワーズ…適量
ラム酒のシロップ……適量
ラム酒のガナッシュ…適量
70%チョコレート(カサルカ社「サンタンデール」)…適量
61%チョコレート(カサルカ社「マランタ」)…適量

［作り方］

1 型の表面が完全に結晶したら、厚さ7〜8mmで0.5cm×1cmに切ったジェノワーズを型に詰めて、シロップを打つ。
2 30℃以下に調温したラム酒のガナッシュを、1に型のふちから0.5mmくらい下まで絞る。冷蔵庫で固める。
3 2種のチョコレートを合わせてテンパリングし、2に流して型の表面の余分なチョコレートをスケッパーできれいにこそげ落とす。結晶化したら、型からひとつひとつはずす。

ライムジンジャー

ライムジンジャーのガナッシュ

［材料］

◆直径3cm×高さ1.5cm　720個分

根しょうが…145g

A
- 高千穂発酵バター
  （南日本酪農協同株式会社）…530g
- 水あめ…288g
- ライムピューレ…900g

グラニュー糖…923g
カカオバター…213g
40%ミルクチョコレート（ヴァローナ社「ジヴァラ・ラクテ」）…1615g

［作り方］

1 根しょうがをすりおろし、Aと一緒に加熱して沸騰させる。
2 同時進行で、別鍋でグラニュー糖を火にかけ、焦げ色がついて全体が上に上がって少し経ったら1を加える。
3 2をシノワで漉す。レードルで押して、根しょうがの風味をよく出し切る。
4 ボウルにカカオバターとチョコレートを入れ、3の1/3量を注いで泡立て器で混ぜ、しっかりと乳化させる。
5 残りの3を数回に分けて加えながら、そのつど泡立て器で混ぜ、きちんと乳化させる。さらに、ハンドブレンダーで全体をきめ細かく乳化させる。
6 室温、あるいは氷せん（ボウルを氷に当てる）で30℃に調温する。

型どり

［材料］

◆仕込み量

食用色素（緑色・黄色）…適量
カカオバター…適量
35%ホワイトチョコレート…適量

［作り方］

1 カカオバターを30～40℃に温め、緑色と黄色、それぞれの色素を加えてミキサーでむらなく撹拌し、ピストレに入れる。
2 型に緑色2回、黄色1回ピストレして、必要以外に付着したところはスケッパーなどでこそげとる。
3 2にテンパリングしたチョコレートを流し、余分なチョコレートをスケッパーなどでこそげとる。
4 型を棒などで叩いて気泡を抜き、チョコレートをまんべんなく行きわたらせる。型を逆さまにして、叩きながら余分なチョコレートを流す。逆さまのまま、余分なチョコレートをスケッパーなどでこそげとる。

組み立て・仕上げ

［材料］

◆仕込み量

ライムジンジャーのガナッシュ…適量
70%チョコレート（カサルカ社「サンタンデール」）…適量
61%チョコレート（カサルカ社「マランタ」）…適量

［作り方］

1 型の表面が完全に結晶したら、30℃以下に調温したライムジンジャーのガナッシュを、1に型のふちから0.5mmくらい下まで絞る。冷蔵庫で固める。
2 2種のチョコレートを合わせてテンパリングし、1に流して型の表面の余分なチョコレートをスケッパーできれいにこそげ落とす。結晶化したら、型からひとつひとつはずす。

スリーズ

キルシュのガナッシュ

［材料］

◆直径3cm×高さ1.5cm　750個分

36%生クリーム…693g
トリモリン…75g
40%ミルクチョコレート（ヴァローナ社「ジヴァラ・ラクテ」）…701g
61%チョコレート（カサルカ社「マランタ」…365g
キルシュ…220g

［作り方］

1 生クリームとトリモリンを沸騰させる。
2 ボウルに2種のチョコレートを入れ、1の1/3量を注いで泡立て器で混ぜ、しっかりと乳化させる。
3 残りの3を数回に分けて加えながら、そのつど泡立て器で混ぜ、きちんと乳化させる。
4 キルシュを加え、ハンドブレンダーで全体をなめらかに乳化させる。
5 室温、あるいは氷せん（ボウルを氷に当てる）で30℃に調温する。

型どり

［材料］

◆仕込み量

食用色素（赤）…適量
カカオバター…適量
35%ホワイトチョコレート…適量

［作り方］

1 カカオバターを30〜40℃に温め、色素を加えてミキサーでむらなく撹拌し、指につけて、型に模様を描く。
2 1にテンパリングしたチョコレートを流し、余分なチョコレートをスケッパーなどでこそげとる。
3 型を棒などで叩いて気泡を抜き、チョコレートをまんべんなく行きわたらせる。型を逆さまにして、叩きながら余分なチョコレートを流す。逆さまのまま、余分なチョコレートをスケッパーなどでこそげとる。

組み立て・仕上げ

［材料］

◆仕込み量

キルシュのガナッシュ…適量
キルシュ漬けグリオットチェリー…ボンボン・ショコラ1粒につき1/2粒
70%チョコレート（カサルカ社「サンタンデール」）…適量
61%チョコレート（カサルカ「マランタ」）…適量

［作り方］

1 型の表面が完全に結晶したら、水気をきったキルシュ漬けグリオットチェリーを入れる。
2 30℃以下に調温したキルシュのガナッシュを、1に型のふちから0.5mmくらい下まで絞る。冷蔵庫で固める。
3 2種のチョコレートを合わせてテンパリングし、2に流して型の表面の余分なチョコレートをスケッパーできれいにこそげ落とす。結晶化したら、型からひとつひとつはずす。

ヴィオレ

カシスとミルティーユ（ブルーベリー）のガナッシュ

［材料］

◆直径3cm×高さ1.5cm　750個分

A

- カシスピューレ（ボワロン社）…530g
- ミルティーユピューレ（ボワロン社）…850g
- トレモリン…239g
- 水あめ…180g

61%チョコレート（カサルカ社「マランタ」）…735g
34%ミルクチョコレート（フリューベル「マラカイボ」）…440g
カカオバター…85g
クレーム・ド・カシス…139g
キルシュ…65g

［作り方］

1 Aを沸騰させる。
2 1ボウルに2種のチョコレートとカカオバターを入れ、1の1/3量を注いで泡立て器で混ぜ、しっかりと乳化させる。
3 2残りの1を数回に分けて加えながら、そのつど泡立て器で混ぜ、きちんと乳化させる。クレーム・ド・カシスとキルシュを加え、ハンドブレンダーで全体をなめらかに乳化させる。
4 室温、あるいは氷せん（ボウルを氷に当てる）で30℃に調温する。

型どり

［材料］

◆仕込み量

食用色素（赤・青）…各適量
カカオバター…適量
35%ホワイトチョコレート…適量

［作り方］

1 カカオバターを30〜40℃に温め、赤2に対して青3の量の色素を加えてミキサーでむらなく撹拌し、ピストレに入れる。型に2回ピストレする。
2 1にテンパリングしたチョコレートを流し、余分なチョコレートをスケッパーなどでこそげとる。
3 型を棒などで叩いて気泡を抜き、チョコレートをまんべんなく行きわたらせる。型を逆さまにして、叩きながら余分なチョコレートを流す。逆さまのまま、余分なチョコレートをスケッパーなどでこそげとる。
4 台にフィルムを敷き、型を伏せておく。結晶化したら、型についた余分なチョコレートをしっかりとパレットで削り取る。

組み立て・仕上げ

［材料］

◆仕込み量

カシスとミルティーユのガナッシュ…適量
70%チョコレート（カサルカ社「サンタンデール」）…適量
61%チョコレート（カサルカ社「マランタ」）…適量

［作り方］

1 型の表面が完全に結晶したら、30℃以下に調温したカシスとミルティーユのガナッシュを、型のふちから0.5mmくらい下まで絞る。冷蔵庫で固める。
2 2種のチョコレートを合わせてテンパリングし、1に流して型の表面の余分なチョコレートをスケッパーできれいにこそげ落とす。結晶化したら、型からひとつひとつはずす。

Patisserie chocolaterie Chant d'Oiseau

パティスリー ショコラトリー シャンドワゾー

ベルギースタイルならではの魅力を発信

小学生の頃からクッキーを焼き、家族や友人に喜ばれていたという村山太一シェフ。当然のようにパティシエを目指し、埼玉県春日部市のパティスリーに5年勤めた後、浦和の「パティスリーアカシエ」のオープニングスタッフとして1年勤務。その後、ベルギーに渡り、パティスリーと老舗ショコラトリーで研鑽を積み、帰国後、2010年10月、同店をオープンする。

「わたしがチョコレートの魅力に開眼したのはベルギーでした。ですから、独立開業するときにはベルギースタイルのモールドで作るボンボン・ショコラをメインにしたいと考えたのです」という通り、同店のボンボン・ショコラはすべてモールドで作るタイプだ。

その特長は、型どりしたチョコレートに詰めるため、ガナッシュやキャラメルの軟らかさに変化がつけられ、シロップやリキュールなどの液体も封じ込められることだ。食感が異なる素材を重ねて、複雑な味わいを構築することも可能で、さらに、いろいろな型の形や型への色づけによって、表現の幅も広がる。「モールドタイプのポイントは、型に流すチョコレートを薄く仕上げること」と村山シェフは言う。「そうすると、センターとの味のバランスがうまくとれます。センターは素材の持ち味を最大限に活かすことを考え、何を食べたかがちゃんとわかるように作っています」と、素材感をしっかり感じさせるのが、ボンボン・ショコラをはじめとする村山シェフのお菓子の魅力だ。

美しいつやを生み出すために環境を重視

モールドタイプのボンボン・ショコラの魅力は表面のつやの美しさにある。帰国後、ベルギー時代と同じに作っても、同じような美しいつやが作り出せなかった。その原因が日本の高温多湿にあると気がついてからは、室温や湿度を調整し、できる限りベルギーの厨房の環境に近づけている。湿度は40%が最適で、高いと表面につやが出ない、水滴がつくなどの問題が生じる。作業中にオーブンや食洗器など湿度を高める器具を使わなくてすむように、ボンボン・ショコラを作る日は、定休日を充てるほど、環境調整に徹底している。

手順を紹介した「フリュイ・ド・ラ・パッション」のガナッシュは、パッションフルーツのキャラメルとミルクチョコレートを合わせたもの。フルーツのキャラメルの「凝縮された味わいが好き」というシェフは、チョコレートと相性がよいと、ボンボン・ショコラに多く活用している。キャラメルにしたときの甘さとのバランスは、パッションフルーツ、カシス、フランボワーズなど、酸味が強いフルーツがうまく引き立て合うそうだ。

リキュールを直接封じ込めることも可能なモールドタイプだが、よりチョコレートとの一体感をと考え、瓶詰のババから発想を得たのが「サバランオロム」。ジェノワーズにラム酒をしみ込ませ、ラム酒のガナッシュを組み合わせる。ジェノワーズの生地感も感じられるまろやかな一品になった。

「ライムジンジャー」はライム果汁をキャラメルにし、ミルクチョコレートと合わせてガナッシュに。すりおろしたしょうがの風味が、よいアクセントになっている。

キルシュの利いたガナッシュとグリオットチェリーを詰めた「スリーズ」は、型に指で模様を描いている。そうしたデザイン的変化がつけられるのも、モールドタイプならではの面白さ。

赤と青の食用色素を混ぜてピストレし、深みのある紫色に仕立てた「ヴィオレ」は、カシスとミルティーユのガナッシュを詰めた。2種のベリーの食感を楽しめるように、少しざらつき感を残している。

「目に楽しく、食べておいしい。モールドタイプのボンボン・ショコラの魅力を、これからも、より多くの方に知っていただきたいです」とベルギースタイルのチョコレートづくりにかける村山シェフの思いは熱い。

CHOCOLATERIE PATISSERIE SoLiLité

ショコラトリ・パティスリ ソリリテ

オーナーシェフ　橋本史明

チョコレートそれぞれのカカオ感を生かす、みずみずしいアロマが魅力だ。既成にとらわれず、合理的にシンプルに、レシピを構成して、試作を重ねる日々。カカオバター、果汁のセレクト、扱い方など細部に及んでいる。

カボッセ
提供期間:通年
240円(税込)

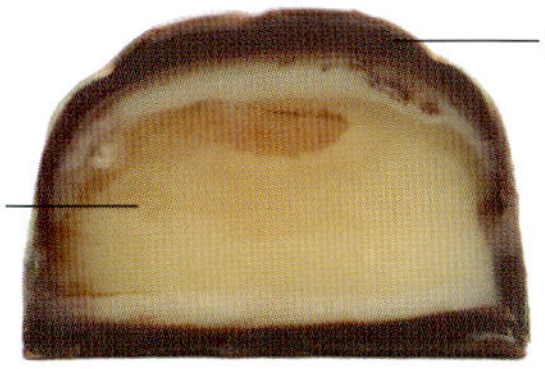

カボッセ

型どり

［材料］

◆仕込み量

カラード・カカオバター（グリーン、
ホワイト）…各適量
62%チョコレート…適量

1 ピストレを使って型にグリーンのカカオバター吹きつけ、乾いたらホワイトのカカオバターを吹きつけて色をつける。

2 18℃の場所にしばらく置く。

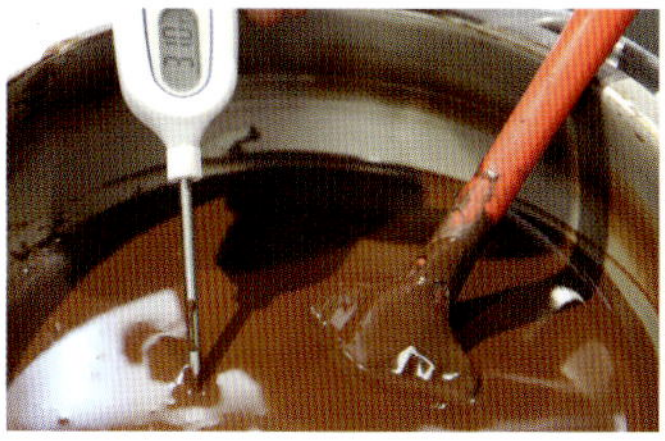

3 チョコレートをチョコレートウォーマーでテンパリングし、31℃に調温する。チョコレートウォーマーは、水を使わないため、チョコレートに水蒸気が入るリスクがない。

3 1を2の鍋に3回に分けて注ぎ、合わせ混ぜる。

4 3の1/3量を、割り入れておいたチョコレートがつかるくらいに入れて混ぜ（写真上Ⓐ）、残りは1/2ずつに分けて加え混ぜる。ハンドブレンダーを空気を入れないようにかけて、しっかり乳化させる。写真下Ⓑが理想的な乳化状態。

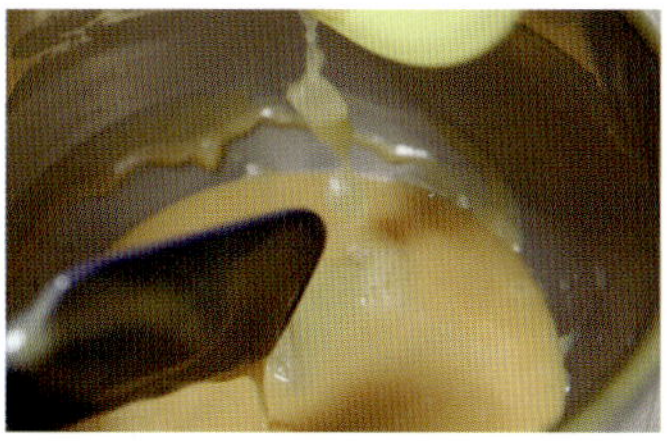

5 4が40℃から50℃に冷めたら、室温になったライム果汁を加え混ぜる。

ライム風味のキャラメルガナッシュ

［材料］

◆42個分　4.5cm×2cm×高さ1.2cm…10g

34%生クリーム…180g
カカオバター…40g
ライム果汁…60g
グラニュー糖…100g
30.3%ホワイトチョコレート
（チョコヴィック社「オパル」）…200g

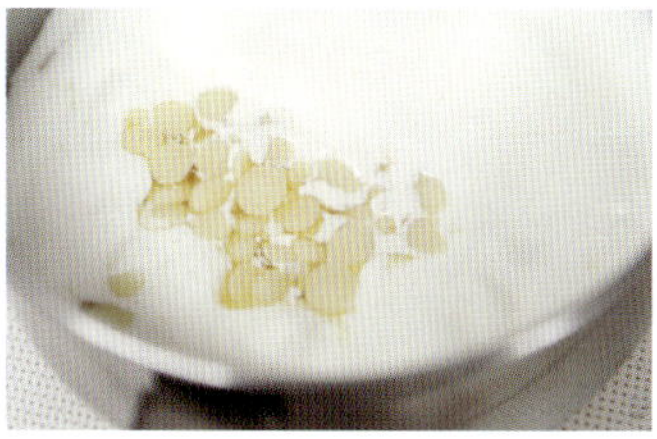

1 鍋に生クリームとカカオバターを入れ、火にかけて沸かす。ひと煮立ちしてカカオバターが溶けたら、続けて煮沸する。同時にライム果汁を室温で解凍する。

2 グラニュー糖を別の鍋に入れて、ヒーターで加熱する。砂糖の粒をきちんと煮溶かして、再結晶しないようにする。できあがりの目安は、れんげはちみつの色で、写真くらいになったらヒーターから離す。

3 余分なチョコレートをスケッパーでていねいにこそげる。手順2〜3を2回繰り返す。

4 15℃で冷蔵、表面が結晶化したら、型からはずす。

6 12℃に冷蔵して固めたあとに、ガナッシュをすり切りから約1mm低く絞る。

7 12〜16℃に一昼夜冷蔵する。

仕上げ

［材料］

◆仕込み量

62%チョコレート…適量

1 ドライヤーの温風で表面を温める。

2 テンパリングしたチョコレートをゴムベラをつかって、型に流していく。ならすようにゴムベラを動かす。

4 2にテンパリングしたチョコレートを口金なしの絞り袋で、ひとつひとつ手早く絞っていく。

5 すぐに保温器の上で型を返して、スケッパーで余分なチョコレートをそぎ落とす。

スフェール

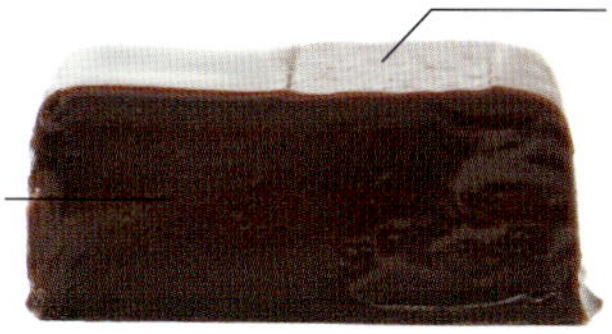

柚子

スフェール
柚子
提供期間：各通年
各240円（税込）

スフェール

ガナッシュ

［材料］

◆直径3cm半球型　70個分

A
- カカオバター…60g
- 生クリーム34%…150g
- 転化糖…60g

プラリネ・ノワゼット（チョコヴィック社）…200g

白ごま…50g

［作り方］

1 Aを鍋で沸かす。

2 1を、湯せんして溶かしたプラリネ・ノワゼットと合わせ混ぜる。

3 フライパンで遠火の弱火で香ばしくローストしたごまを、2に加え混ぜる。

型どり・仕上げ

［材料］

◆仕込み量

カカオバター…適量

62%チョコレート…適量

［作り方］

1 溶かしたカカオバターを手袋をはめた指先でなぞるように、型のひとつひとつにつけていく。

2 31℃にテンパリングしたチョコレートを型に絞り入れ、型をひっくり返して、スケッパーで余分なチョコレートを削り落とす。

3 2を12℃に冷蔵して、チョコレートが固まったら、ガナッシュを絞り入れ、一昼夜12～16℃の場所に置く。

4 翌日、型の表面をドライヤーで温め、テンパリングしたチョコレートを薄くのせる。固まりきらないうちに、スケッパーで表面の余分なチョコレートをこそげ落とす。

5 室温に置き表面が結晶化するのを待つ。触れてみて指につかなければ、もう一度チョコレートをかけ、スケッパーで余分なチョコレートを削り落とす。

6 17℃～18℃の場所に置き、固まったら型からはずす。

柚子

ガナッシュ

［材料］

◆2.5cm×3cm×H0.8cm　80個分

34%生クリーム…109g
転化糖…38g
66%チョコレート…283g
柚子果汁…109g
無縁バター…60g

［作り方］

1 鍋に生クリームと転化糖を入れて沸かす。
2 ボウルで40℃に溶かしておいたチョコレートに、1を3〜4回にわけて加え、その都度ゴムベラで混ぜ合わせる。
3 続いてハンドブレンダーを空気を入れないようにかけ、しっかり乳化させる。
4 3の温度が下がりにくいように、果汁を約35℃に温めて加え混ぜる。次にポマード状のバターを加え混ぜ、ハンドブレンダーをかける。作業を終える温度の目安は29℃〜31℃。

シャブロネ・ギッターでカットする

［材料］

◆仕込み量

62%チョコレート…適量

［作り方］

1 トレイにOPPシートを敷き、カードルをのせて、ガナッシュを流し入れる。ヘラかカードでフラットに表面をならす。
2 固まったらカードルをはずして、溶かした（40℃以下）チョコレートで、上面を薄くシャブロネする。上下を返して上面をシャブロネする。
3 ギッターで分割する。17〜18℃の環境で一昼夜置く。

トランペ・仕上げ

［材料］

◆仕込み量

62%チョコレート…適量

［作り方］

1 ガナッシュをチョコレートフォークにのせ、テンパリングしたチョコレートでひとつひとつトランペして、オーブンペーパーの上にのせる。上からデコレーション用の転写シートを貼り、軽く押さえておく。
2 17℃〜18℃の場所に一昼夜おいて固め、転写シートをはずす。

CHOCOLATERIE PATISSERIE SoLiLité

ショコラトリ・パティスリ ソリリテ

チョコレートの持ち味を最大限に生かすように。

　大阪から東京へ、修業時代、数多くのカカオ豆、チョコレートに出会って来た橋本史明シェフ。チョコレートの凝固する力に着目したチョコレートのプリンや、カカオニブの皮のお茶など、マニアックなまでの研究熱心さが、店内の商品からもうかがえる。

　店で使うチョコレートは、同じ産地でも必ずいくつか比較している。選ぶときの決めては、よりたくさんの人に楽しんでもらえるように、「角のない」風味だという。すっきりとしたフルーツ感があり、酸味の強過ぎないもの。また、ローストで苦みの出過ぎていないもの」が最低限のハードル。

　こうして選ばれたチョコレートが、そのアロマ、持ち味によって、プチガトーやボンボン・ショコラになる。特長のひとつは、すっきりと広がる余韻だろう。

　その最も大きな理由は、チョコレート以外の油脂分を抑えることにあった。生クリームの油脂が、チョコレートの風味に影響を与え過ぎないように、ボンボン・ショコラには、乳脂肪34%と、低脂肪の生クリームに限定している。東京では主流だが、京阪神では少数派。乳らしいクセのなさが特長だが、「通常、生クリームの脂肪球には大小があり、それがまろやかな口あたり、コクとなって感じられるのですが。脂肪球の小さい、低脂肪のものはさらさらとして、独特の乳の匂いが希薄なんです」。撹拌してもなかなか立ちにくいという。脂肪分の少なさ。あっさりとして、生クリームらしさが感じられない。それゆえ、チョコレートそのものの味わいのじゃまにならず、ピュアな味わいになる。

　この澄んだフレッシュ感がストレートに味わえるのは「柚子」も同じ。フルーティなダークチョコレートを引き立てる、柚子果汁を選んでいる。柚子の産地は近県にもいくつかあるが、その土地、絞り方によっても、味わいが異なるという。苦みのないさわやかさから、高知県産の果皮入りの果汁を採用している。生クリームの存在感を抑えたボンボンは、柚子のさわやかさを印象づける。

なめらかな口あたりと、保存性を考慮しながら。

　顧客にとってアイコン的存在の「カボッセ」。シャープな外観からは想像しにくい、ライムのフレッシュな香りのやさしいキャラメルがセンターに。「ガナッシュは甘く、なめらかさが足りないの気がするので、より口あたりのとろりとしたキャラメルベースのセンターにしています」。相性の良いホワイトチョコレートを合わせているが、カカオ分が低いので、16℃から18℃の保存する温度帯で、流動的なテクスチャーになり、保存にリスクを伴う。そこで、カカオバターをキャラメルと合わせることで、テクスチャーを安定させている。型に絞りこんでひと晩おいたあと、表面に皮膜が貼っている状態になるという。

　モールドタイプ特有の、なめらかな、作りたてにも似たとろりとした口どけも、カカオバターを加えた、独自の配合によるものだ。ライム果汁はシャープな香りを生かすため、あえて加熱していない。そこで、乳脂肪との分離を避けるために、ホワイトチョコレートを加え混ぜたあと、一番最後に混ぜ合わせるレシピにたどりついた、とうかがった。また、より生のライムらしさを表現するために、2種類のライム果汁で香りと味わいを補い合うようにブレンドして。よりライムらしさを表現しているところもポイントのひとつ、ディテールのすみずみまで、こだわっている。

　軽くローストして白ごまのぷちぷちした食感をアクセントにした「スフェール」も、プラリネ・ノワゼットにカカオバターを加え混ぜる配合。軽やかにとろりと、コクを出している。モールドタイプのユニークなセンターは、チョコレートをしっかり味わうガナッシュのボンボン・ショコラと並んで、味わいの幅を広げる効果も。期間を限定したボンボンも加わり、プレゼントに顧客の自宅用に喜ばれる展開になっている。

マールブランシュ
加加阿365祇園店

マールブランシュ カカオ365ギオンテン

ショコラグランシェフ 藤田浩司

山椒とプラリネのボンボン

紫蘇とベリー

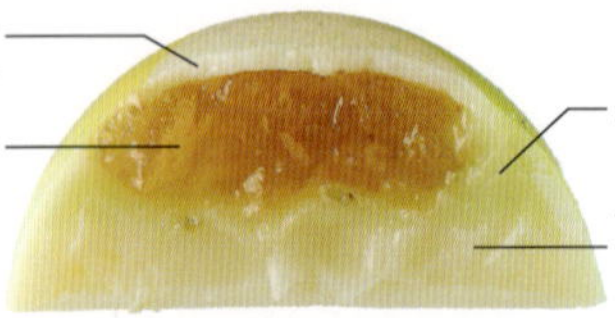

バジルとシトラス

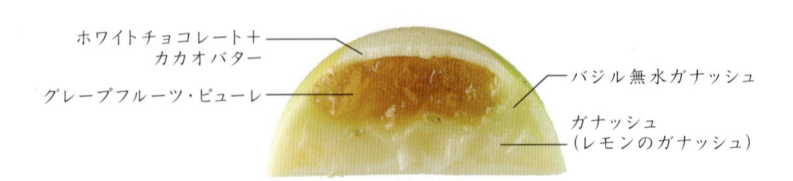

山椒とプラリネのボンボン
紫蘇とベリー
バジルとシトラス
参考商品

山椒とプラリネのボンボン

キャラメリゼヘーゼルナッツ

[材料]

◆ドゥマール社「ドゥミ・シリンダー1146」
8.5cm×1.7cm×高さ1.5cm 約55個分

グラニュー糖…100g
トレハロース…100g
無塩バター…70g
ヘーゼルナッツ・ホール
（チョコヴィック社）…260g

[作り方]

1 グラニュー糖、トレハロースを鍋に入れ、浸るぐらいの水（分量外）を加えて薄いキャラメルを作る。

2 バターを加えて弱火にかけ、混ぜて乳化させる。

3 ヘーゼルナッツをローストし、皮を剥いて麺棒で叩き潰す。2に入れて混ぜ、シルパットにできるだけ薄くのばす。耐熱ラップフィルムを密着させて、湿気ないように粗熱を取る。

4 厚手のビニール袋に入れて綿棒で叩き潰す。シリカゲルを入れた容器で保存する。

ジャンドゥーヤ

[材料]

◆ドゥマール社「ドゥミ・シリンダー1146」
8.5cm×1.7cm×高さ1.5cm 約55個分

75%チョコレート（チョコヴィック社
「タカラン」）…100g
粉末山椒…1g
36%生クリーム（タカナシ乳業）…120g
木の芽…2g
ライムゼスト（フレッシュ）…5g

[作り方]

1 チョコレートを30℃にテンパリングする。

2 均一に混ぜたプラリネ・アマンド・ノワゼット・ペーストにチョコレートと山椒を加え、混ぜてから一度冷やし固める。

3 ミキサーのビーターで空気を含ませながら攪拌し、絞れる程度のやわらかさに調整する。

ガナッシュ

[材料]

◆ドゥマール社「ドゥミ・シリンダー1146」
8.5cm×1.7cm×高さ1.5cm 約55個分

75%チョコレート（チョコヴィック社
「タカラン」）…100g
粉末山椒…1g
36%生クリーム（タカナシ乳業）…120g
木の芽……2g
ライムゼスト（フレッシュ）…5g

[作り方]

1 チョコレートと山椒を混ぜて33℃にテンパリングする。

2 生クリームに、叩いて香りを出した木の芽と、ゼスターで削ったライムゼストを加える。ラップフィルムでふたをして電子レンジで沸騰させる。人肌まで粗熱を取り裏漉しする。

3 ハンドブレンダーで混ぜながら、1に2を少しずつ加えて乳化させる。

ブラックショコラ

[材料]

◆仕込み量

75%チョコレート（チョコヴィック社
「タカラン」）…適量

[作り方]

1 チョコレートを31℃にテンパリングし、ギッターシートで挟んで1mmほどにのばす。

2 固まりかけたら2cm×8.5cmにパレットナイフで切れ目を入れて、そのまま固める。

トランペ・仕上げ

[材料]

◆仕込み量

キャラメリゼヘーゼルナッツ…適量
75%チョコレート（チョコ
ヴィビック社「タカラン」）…適量
ジャンドゥーヤ…適量
ガナッシュ…適量
ブラックショコラ…ボンボン・
ショコラ1粒につき1枚
41.4%ミルクチョコレート
（チョコヴィック社「トケラ」）…適量
パールパウダー（ゴールド）…適量

[作り方]

1 キャラメリゼヘーゼルナッツを型の1/3くらいまで均一に入れて、170℃のオーブンで溶けるまで焼成する。粗熱が取れたら型から外す。

2 32℃にテンパリングした75%チョコレートを絞り袋に入れ、型の1/4まで絞って、1を押しあてる。

3 ジャンドゥーヤを絞り袋に入れ、2の上に絞る。ゴムべらで窪ませるようにならす。

4 ガナッシュを絞り袋に入れ、3の上に絞る。空気が入らないようにブラックショコラ1片をのせて、ひと晩おく。3を型から外し、底の丸い部分に30℃にテンパリングしたミルクチョコレートを浸たす。ミルクチョコレートの面を下にしてOPPシートに、上面が傾かないようまっすぐ置いて固める。1をチョコレートフォークにのせて、テンパリングしたミルクチョコレートに上面ぎりぎりまで浸ける。OPPシートに置いて固める。4の上面に刷毛でパールパウダーを擦り込み、75%チョコレートでパイピングする。

紫蘇とベリー

パート・ド・フリュイ

［材料］

◆1cm×6cm×高さ1cm　約228個分

カシス・ピューレ（フルティエール）…128g
ラズベリー・ピューレ（フルティエール）…128g
ハローデックス…154g
トレハロース…105g
グラニュー糖…71g
寒天ゲル化剤（伊那食品工業「イナゲルA-757」）…12g
ペクチン…3.5g
カシスリキュール（ドーバー洋酒貿易株式会社）…30g
カシス濃縮果汁（ドーバー洋酒貿易株式会社「トックブランシュ・カシス」）…15g
クエン酸…2g
青じそ…10枚

［作り方］

1 鍋に2種類のピューレ、ハローデックス、トレハロースを入れて、ブリックス70%まで煮詰める。
2 グラニュー糖、ゲル化剤、ペクチンを混ぜて適量の水でふやかしておく。
3 1と2を合わせて沸騰させる。
4 3にリキュール、濃縮果汁、クエン酸、みじん切りにした青じそを混ぜ合わせ、ハンドブレンダーで均一化させる。
5 30cm×30cm×厚さ2mmのシャブロンに流し入れ、フラットにならして固める。

ガナッシュ

［材料］

◆1cm×6cm×高さ1cm　約228個分

35%生クリーム…175g
青じそ…5枚
29.6%ホワイトチョコレート（チョコヴィック社「ナパル」）…500g

［作り方］

1 生クリームにみじん切りにした青じそを入れ、耐熱ラップフィルムをかけて電子レンジで沸騰させる。人肌に調整し、ハンドブレンダーで撹拌する。
2 30℃にテンパリングしたホワイトチョコレートに1を少しずつ加え、ハンドブレンダーでしっかりと乳化させる。

デコールショコラ

［材料］

◆仕込み量

カカオバター（青）…適量
カカオバター（赤）…適量
パールパウダー（青）…適量
パールパウダー（赤）…適量
60%チョコレート（チョコヴィック社「ケンダリ」）……適量

［作り方］

1 カカオバターをテンパリングする。ギッターシートに刷毛で2色をランダムに塗り、その上から刷毛でパールパウダー2色をランダムにこすりつける。
2 28℃にテンパリングしたチョコレートを1の上にパレットで薄く伸ばし、ギッターシートで挟む。
3 固まりかけたら口金の丸を押し当てて抜き目を付け、固める。

組み立て・トランペ・仕上げ

［材料］

◆仕込み量

パート・ド・フリュイ…適量
ガナッシュ…適量
29.6%ホワイトチョコレート（チョコヴィック社「ナパル」）…適量
60%チョコレート（チョコヴィック社「ケンダリ」）…適量
カカオバター（日新加工「ガーナカカオバター」）…チョコレートの5%量
飾りのショコラ…ボンボン1個につき1枚

［作り方］

1 パート・ド・フリュイの上にガナッシュを流し入れ、表面をならしてひと晩おく。
2 1の上に30℃にテンパリングしたホワイトチョコレートを流し、ガナッシュが透ける程度にパレットで薄くならす。
3 2を逆さにひっくり返して半分にカットし、2枚を重ね合わせる。全体を軽く押さえてから、1cm×6cmに包丁でカットする。隙間を空けて並べ、手に付かなくなる程度まで固める。
4 60%チョコレートとカカオバター混ぜ合わせて28℃にテンパリングし、トランペ用チョコレートを作る。
5 3を5でトランペし、固まる前にドライヤーで送風して上面に波打つ模様を付ける。
6 OPPシートに並べ、固まる前に飾りをのせる。

バジルとシトラス

グレープフルーツ・ピューレ

［材料］

◆カカオバリー「#69ドミ・スフェール半球」
直径3cm　約200個分

グレープフルーツ＊…300g
（ブランシール後の分量）
水…250g
果糖…150g
トレハロース…180g
クエン酸…3g
ル・カンテンウルトラ（伊那食品工業）…6g
水…15g

＊グレープフルーツ（ブランシール）

［材料］

グレープフルーツ、海水濃度の塩水、水…各適量

1 グレープフルーツの薄皮をゼスターでそぎ落とし、冷凍する。
2 1を縦に8等分し、中心の硬い皮と種を取り除き、横に4等分して鍋に入れる。
3 海水濃度の塩水を果実が浮く程度入れて沸騰させ、ザルで漉す。水を果実が浮く程度入れて沸騰させ、ザルで漉す。この工程をワタ部分が白から半透明に変わるまで繰り返す。

［作り方］

1 鍋にグレープフルーツ、水、果糖を入れて沸騰させる。トレハロース150g、クエン酸を加えてブリックス65%度まで煮詰める。常温でひと晩おく。
2 ル・カンテンウルトラとトレハロース30gを混ぜて水でふやかしておく。
3 1をフードプロセッサーで粉砕し、2を加えて沸騰させる。
4 ボウルに移して冷凍庫で保管する。

バジル無水ガナッシュ

［材料］

◆カカオバリー「#69ドミ・スフェール半球」
直径3cm　約90個分

バジルオイル…100g
太白胡麻油（竹本油脂）…100g
フレッシュ・バジル…10g
32.3%ホワイトチョコレート
（チョコヴィック社「ハイネ」）…100g

［作り方］

1 バジルオイルを作る。耐熱容器に胡麻油とちぎったバジルを入れ、電子レンジで焦げない程度に沸騰させる。粗熱を取り、ハンドブレンダーで攪拌する。
2 テンパリングしたホワイトチョコレートにバジルオイルを加え、ハンドブレンダーで均一化させる。

ガナッシュ

［材料］

◆カカオバリー「#69ドミ・スフェール半球」
直径3cm　約50個分

32.3%ホワイトチョコレート
（チョコヴィック社「ハイネ」）…125g
レモンオイル…2g
36%生クリーム（中沢乳業）…35g
ハローデックス…50g
糖アルコール（三菱商事フードテック社「アマミール」）…10g
コアントロー…10g

［作り方］

1 30℃にテンパリングしたホワイトチョコレートにレモンオイルを入れ、ハンドブレンダーで混ぜながら人肌程度に温めた生クリームを少しずつ加える。
2 ハローデックス、糖アルコール、コアントローを加えてハンドブレンダーで乳化させる。

型どり

［材料］

◆仕込み量

消毒用アルコール…適量
パールパウダー（ゴールド）
…アルコールの15%量
カカオバター（黄色）…適量
カカオバター（黄緑緑）…適量
カカオバター（緑）…適量
32.3%ホワイトチョコレート
（チョコヴィック社「ハイネ」）…適量
カカオバター（日新加工
「ガーナカカオバター」）
…ホワイトチョコレートの5%量

［作り方］

1 消毒用アルコールにパールパウダーを溶かし、エアブラシで型の内側に吹き付けて乾燥させる。
2 カカオバターをそれぞれ28℃にテンパリングする。型の内側に半球状のプラ板を当て、ずらしながら黄色、黄緑、緑の順にエアブラシで吹き付けて固める。
3 溶かしたホワイトチョコレートと溶かしたカカオバターをよく混ぜて28℃にテンパリングする。
4 2の型に流し入れ、まんべんなく行き渡ったらひっくり返して余分なチョコレートを落とす。立てた状態で硬化させる。

組み立て・仕上げ

［材料］

◆仕込み量

グレープフルーツ・ピューレ…3g
バジル無水ガナッシュ…適量
ガナッシュ…適量
32.3%ホワイトチョコレート
（チョコヴィック社「ハイネ」）…適量

［作り方］

1 グレープフルーツ・ピューレを絞り袋に入れ、型の中に3gずつフラットに絞る。
2 1の上に無水ガナッシュを1が隠れるぐらい流し入れ、冷暗所で固める。
3 2の上にガナッシュを絞り、ゴムべらで少し窪ませるようにならす。15℃の環境でひと晩おく。
4 3の上に30℃にテンパリングしたホワイトチョコレートを流し、ギッターシートを密着させて空気が入らないように固める。台の上で軽く型を叩いて、でき上がったボンボン・ショコラをはずす。

マールブランシュ 加加阿365祇園店

マールブランシュ カカオ365ギオンテン

ケーキを作る感覚で何層も重ねて仕上げる

藤田浩司さんは、「チョコレートはワガママでデリケートでマイペース。自分のほうが『扱われている』と感じる」という。そのためボンボン・ショコラを「ケーキだと思って作ったほうが楽しい」ともいう。藤田さんのボンボン・ショコラがケーキのように何層も重なった複雑な構造となっているのは、この考えによる。

『加加阿365祇園店』は、「加加阿のある暮らし」をチョコレートで表現する店で、「京都クオリティ」を洋菓子作りのコンセプトとするパティスリー『マールブランシュ』のショコラトリーだ。繊細な口どけに、やさしく奥深く広がる風味。一粒一粒が五感に響くように味がデザインされている。今回、本書の企画のために斬新な発想で特別な一粒を作っていただいた。

紫のパールが光る「紫蘇とベリー」は、フルティエール社のカシス・ピューレに感銘を受けて考案した。組み合わせる素材は青紫蘇。両者の間を繋ぐために、どちらとも相性のいいフランボワーズ・ピューレを加えて、薄い2層重ねを2度繰り返す4層構造とした。青紫蘇の風味を生かすために、乳味がありつつ素材の邪魔をしないホワイトチョコレート「オパル」と合わせた。コーティングは後味に酸味があり、相性がいいと感じたチョコヴィック社の「ケンダリ」。ただし流動性があまりないので、カカオバターで追油して作業性を高めている。

ひと際大きなスティックは「山椒とプラリネのボンボン」。まずガナッシュは山椒を混ぜたチョコレートと、木の芽とライムの皮をアンフュゼした生クリームを合わせたもの。主張の強い3者だが、75%チョコレート「タカラン」のスパイシーかつスモーキーな風味が一つにまとめあげ、違和感はまったくない。これにプラリネとチョコレートと山椒のジャンドゥーヤ、シンプルな「タカラン」のブラックショコラ、ヘーゼルナッツのヌガーでクリスピーな食感を加えている。組み立ても非常に緻密で、3つの層とコーティング、パイピングなど多彩なパーツを分量のバランスと組み立てる順番によって1つのお菓子に仕立てた。「スナック系のチョコレートは世界大会のテーマになるなど、最近注目されています。ガナッシュに飽きた流れもあって、今後増えると思いますよ」と藤田さん。ポイントは〝食べ応え〟と〝口どけ〟。そして最後まで味の変化を楽しめる素材の構成にある。

口中ですっと溶ける独自の〝無水ガナッシュ〟

半球型の「バジルとシトラス」は、手毬をイメージしたデザイン。上の層は、グレープフルーツをコンポートとジャムの中間ぐらいに炊き上げて、寒天を加えたフルーティなピューレ。バジルの層は、オリジナルの「無水ガナッシュ」。ホワイトチョコレートにバジルオイルを加えて撹拌するという、乳化の手順のないガナッシュだ。バジルはフレッシュを使用するので、酸化を防ぐためにほとんど香りがない太白胡麻油と合わせる。バジルの香りが飛ばないよう電子レンジで加熱すれば、色を留めたまま水分を飛ばして香りを移すことができる。オイルとチョコレートだけの無水ガナッシュは比重が軽く、応用がききやすいため、覚えたいテクニックだ。何よりも口中ですっと溶け、味が広がる早さは通常のガナッシュの比ではない。今回はこの印象深い独特なテクスチャーに通常のガナッシュとピューレを組み合わせて、ボンボン・ショコラとした。

今回紹介した3品は、それぞれ異なったアプローチでありながら、強烈な個性を持つボンボン・ショコラ。一体どれほどの引き出しとアイデアがあるのか、チョコレートにかける藤田さんの情熱は計り知れない。藤田さんの夢は「100%カカオでチョコレートを作ること」。糖分すら果汁から取り、他の素材を一切混ぜないチョコレートだ。実現すればエポックメイキングとなるであろうこの大きな夢が叶う日を楽しみに待ちたい。

Chocolatier La Pierre Blanche

ショコラティエ ラ・ピエール・ブランシュ

オーナーショコラティエ　白岩忠志

エクアドル

フランボワーズ

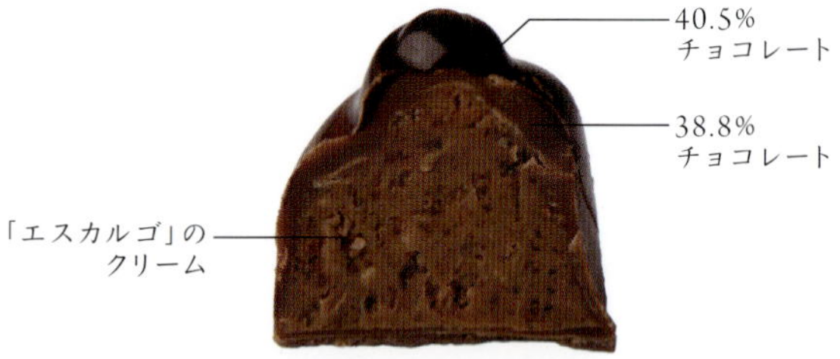

エスカルゴ

バジリコ

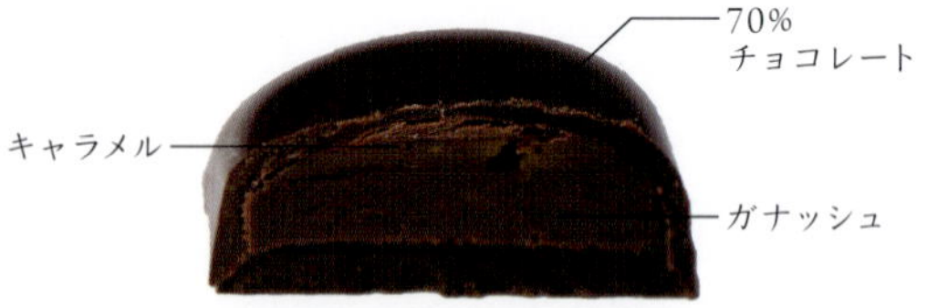

キャラメルバニラ

エクアドル
フランボワーズ
エスカルゴ
バジリコ
キャラメルバニラ
提供期間：各通年
各270円（税別）

エクアドル

ガナッシュ

[材料]

◆2.5cm×2.5cm×高さ8mm　約50個分

75%チョコレート(ドモーリ社「アリバナシオナル」)…250g
転化糖…50g
無塩バター(タカナシ乳業)…75g
35%生クリーム(タカナシ乳業)…200g

[作り方]

1 チョコレートを刻み、転化糖、バターと一緒にしておく。
2 生クリームを沸かし、1に加えて泡立て器で混ぜて乳化させる。
3 20cm×20cm×高さ8mmのカードルに流し、18℃の環境でひと晩おく。

ギッターでカットする

[材料]

◆仕込み量

ガナッシュ…適量

[作り方]

1 ギッターのワイヤーを3cm幅にセットしてカットする。
2 チョコレートを90度回転させて再度カットする。シートを敷いた板の上に1個ずつ隙間を空けて並べる。

トランペ・仕上げ

[材料]

◆仕込み量

70%チョコレート(オペラ社「カルパノ」)…適量
ガナッシュ…適量

[作り方]

1 チョコレートをテンパリングし、トランペ用チョコレートを作る。
2 エンローバーのベルトにガナッシュをのせて起動し、トランペする。
3 固まらないうちにチョコレート用フォークで模様をつける。

フランボワーズ

パート・ド・フリュイ

［材料］

◆2.5cm×2.5cm×高さ8mm　約50個分

グラニュー糖…250g
ペクチン…5g
冷凍フランボワーズ・ホール（ボワロン社）…250g

［作り方］

1 グラニュー糖の一部とペクチンを混ぜ合わせておく。
2 残りのグラニュー糖とフランボワーズを火にかける。沸いたら1を振り入れ、ブリックス75%まで煮詰める。
3 20cm×20cm×高さ8mmのカードルに流し、冷蔵庫で冷やす。

エスカルゴのクリーム

［材料］

◆2.5cm×2.5cm×高さ4mm　約50個分

3パート・ド・フリュイ…適量
エスカルゴのクリーム…300g
（→P64「エスカルゴ」参照）

［作り方］

1 固まったパート・ド・フリュイを高さ1.2mmのカードルにはめ直し、エスカルゴのクリームを流して18℃の環境でひと晩おく。

ギッターでカットする

［材料］

◆仕込み量

ガナッシュ…適量

［作り方］

1 ギッターのワイヤーを2.5cm幅にセットしてカットする。
2 ガナッシュを90度回転させて再度カットする。シートを敷いた板の上に1個ずつ隙間を空けて並べる。

トランペ・仕上げ

［材料］

◆仕込み量

70%チョコレート（オペラ社「カルパノ」）…適量
ガナッシュ…適量
ホワイトチョコレート…適量
チョコレート用色素（赤）…適量

［作り方］

1 チョコレートをテンパリングし、トランペ用チョコレートを作る。
2 エンローバーのベルトにガナッシュをのせて起動し、トランペする。
3 ホワイトチョコレートにチョコレート用色素を混ぜ、線を描く。

エスカルゴ

クリーム

［材料］

◆高さ2.2cmのエスカルゴ型　約50個分

ジャンドゥジャ（大東カカオ）…100g
38.8%ミルクチョコレート
（チョコヴィック社「ハデ」）…50g
プラリネ＊…100g

＊プラリネ
◆仕込み量
グラニュー糖…140g
水…50g

1 皮付きアーモンド（クリットドール社「マルコナアーモンド」）…100g
2 皮付きヘーゼルナッツ（クリットドール社「マルコナアーモンド」）…100gグラニュー糖と水を沸かし、ナッツを加えてキャラメリゼする。天板に広げて冷ます。
3 フードプロセッサーでペースト状になるまで撹拌する。

［作り方］

1 ジャンドゥジャとミルクチョコレートを溶かして38℃にする。
2 プラリネを加えて泡立て器で混ぜる。

型どり

［材料］

◆仕込み量

40.5%チョコレート…適量
38.8%ミルクチョコレート
（チョコヴィック社「ハデ」）…適量

［作り方］

1 型に溶かしたチョコレートで模様を描き、固めておく。
2 テンパリングしたミルクチョコレートを型に流し、むらなくいきわたったらすぐに逆さまにする。上面の余分なチョコレートをスケッパーできれいにこそげ取る。

組み立て・仕上げ

［材料］

◆仕込み量

クリーム…適量
38.8%ミルクチョコレート
（チョコヴィック社「ハデ」）…適量

［作り方］

1 38℃に調温したクリームを絞り袋に入れ、型の高さよりわずかに低い位置まで絞る。
2 18℃の環境でひと晩おく。
3 テンパリングしたミルクチョコレートを薄く流してふたをする。余分なチョコレートをスケッパーでそぎ落とす。
4 固まったら台の上で軽く型を叩いて、でき上がったボンボン・ショコラをはずす。

バジリコ

ガナッシュ

［材料］

◆長さ4cm×幅2cm×高さ1.4cmのカカオ型約50個分

レモン果汁…100g
レモンの皮…2個分
フレッシュ・バジル…50g
35%生クリーム（タカナシ乳業）…300g
グラニュー糖…80g
ホワイトチョコレート（森永乳業「エフィカスブラン」）…400g
無塩バター…30g

［作り方］

1 レモン果汁と皮、バジルをジューサーで5分撹拌する。
2 生クリームとグラニュー糖を沸かす。沸騰したら刻んだホワイトチョコレート、バター、1を加えて、泡立て器で乳化させる。

型どり

［材料］

◆仕込み量

70%チョコレート（オペラ社「カルパノ」）…適量

［作り方］

1 カカオ型にテンパリングしたチョコレートを流し、むらなくいきわたったらすぐに逆さまにする。上面の余分なチョコレートをスケッパーできれいにこそげ取る。

組み立て・仕上げ

［材料］

◆仕込み量

ガナッシュ…適量
70%チョコレート（オペラ社「カルパノ」）…適量
金粉…適量

［作り方］

1 ガナッシュを絞り袋に入れ、型の高さよりわずかに低い位置まで絞る。
2 18℃の環境でひと晩おく。
3 テンパリングしたチョコレートを薄く流してふたをする。余分なチョコレートをスケッパーでそぎ落とす。
4 固まったら台の上で軽く型を叩いて、でき上がったボンボン・ショコラをはずす。
5 刷毛で金粉を薄く塗る。

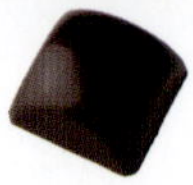

キャラメルバニラ

ガナッシュ

[材料]

◆2.5cm×2.5cm×高さ2cmのスクエアドーム型
約50個分

64%チョコレート(ヴァローナ社
「マンジャリ」)…250g
転化糖…50g
無塩バター(タカナシ乳業)…50g
35%生クリーム(タカナシ乳業)…180g

[作り方]

1 チョコレートを刻み、転化糖、バターと一緒にしておく。
2 生クリームを沸かし、2回に分けて1に加えながら泡立て器で混ぜて乳化させる。

キャラメル

[材料]

◆2.5cm×2.5cm×高さ2cmのスクエアドーム型
約50個分

グラニュー糖…200g
水あめ…50g
水…50g
35%生クリーム(タカナシ乳業)…350g
バニラビーンズ…2本
無塩バター(タカナシ乳業)…30g

[作り方]

1 グラニュー糖、水あめ、水を鍋に入れて加熱し、薄めのキャラメルを作る。
2 火を止めて生クリームを加え、泡立て器でよく混ぜる。
3 バニラビーンズのさやと種を加えて再度沸騰させ、シノワで漉す。バターを加えて溶かし込み、ひと晩おく。

型どり

[材料]

◆仕込み量

70%チョコレート(オペラ社「カルパノ」)
…適量

[作り方]

1 テンパリングしたチョコレートを型に流し、むらなくいきわたったらすぐに逆さまにする。上面の余分なチョコレートをスケッパーできれいにこそげ取る。

組み立て・仕上げ

[材料]

◆仕込み量

キャラメル…適量
ガナッシュ…適量
70%チョコレート(オペラ社「カルパノ」)
…適量

[作り方]

1 キャラメルを絞り袋に入れ、型の半分くらいまで絞る。
2 固まったら、ガナッシュを絞り袋に入れ、1の上から型の高さよりわずかに低い位置まで絞る。
3 18℃の環境でひと晩おく。
4 テンパリングしたチョコレートを薄く流してふたをする。余分なチョコレートをスケッパーでそぎ落とす。18℃の環境でひと晩おく。
5 台の上で軽く型を叩いて、でき上がったボンボン・ショコラをはずす。

✻ ✻ ✻ ✻

Chocolatier La Pierre Blanche
ショコラティエ ラ・ピエール・ブランシュ

素材は自分の舌で選び手作業で攪拌するこだわり

2003年に開業した「ラ・ピエールブランシュ」は、神戸のショコラトリーの先駆けとしてゆるぎない人気を持つ。しかし白岩忠志さんの姿勢は「毎日が勉強」と、オープンから変わらない。「1つのレシピが完成するまで何年もかかる。自分が納得できるまで追いかけ回す」というこだわりが詰まったボンボン・ショコラは、常時50～60種も並ぶ同店の看板商品だ。

白岩さんは、ボンボン・ショコラはあくまでもコンフィズリーであるという。「素材であるチョコレートを『どうおいしく食べさせるか』が職人の仕事。ガナッシュにしない方がおいしいなら、料理人＝職人の意味はない」と喝破する。それでいて複雑なことはせず、素直なおいしさを目指している。

そのためにまず必要なのは素材選びだ。農作物であるカカオは年によって状態が変わり、業者の仕事も決して一定ではない。白岩さんの基準はブランドや産地ではなく「自分が食べておいしいもの」なので、チョコヴィック社、オペラ社など多彩なチョコレートを使う。中でもホワイトチョコレートは国産と決めているが「いい意味で個性がなく、時間が経っても臭みが出ない。国産素材との相性もいい」のがその理由だ。カカオ分が高すぎるチョコレートも使わない。お菓子に刺激は不要だと考えるため、口に入れて「苦い」と感じない、甘さが先に立つカカオ分70％前後までを基準にしている。

また白岩さんは、ガナッシュの攪拌作業を手で行う。手作業ならテクスチャーが変わる一瞬の表情を逃さずにすむからだ。機械を使うと効率よく均一化できるが「果たして完璧な乳化は必要なのか」と自問する。乳化が強固だとチョコレートの香りがマスキングされるうえ、1か月も経てば石鹸のようになってしまう。「ボンボン・ショコラはいつ食べられるかわからない商品。できたてが100点でもダメ。80点をどれだけの時間保てるかが重要」と、商品としての品質にも気を配っている。コーティングにはエンローバーを用いるが、それは「手がけでは硬度に限界がある」ため。あくまでもクオリティを優先した結果なのだ。

チョコレートとの相性でシンプルに組み合わせる

そんな白岩さんのボンボン・ショコラはとにかくシンプルだ。使う素材も1種か2種、奇をてらわない組み合わせで「素直においしい」お菓子を目指している。

66％チョコレートのプレーンなガナッシュと軟らかいキャラメルの「キャラメルバニラ」は、2層の食感を近づけることで食べたときの一体感を出した。

フランボワーズを種ごと使ったパート・ド・フリュイとジャンドゥーヤの「フランボワーズ」は、パート・ド・フリュイを多めにして、フルーツ感とプチプチした種を強調した。「エスカルゴ」は、ナッツを皮ごとキャラメリゼして使い、風味豊かでジャリッとした食感に。

国産ホワイトチョコレートとフレッシュ・バジルのガナッシュ「バジリコ」は、クセのないホワイトチョコレートにバジルの香りが活きている。それぞれの素材の特性を引き出し、相性のいいチョコレートと混ぜ合わせたジャンドゥーヤやガナッシュが主役だ。

カカオの産地をそのまま名前にした「エクアドル」のように、ガナッシュを単体で楽しめるものも揃う。

「テンパリングは明確に数値化されているので簡単。ガナッシュは混ぜるだけ、子供でもできる作業」という白岩さん。では何が難しいのか。味の差はどこで決まるのか。それこそが「職人としてのこだわり」なのだという。「もしかしたらお客さんには伝わらないかもしれません。でも自分の中のプライドとして、精度を追及したいんです」過度な着色や装飾はしない。見栄えと種類を区別するためにある程度は行うが、本音をいえばそれもしたくない。「一番美しいのは光を当ててビロードのように鈍く光る様子」。まさに職人の矜持だ。

14 Juillet

フランス菓子 キャトーズ・ジュイエ

オーナーパティシエ　白鳥裕一

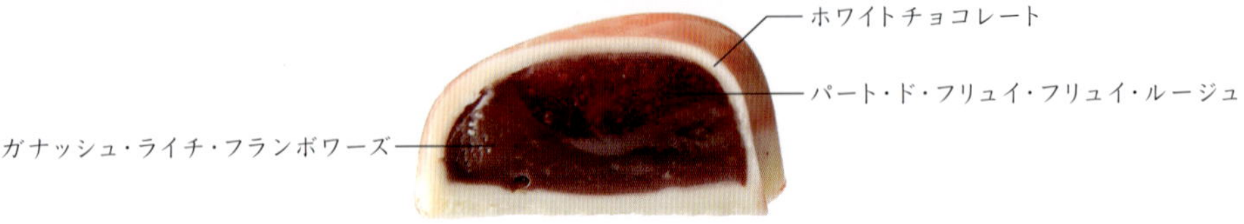

ローズ

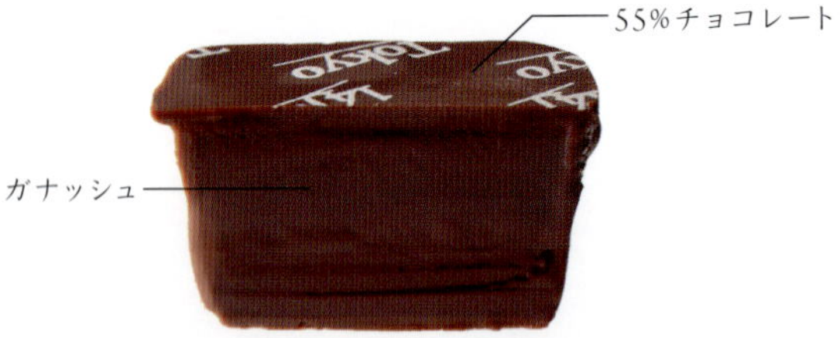

ガナッシュ14 Tokyo

ピエモン

ローズ
ガナッシュ 14Tokyo
ピエモン
販売期間:各9月中旬〜翌4月下旬頃
各210円(税込)

ローズ

パート・ド・フリュイ・フリュイ・ルージュ

［材料］

◆ハート型　約500個分

グラニュー糖…1230g
ペクチン…25g
フランボワーズ・ピューレ…500g
イチゴ・ピューレ…300g
グロゼイユ・ピューレ…200g
水あめ…264g
ローズ・リキュール…全重量の10%
ローズ・ペースト…全重量の1%

［作り方］

1 グラニュー糖の一部とペクチンをあらかじめよく混ぜ合わせておく。
2 鍋に3種類のピューレを入れて火にかける。30℃になったら、1を加えて沸騰させる。
3 沸騰したら、水あめと残りのグラニュー糖を加えて混ぜ、再度沸騰させる。
4 バットに流し、冷めたらロボクープにかける。
5 ローズ・リキュールとローズ・ペーストを加えて混ぜる。

ガナッシュ・ライチ・フランボワーズ

［材料］

◆仕込み量

A
- 33%ミルクチョコレート（ピュラトス・レセレクション）…500g
- 70%チョコレート（ヴァローナ社「ブァナラ」）…300g
- 転化糖…48g
- 35%生クリーム…180g
- ローズ・ペースト…12g
- ライチ・ピューレ…150g

フランボワーズ・ピューレ…150g
ライチ・リキュール…60g

［作り方］

1 Aの材料をすべて一緒にロボクーボに入れ、40℃まで加熱し、35℃まで冷却する。
2 ライチ・リキュールを加える。−650ミリバールの真空をかける。
3 混ざったら取り出す。

型どり

［材料］

◆仕込み量

28%ホワイトチョコレート（ピュラトス・グランセレクション）…500g＋適量
カカオバター…500g
チョコレート用色素（赤）…適量

［作り方］

1 溶かしたホワイトチョコレート500gとカカオバターを合わせ、ピストレ用チョコレートを作る。色素を適量加え、ピンク色に着色する。
2 型に1を吹きつける。
3 2に、テンパリングして29℃に調温したホワイトチョコレートを流し、余分を落とす。16〜18℃のチョコレート用冷蔵庫にひと晩おく。

組み立て・仕上げ

［材料］

◆仕込み量

パート・ド・フリュイ・フリュイ・ルージュ…適量
ガナッシュ・ライチ・フランボワーズ…適量
28%ホワイトチョコレート（ピュトラス・グランセレクション）…500g＋適量

［作り方］

1 型どりした型の中央に、パート・ド・フリュイ・フリュイ・ルージュを5g絞る。
2 ガナッシュ・ライチ・フランボワーズを流す。16〜18℃のチョコレート用冷蔵庫にひと晩おく。20℃の室温に1度出す。
3 テンパリングしたホワイトチョコレートでふたをする。16〜18℃のチョコレート用冷蔵庫にひと晩おく。
4 型からはずす。

ガナッシュ 14 Tokyo

ガナッシュ

［材料］

◆1個／2.2cm×2.2cm×高さ12mm　375個分

A
- 35%生クリーム…880g
- 転化糖…175g
- 66%チョコレート（カオカ社「チロリ」）…1230g

無塩バター…210g

［作り方］

1 Aの材料をロボクーポに入れ、50℃まで加熱し、真空をかけながら35℃まで冷却する。

2 1度マシンを開けてバターを入れる。−650ミリバールの真空をかけて約1分間混ぜる。

3 混ざったら取り出す。

4 マーブル台にOPPシートを敷き、12mm厚のバールで内寸350mm×550mmの枠を作る。

5 3を流し、平らにすり切る。18℃の室温で1日おく。

シャブロネ・ギッターでカットする

［材料］

◆仕込み量

ガナッシュ…適量

55%チョコレート（ピュラトス・ノワール セレクション）…適量

［作り方］

1 枠とOPPシートをはずし、ガナッシュの表面にテンパリングしたチョコレートを塗る。

2 塗った面を下にして、超音波カッターで2.2cm角にカットする。板の上に間隔を開けて並べ、20℃の室温で半日間乾燥させる。

トランペ・仕上げ

［材料］

◆仕込み量

55%チョコレート（ピュラトス・ノワール セレクション）…適量

65%チョコレート（ピュトラス・ノワール アンターンス）…適量（55%チョコレートと同量）

ガナッシュ…適量

［作り方］

1 チョコレートをエンローバーに入れてテンパリングし、トランペ用チョコレートを作る。

2 カットしたガナッシュをベルトの上に隙間を空けて並べ、エンローバーにセットする。

3 エンローバーで、強めの風を当て、チョコレートを薄くかける。16〜18℃のチョコレート用冷蔵庫にひと晩置き、結晶化させる。

4 表面をテンパリングしたチョコレートにつけ、転写シートの上におく。16〜18℃のチョコレート用冷蔵庫に数時間おく。固まったら転写シートをはがす。

ピエモン

ガナッシュ

［材料］

◆2.2cm×2.2cm×高さ12mm　375個分

ノワゼット…1000g
粉糖…600g
33%ミルクチョコレート（ピュラトス・レセレクション）…600g
カカオバター…40g

［作り方］

1 ノワゼットをよくローストし、皮をむく。
2 ロボクーポに入れ、－980ミリバールの真空をかけて混ぜる。
3 毎分3000回転で900秒間、チラー水機能を入れて、なめらかなペースト状にする。
4 粉糖、ミルクチョコレート、カカオバターを入れ、45℃に設定し、真空をかけながら600回転くらい混ぜる。
5 25℃に冷却する。
6 マーブル台にOPPシートを敷き、12mm厚のバールで内寸350mm×550mmの枠を作る。
7 5を流し、平らにすり切る。20℃の室温で36時間おく。

シャブロネ・ギッターでカットする

［材料］

ガナッシュ…適量
33%チョコレート（ピュラトス・レセレクション）…適量

［作り方］

1 枠とOPPシートをはずし、ガナッシュの表面にテンパリングしたチョコレートを塗る。
2 塗った面を下にして、超音波カッターで2.2cm角にカットする。板の上に間隔を開けて並べ、20℃の室温で半日間乾燥させる。

トランペ・仕上げ

［材料］

◆仕込み量

33%チョコレート（ピュラトス・レセレクション）…適量
38%チョコレート（ピュラトス・レ・アンターンス）…適量（33%チョコレートと同量）
ガナッシュ…適量

［作り方］

1 チョコレートをエンローバーに入れてテンパリングし、トランペ用チョコレートを作る。
2 カットしたガナッシュをベルトの上に隙間を空けて並べ、エンローバーにセットする。
3 エンローバーで、それほど強くない風を当て、チョコレートを少し厚くかける。
4 フォークで中央に筋を付ける。18℃の室温で1日おく。

14 Juillet

フランス菓子 キャトーズ・ジュイエ

最新のマシンによって実現した高品質なガナッシュやプラリネ

26年前、生菓子とチョコレートのショーケース2台を置いて、埼玉県越谷市でスタートしたフランス菓子専門店『キャトーズ・ジュイエ』。「チョコレートと焼き菓子が好き。特にチョコレートは、最初からメインとして推していきたかったジャンルです」と白鳥裕一シェフ。

ボンボン・ショコラは秋から春まで、ピーク時には約40種類が揃う。かつて修業したフランスのようにチョコレートの文化を根付かせたいと、ボンボン以外の創作チョコレート菓子も買いやすい価格で提供する。ボンボン・ショコラはクラシックなタイプが好きで、「昔ながらのマジパンを使ったものとかジャンドゥージャを使ったもの、いろいろなタイプのものを作って並べたいという気持ちがありますね」と言う。

3種類のボンボン・ショコラのうちガナッシュ14Tokyoは、2007年、東京・新丸の内ビルディングに新ブランド「キャトーズ・ジュイエTokyo」がオープンした際に生まれた、お店の顔とも言えるプレーンなボンボン・ショコラ。「自分にとって〝ど真中〟のチョコレート」だと白鳥シェフが言う、カオカ社の66%「チロリ」のしっかりしたカカオ感とビターな味わいを生かすことを一番に考えた。

ガナッシュを作るのはイタリア・ロボクーボ社のカッターミキサー「ロボクーボ」という、一台で加熱、冷却、真空、加圧ができる万能調理機。丸の内店オープンを機会に購入したもので、当時は希少なものだった。沸騰させた生クリームをチョコレートに入れていくという工程を取らず、すべての材料を一緒にマシンに入れて加熱しながら混ぜ、その後冷却する。加熱や冷却の温度、真空の程度が変えられるので、作るガナッシュによって調整する必要がある。ガナッシュだけでなくジャムやプラリネなどの副素材も作ることができ、焼き菓子や生菓子にも応用できるため、今や厨房の主役としてなくてはならない存在だそうだ。

ローズは、今年秋から販売予定の新作。これも丸の内で働く女性をイメージして考案したプティ・ガトーを、ショコラにアレンジしたもの。中心にバラのリキュールとペーストを加えたフリュイ・ルージュのパート・ド・フリュイ、周りがバラの香りをつけたフランボワーズとライチのガナッシュ。フランボワーズ、ライチ、ローズの順で口に広がる香りの変化が楽しめる。パート・ド・フリュイはジャムより少し硬い程度の絞れる硬さに仕上げることがポイントだ。外側はホワイトチョコレートだが、中のガナッシュにはチョコレートらしさが欲しかったため、ハイカカオのダークとミルクチョコレートを使用している。

ローストしたノワゼットの香りが広がるピエモンは、ミルクチョコレートを使い、自家製のノワゼット・ペーストと合わせたガナッシュ。ノワゼットはやや強めにローストして香りを際立たせている。フランスで勉強した技術を応用したものだそうだが、ロボクーボを使用することで、さらに品質の高いものができたと言う。ボンボン・ショコラに使用するチョコレートは10種類程度。ベルコラーデの製品を中心にヴァローナ、エルレイなど。生クリームはすべてのショコラで35%を使用、バターも主張しないものを選んでいる。

チョコレートとの絆を育んだ先輩と父親の愛情

パティシエになって1年目、草加市で洋菓子店を営んでいた父親が「チョコレートの練習用に」と、小さなウサギの型とボンボン・ショコラ用の型を2枚買ってくれた。当時働いていた「クドウ」でそのことを先輩に話したら、休みの日に「教えてあげる」と父親の店まで来て指導して頂いたことがあります。それ以来チョコレートが好きになり、今も学ぶことへの意欲は尽きることがない。新しい発見に出合うことが何よりの喜びなのだと言う。

Pâtisserie Chocolaterie
Ma Prière

パティスリー ショコラトリー マ・プリエール

オーナーシェフ 猿舘 英明

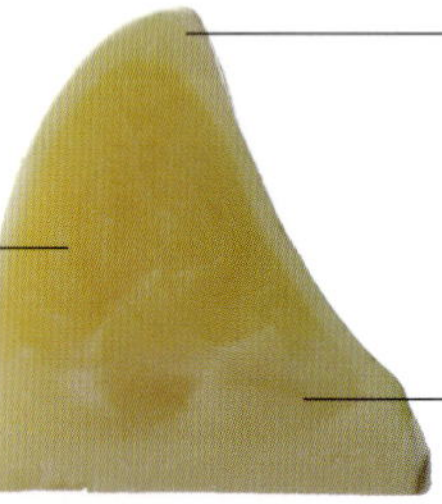

グラヴィオーラ マンゴー

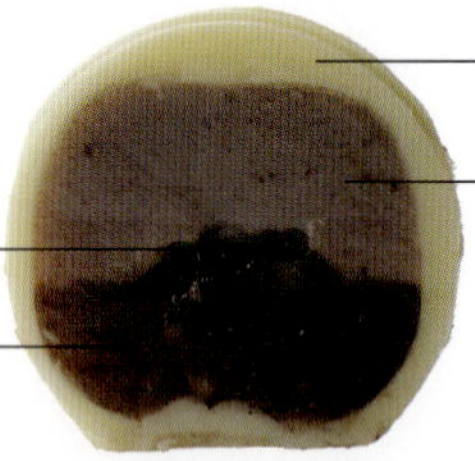

トリュフ オリーブ

トリュフ ポタージュ

グラヴィオーラ マンゴー
トリュフ オリーブ
トリュフ ポタージュ
提供期間:各通年
各300円(税別)

グラヴィオーラ マンゴー

ガナッシュ マンゴー

［材料］

◆フェルクリンの型10枚
（1枚当たり21個×10　210個分）

マンゴーピューレ（フルッタフルッタ社）…75g
はちみつ…10g
転化糖…10g
37%ホワイトチョコレート（バリーカレボー社「カルマ／ヌイブラン」）…225g
無糖ヨーグルト…25g
マンゴーリキュール…5g
低水分バター…25g

［作り方］

1 マンゴーピューレを鍋に入れて沸騰直前まで温め、はちみつと転化糖を加えて溶かす。
2 ボウルにホワイトチョコレートを入れ、1を2回に分けて加え混ぜ、乳化させる。
3 ヨーグルト、マンゴーリキュールを加えて混ぜ、バターを加えてハンドブレンダーで乳化させる。

ガナッシュ グラヴィオーラ

［材料］

◆フェルクリンの型10枚
（1枚当たり21個×10　210個分）

グラヴィオーラピューレ（フルッタフルッタ社）…75g
はちみつ…20g
37%ホワイトチョコレート（バリーカレボー社「カルマ／ヌイブラン」）…225g
無糖ヨーグルト…25g
ボージュ・オー・ド・ヴィー…5g
低水分バター…25g

［作り方］

1 グラヴィオーラピューレを鍋に入れて沸騰直前まで温め、はちみつを加えて溶かす。
2 ボウルにホワイトチョコレートを入れ、1を2回に分けて加え混ぜ、乳化させる。
3 ヨーグルト、オー・ド・ヴィーを加えて混ぜ、バターを加えてハンドブレンダーで乳化させる。

型どり

［材料］

◆仕込み量

チョコレート用色素（緑色）…適量
二酸化チタン…適量
カカオバター…適量
37%ホワイトチョコレート（バリーカレボー社「カルマ／ヌイブラン」）…適量

［作り方］

1 チョコレート用色素と二酸化チタンを、それぞれカカオバター適量に溶かす。
2 型の一つのくぼみに、1で色づけした緑色のカカオバターを指で塗る。固まる前に、1の二酸化チタンを溶かしたカカオバターを流し、よぶんなチョコレートをきり、4時間以上（できれば24時間）冷蔵庫において固める。
3 ウォーマーでテンパリングしたホワイトチョコレートを2の型に流し、型をたたいて空気を抜く。
4 型を逆さまにし、余分なチョコレートをウォーマーの上に落とす。縁についたチョコレートをスケッパーでぬぐい、逆さまにして固める。

組み立て・仕上げ

［材料］

◆ボンボン・ショコラ1個分

ガナッシュ マンゴー…4g
ガナッシュ グラヴィオーラ…4g
37%ホワイトチョコレート（バリーカレボー社「カルマ／ヌイブラン」）…適量

［作り方］

1 ガナッシュ マンゴーを絞り袋に入れ、型どりした型に4g絞り入れる。固まるまでしばらくおく。
2 1の上からガナッシュ グラヴィオーラを絞り袋で4g絞り、冷蔵庫で24時間ねかせる。
3 ホワイトチョコレートをテンパリングし、1に流してふたをする。固まったら、型からはずす。

トリュフ オリーブ

ガナッシュ オリーブ

［材料］

◆クーゲルン（チョコダック社
「トリュフシェル ホワイト」直径2.6cm）63個分

35%生クリーム…90g
転化糖…10g
塩（カマルグ産・細粒）…1.25g
37%ホワイトチョコレート（バリーカレボー社
「カルマ／ヌイブラン」）…112.5g
ブラックオリーブのシロップ漬けペースト
（オリボット社「クレーマドルチェ」）…12g
低水分バター…25g

［作り方］

1 生クリーム、転化糖、塩を鍋に入れ、泡立て器で混ぜながら沸騰直前まで温める。
2 ボウルにホワイトチョコレートを入れ、1を加えて混ぜ合わせる。ブラックオリーブのシロップ漬けペーストを加えて混ぜ、36℃になったらバターを加え、ハンドブレンダーで乳化させる。

ジュレ オリーブ

［材料］

◆クーゲルン（チョコダック社
「トリュフシェル ホワイト」直径2.6cm）63個分

A
カーレス　ジェルフィックス
ニュートラル…112g
マルサラワイン…135g
ゲル化剤（伊那食品「イナアガーF」）…12g
マルサラワイン…60g

［作り方］

1 ブラックオリーブのシロップ漬けペースト（オリボット社「クレーマドルチェ」）…15g
2 マルサラワインのナパージュを作る。Aを鍋に入れ、225gまで煮詰める。
3 1が40℃以下に冷めたら、マルサラワイン、ブラックオリーブのシロップ漬けペーストを加えて混ぜる。

仕上げ

［材料］

◆クーゲルン1個分

ガナッシュ　オリーブ…3.5g
ブラックオリーブのリキュール漬け＊
…1粒
トリュフ　オリーブ…3g
37%ホワイトチョコレート（バリーカレボー社
「カルマ／ヌイブラン」）…適量
食用ラメパウダー（白色）…適量

＊ブラックオリーブのリキュール漬け
◆仕込み量
マルサラワイン…適量
ホワイトブランデー…マルサラワインと同量
ブラックオリーブのシロップ漬け（オリボット社
「ペルレノワール」）…8粒
1 ブラックオリーブのシロップ漬けは1粒を8等分にカットする。
2 同割のマルサラワインとホワイトブランデーにブラックオリーブを3日間以上漬け込む。

［作り方］

1 ガナッシュ　オリーブを絞り袋に入れ、クーゲルン1個に対して3.5gずつ絞り入れる。
2 1のガナッシュの上に、ブラックオリーブのリキュール漬けを入れ、ジュレ　オリーブを3g絞り入れ、冷蔵庫で24時間ねかせる。
3 テンパリングしたホワイトチョコレートをコルネで絞り入れ、型の穴をふさぐ。
4 テンパリングしたホワイトチョコレートをコルネに入れて3の表面に線を描き、ラメパウダーを刷毛で塗る。

トリュフ ポタージュ

コーンポタージュのガナッシュ

［材料］

◆クーゲルン（チョコダック社「トリュフシェル ホワイト」直径2.6cm） 63個分

A
- コーンペースト…400g
- 牛乳…100g
- 35%生クリーム…100g
- コンソメ（顆粒）…4.5g
- 塩（カマルグ産・細粒）…6g
- 黒胡椒…2g
- 転化糖…20g

34%ホワイトチョコレート（バリーカレボー社「カカオバリー／ゼフィール」）…600g
低水分バター…100g

［作り方］

1 Aを鍋に入れ、泡立て器で混ぜながら沸騰直前まで温める。
2 ボウルにホワイトチョコレートを入れ、1を加えて泡立て器で混ぜ合わせる。32℃になったらバターを加え、ハンドブレンダーで乳化させる。

野菜とフルーツジュースのジュレ

［材料］

◆クーゲルン（チョコダック社「トリュフシェル ホワイト」直径2.6cm） 63個分

A
- ニンジンジュース…200g
- りんごジュース…200g
- トマトジュース…50g
- オレンジジュース…50

増粘剤（ソーサ社「ジェルクレムCOLD」）…40g
日本酒（「南部美人」特別純米酒）…40g
ゲル化剤（伊那食品「イナアガーF」）…12g

［作り方］

1 Aをボウルに入れ、増粘剤を加えてハンドブレンダーで混ぜ合わせる。
2 日本酒とゲル化剤を鍋に入れ、沸騰したら1のボウルに加えてハンドブレンダーで混ぜ合わせる。

仕上げ

［材料］

◆クーゲルン 1個分

コーンポタージュのガナッシュ…3.5g
野菜とフルーツジュースのジュレ…3g
34%ホワイトチョコレート（バリーカレボー社「カカオバリー／ゼフィール」）…適量
トウモロコシの飾りチョコレート*…3粒
食用ラメパウダー（オレンジ色）…適量
ドライパセリ…適量

---

*トウモロコシの飾りチョコレート
◆仕込み量
34%ホワイトチョコレート（バリーカレボー社「カカオバリー／ゼフィール」）…適量
チョコレート用色素（黄色）、カカオバター…各適量
1 ホワイトチョコレートを6等分し、チョコレート用色素を混ぜたカカオバターで色づけする。

［作り方］

1 コーンポタージュのガナッシュを絞り袋に入れ、クーゲルン1個に対して3.5gずつ絞り入れる。
2 1の上に、野菜とフルーツジュースのジュレを3g絞り入れ、冷蔵庫で24時間ねかせる。
3 テンパリングしたホワイトチョコレートをコルネで絞り入れ、型の穴をふさぐ。
4 テンパリングしたホワイトチョコレートをコルネに入れて3の表面に線を描き、トウモロコシのチョコレートを3粒ずつのせる。
5 ラメパウダーを刷毛で塗り、ドライパセリをふる。

Pàtisserie Chocolaterie Ma Prière

パティスリー ショコラトリー マ・プリエール

1粒に8〜12種ものチョコレートを融合

100種類以上のチョコレートを使いこなす「マ・プリエール」の猿舘さん。ボンボン・ショコラ1種類に対し、センターのガナッシュに3〜5種類、カバーリングに7種類のチョコレートをブレンド。1粒で8〜12種類のチョコレートを味わえるようにしているというから驚きだ。複数のチョコレートを組み合わせる狙いについて猿舘さんは、「味と香りに肉付けし、立体感を出すため」と説明する。めざす食感や色など用途による使い分けはもちろんだが、一番の理由は、味わいに奥行きと個性をもたせるため。球体をイメージし、足りない要素を補うようにブレンドして味を作り上げていく。

チョコレートは、カカオ分が同じでも、香りの出方や余韻の長さが異なるため、同じカカオ分のチョコレートをブレンドすることも少なくない。ホワイトチョコレートだけでも20種類を使い分ける。

「ホワイトチョコレートは、乳の香り、色、カカオバターの含有量など、メーカーの個性がもっとも出ると感じています。例えばヨーロッパでは、保存性を高めるため脱臭して乳風味に特徴をもたせることが多く、代表的なのが良質なミルクの風味を生かしたスイスの製品。一方、南半球では、カカオ豆を収穫後すぐに加工するので、新鮮なカカオバターの香りが特徴です」と猿舘さん。原料のチョコレートに対する豊富な知識も、唯一無二の味づくりを支えている。

製造時は、気温よりも湿度管理に気を配り、厨房は湿度60%以下に設定。湿度が高いと、ガナッシュをねかせている間に水分が付着し、カバーリングがはがれやすくなるため、6〜10月頃は型抜きやクーゲルンのみ製造する。また、チョコレートは、24時間で結晶化するので、ガナッシュやカバーリングは必ず24時間以上おいてから次の作業工程に移る。ギッターでカットしてトランペするタイプが生産性は高いが、センターの厚みやカットできるかたさなどに制約が出てくるため、型抜きタイプの方が中に入れる素材の幅が広く、遊びやすいと猿舘さんは言う。

個性的な素材選びで驚きのある味を生み出す

「トリュフ　ポタージュ」は、コーンポタージュをホワイトチョコレートで乳化させたら面白いのではないか、という発想から誕生。フルーツと野菜のジュレを重ねて、日本酒で香りづけし、軽やかでフルーティーな味わいに仕上げている。一方、「トリュフ　オリーブ」は、マルサラワインやオリーブペーストを合わせたジュレと、オリーブ風味のガナッシュを2層に重ね、中心にマルサラワインとオー・ド・ヴィーに浸けたオリーブの実を少々。口の中でお酒のふくよかな香りが広がり、ホワイトチョコレートのミルキーな味わいとともにゆっくりと溶けていく。クーゲルンタイプの場合、ポイントはガナッシュを流し入れる温度。30℃以下で流すと分離してしまい、逆に熱すぎるとクーゲルンが溶けてしまうため、32℃が理想的だ。

「グラヴィオーラ マンゴー」に使用した「グラヴィオーラ」は、ヨーグルトのような乳酸系の風味が特徴のアマゾンフルーツ。現地ではジュースで飲むのが一般的だが、日本ではまだあまり知られていない。そこで、誰もが馴染みのあるマンゴーを組み合わせ、マンゴーヨーグルトのような親しみのある味わいに仕上げている。使用した「カルマ／ヌイブラン」は、カカオバターが37%と高めで、流動性がよいのが特徴。色が白く、甘ったるくないのでカバーリングに最適。素材の味を引き立たせたいときにも使用するという。

ショコラのデザイン性も重視している猿舘さんは、カットした時の断面の美しさにもこだわる。ガナッシュとカバーリングの厚みのわずか0.何ミリの差を微調整するのがプロの醍醐味だという。チョコレートフォークですっとひく仕上げのラインも実は難易度が高く、腕の見せどころだ。

TIKAL by BROADHURST's

ティカール バイ ブロードハースト

オーナーシェフ　ピーター・ジョン・ブロードハースト

モヒート

マンボ

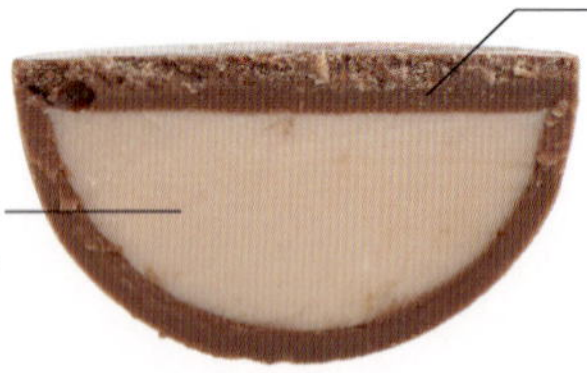

フラゴーラ

シンヤ

モヒート
380円（税込）
マンボ
360円（税込）
フラゴーラ
380円（税込）
シンヤ
290円（税込）
提供期間：各通年

モヒート

モヒートのガナッシュ

［材料］

◆長さ5cm×幅8.5cm×高さ1.1cm　54個分

フレッシュミント…7g
36%生クリーム…90g
30.3%ホワイトチョコレート
（チョコヴィック社「オパル」）…200g
ライムゼスト…1/2個分
ライムピューレ…25g
ホワイトラム…50g
ペパーミントオイル…3滴

［作り方］

1 フレッシュミントの葉を、はさみで細かく切り、生クリームを入れた鍋に加え、90℃まで温める。ボウルに移して、ラップをかけ一日（最低12時間）おいてアンフュゼする。
2 翌日、ホワイトチョコレートを刻んでロボクープに入れておく。
3 1にライムゼストを加えて90℃まで加熱し、80℃以下に下がったら、2に加える。
4 ライムピューレを加熱し、沸騰したらすぐ2に加え、ロボクープを1分から1分30秒まわして乳化させる。
5 3にラム酒、ペパーミントオイルを加え、再びロボクープを1分回す。

型どり

［材料］

◆仕込み量

56%チョコレート…適量

［作り方］

1 テンパリングしたビターチョコレート（カカオ）を型に流し入れて、型をシートの上にひっくり返す。パレットで余分なチョコレートをこそげ落とす。

トランペ・仕上げ

［材料］

◆仕込み量

ガナッシュ…適量
56%チョコレート…適量

［作り方］

1 型のチョコレートが完全に固まったら、型の8分目、縁から2mm残してガナッシュを絞り入れる。ひと晩（最低12時間）18℃のエイジングルームに置いておく。
2 ガナッシュが29℃まで冷めたら、ヒートガンで5秒から10秒、ごく軽く型の表面を温めて、テンパリングしたチョコレートを流してふたをする。
3 固まったら、台の上で型を軽く叩いて、ボンボン・ショコラをはずす。

＊24時間、16〜18℃でクーリングする、エイジングルームを設けている。

マンボ

ガナッシュ

［材料］

◆直径2.5cm×高さ1.7cm　55個分

マンゴーピューレ…100g
ライムピューレ…25g
35%ミルクチョコレート…210g
36%生クリーム…50g
還元糖…16g
マンゴーコンパウンド（濃縮ペースト）…10g

［作り方］

1 マンゴーピューレとライムピューレを合わせて70℃に温める。
2 ロボクープにミルクチョコレートを入れて1を加え、1分まわす。
3 生クリームと還元糖を80℃まで温め、2に加えてロボクープを1分まわす。
4 マンゴーコンパウンドをゴムベラで加え混ぜ、ロボクープをさらに1分まわす。真空にセットする。
5 トレーにOPPシートを敷き、ガナッシュを広げて約1.5cm厚さにならして、16～18℃の場所で冷やす。目安は、冬季は2～3時間、夏季は5～6時間。

型どり

［材料］

◆仕込み量
（直径2.5cmのディスク型を使用）

35%ミルクチョコレート…適量

［作り方］

1 テンパリングしたチョコレートを、直径2.5cmのディスク型に流す。
2 30分ほどで固まったら、型からはずす。

組み立て・仕上げ

［材料］

◆仕込み量

ディスク形チョコレート…適量
ガナッシュ…適量
35%ミルクチョコレート…適量

［作り方］

1 ディスク形チョコレートの上に、カカオバターくらいのかたさに調整したガナッシュを、高さ約2.2cmのトリュフ大に絞り、その上にもう1枚のディスクディスク形チョコレートを重ねる。重ね終えたら、アクリル定規などで高さをそろえて、16～18℃の場所で12時間おく。
2 エンローバーで、テンパリングしたミルクチョコレート（29℃）を、ガナッシュにトランペして、シートに並べていく。
3 表面が乾ききらないうちに転写シートを貼って、16℃～18℃の場所にひと晩置いておく。固まったらはがす。

フラゴーラ

いちごのガナッシュ

［材料］

◆直径3.5cm×高さ1.7cm　189粒分

いちごピューレ…410g
28%ホワイトチョコレート（ベルコラーデ社「ブラン・セレクシオン」）…1000g
36%生クリーム…150g
ストロベリーコンパウンド…53g
バニラビーンズ…1本
バルサミコ酢…70g

［作り方］

1 鍋にいちごピューレを入れ、沸騰する手前まで温める。
2 刻んだホワイトチョコレートをロボクープに入れ、1が80℃以下になったら加える。
3 生クリーム、コンパウンド、バニラビーンズを別の鍋で沸かす。
4 3を2に加え入れて、ロボクープを1分まわす。
5 バルサミコ酢を加え、さらに1分ロボクープを回す。

組み立て　仕上げ

［材料］

◆仕込み量

35%ミルクチョコレート…適量

［作り方］

1 テンパリングしたチョコレートを型に入れたらすぐに、型を逆さまにして、シートを敷いた台の上でトントンと叩いて、余分なチョコレートを落とし、スケッパーでこそげとる。
2 30分ほどおいてチョコレートを固める。

組み立て・仕上げ

［材料］

◆仕込み量

ガナッシュ…適量
35%ミルクチョコレート…適量

［作り方］

1 型どりした型の縁から2mm残すようにして、26〜28℃のガナッシュを絞り入れる。
2 ひと晩（12時間以上）、16〜18℃の場所においておく。
3 型の表面をヒートガンで少し温めて、テンパリングしたチョコレートでふたをする。
4 乾ききる前に、転写シートを貼り、固まったら型からはずす。

シンヤ

ガナッシュ

［材料］

◆2cm×3cm×高さ0.8cm　190粒

36%生クリーム…550g
レッドチリフレーク…6g
オレンジゼスト…1個分
無塩バター…55g
75%チョコレート（チョコヴィック社「タカラン」）…750g
マンダリンオレンジコンセントレート…30g
ハイビスカスのリキュール（「ハイカ」）…70g
75%チョコレート（チョコヴィック社「タカラン」）…750g
マンダリンオレンジコンセントレート…30g

［作り方］

1 鍋に生クリーム、レッドチリフレーク、オレンジゼストを入れて加熱する。一度沸騰させ、1時間おいておく。
2 チリのフレークを取り除き、2cm角のバターを加えて沸騰直前に火からおろす。
3 ロボクープにビターチョコレートを入れ、2を注ぎかけ、1分おいてからロボクープを1分回す。
4 45℃まで下がったところで、マンダリンオレンジのコンセントレート、ハイビスカスのリキュールを加えて、さらにロボクープを1分回す。
5 ゴムベラで縁をきれいに拭ってから、真空にセットする。
6 トレーにOPPシートを敷いて、高さ1cmのカードルをのせ、ガナッシュを8mm厚に広げる。
7 16℃～18℃の場所で12時間おく。

シャブロネ・ギッターでカットする

［材料］

◆仕込み量

ガナッシュ…適量
56%チョコレート…適量

［作り方］

1 フレームのまわりについているガナッシュをカットして、カードルをはずす。
2 パレットでテンパリングしたチョコレートを、カードルの高さと同じに伸ばし広げる。
3 約30分後に固まったら、トレーを返してOPPシートをはがし、ギッターで切る。ひとつずつはずして、ひと晩（12時間）16℃～18℃の場所におく。

ギッターでカットする

［材料］

◆仕込み量

ガナッシュ…適量
56%チョコレート…適量

［作り方］

1 エンローバーで、ガナッシュにチョコレートをトランペする。
2 乾ききる前に、カットしておいた転写シートを貼って模様をつ、固まったらはずす。

TIKAL by BROADHURST's

ティカール バイ ブロードハースト

専用の厨房、設備が
クオリティを支える

2017年に開業15年を迎えた大阪市内にあるパティスリー、ブロードハーストがプロデュースする「ティカール」。厨房はプチガトー、英国伝統の焼き菓子とはフロアを別に設けて、室温20℃、湿度50%に空調している。オーナーパティシエ、ピーター・ジョン・ブロードハーストさんが、ひとり集中して作業しやすいように整えられている。特注の大理石の作業台はじめ、真空フードカッターのロボクープ、エンローバーを当初から導入。さらに、16〜18℃に調温しているエイジングルームとも隣接。材料、商品を保管するストック庫でもある。

材料も構成も
プチガトーのように多彩

恵まれた環境をベースに、試作を重ねて考案されたルセットはいまや100を超えるという。20数年のパティシエの技術をベースにした自由な発想は、材料の選択、組み合わせ方、ヴィジュアルにも。

たとえば、まるで生のいちごのようにみずみずしく甘酸っぱい「フラゴーラ」。いちごのピューレにバルサミコ酢を加えることで、フルーティなホワイトチョコレートのガナッシュに仕立てている。

カメの形の「モヒート」は、スペアミントの扱い方が繊細。香りの成分がまな板に移らないように、はさみでカットして、むだなく使い切る。生クリームと加熱、ひと晩おいて香りを抽出している。翌日、すりおろしたライムの果皮と再び温め、ライムピューレ、ラム酒と複数の香りがバランスよくまとめられている。影響力のあるフレンチレストランのシェフのリクエストに応えた、食後のとっておき。

開業当初からの「シンヤ」もまた、フレンチのシェフの「オレンジとチリを使って」…という要望を受けて作ったもの。ハイビスカスのリキュールを使ってのマリアージュ。酸味を追いかけて、ホットな辛さがシャープに小さくきらめく。ベースとなるチョコレートはエルレイ、カカオバリー、チョコヴィック社など、個性的な産地限定のシングルビーンズばかり。カカオの個性を吟味して、まるでシェフ自身のプチガトーのように、緻密に構成されている。

非日常的で日常的
英国色に茶目っ気も

人気No.1のギネスビールでコクを出しているというボンボンをはじめ、イギリスのポピュラーなおやつ、ガリバルディ社のラムレーズンビスケットから着想したものなど、イギリス人シェフらしさもちらりと顔を出す。なかでもイギリス人好みのミルクチョコレートをつかった「マンボ」。ラブアンドピース、ある時代のシンボル的マークだったスマイルの転写シートが、ひときわ目をひく。実はパティスリーで定番中の定番のプチガトーを、ボンボン・ショコラに仕立てたものだ。薄い2枚のディスクにやわらかなトリュフをはさんだ、ベルギーの伝統的な手法を採り入れている。プチガトーの構成はライムとスパイスの利いたマンゴーのババロア、ミルクチョコレートのブリュレ……。プチガトーに対してボンボン・ショコラは、ライムとマンゴー風味のミルクチョコレートのトリュフに変え、イメージどおりの味わいに仕上がったという。トリュフはひと晩、エイジングルームに寝かせ、ディスクでサンドして高さを定規などで揃え、ひとつずつ転写シートを貼っている。選ぶ楽しみも味わってもらうためにも、手間をきちんとかけている。

ピーターシェフ独自のプチガトー、斬新でポップなビジュアルは、ショコラでも十二分に発揮され、新作もシーズンごとの楽しみに。

また、バラ売りをメインにして、ワクワクしながら選んでもえるように、という思いは、徐々に伝わり、ギフトに限らず、仕事帰りのビジネスマンのおやつに選ばれることも少なくない。

ケークの技術

新しい形、見せるデコレーション、季節限定品などなど、話題のケークが一堂に。関東、関西、中部の人気パティスリー 35店の評判ケークのレシピと、その配合と組み立て方の考え方、個性づくりの視点を詳しく解説。各店のケークのバリエーションも紹介。

B5判　184ページ
定価3500円＋税
ISBN978-4-7511-1200-7

【本書に登場するお店】

フランス菓子 アルカイク(埼玉・川口)
マテリエル(東京・大山)
パティスリー ヴォワザン(東京・荻窪)
ピュイサンス(神奈川・横浜)
パティスリー ジラフ(富山・黒瀬北町)
メゾン・ド・プティ・フール(東京・仲池上)
ガトー・ド・ボワ ラボラトワール(奈良・四条大路)
パティスリー ユウ ササゲ(東京・南烏山)
シェ シバタ(愛知・名古屋)
パティスリー アカシエ(埼玉・さいたま)
パティスリー グラム(愛知・名古屋)
パティスリー レタンプリュス(千葉・流山)
ル ジャルダン ブルー (東京・多摩)
パティスリー モンプリュ (兵庫・神戸)
パティスリー エチエンヌ(神奈川・川崎)
アルカション(東京・練馬)
アグレアーブル(京都・夷川通高倉東入)
パティスリー エキュバランス(京都・北白川)
ドゥブルベ・ボレロ(滋賀・守山)
エルベラン(兵庫・西宮)
パティスリー・パㇰタージュ (東京・町田)
パティスリー シエルブルー (岡山・総社)
パティスリー プレジール シュクレ(京都・河原町通丸太町上)
パティスリー ミラヴェイユ(兵庫・宝塚)
パティスリー・アプラノス(埼玉・さいたま)
ル パティシエ ティイイムラ(東京・東向島)
コム トゥジュール(京都・小山元町)
パティスリー セリュリエ(愛知・東海)
フランス菓子 ル リス(東京・三鷹)
パティスリー シュエット(兵庫・三田)
パティスリー カシュカシュ (埼玉・さいたま)
パティスリー リエルグ(大阪・玉串町東)
パティスリー ラ・キュイッソン(埼玉・八潮)
シュクレリーナード(東京・雪谷大塚)
クラックラン　アルザス(千葉・花見川)

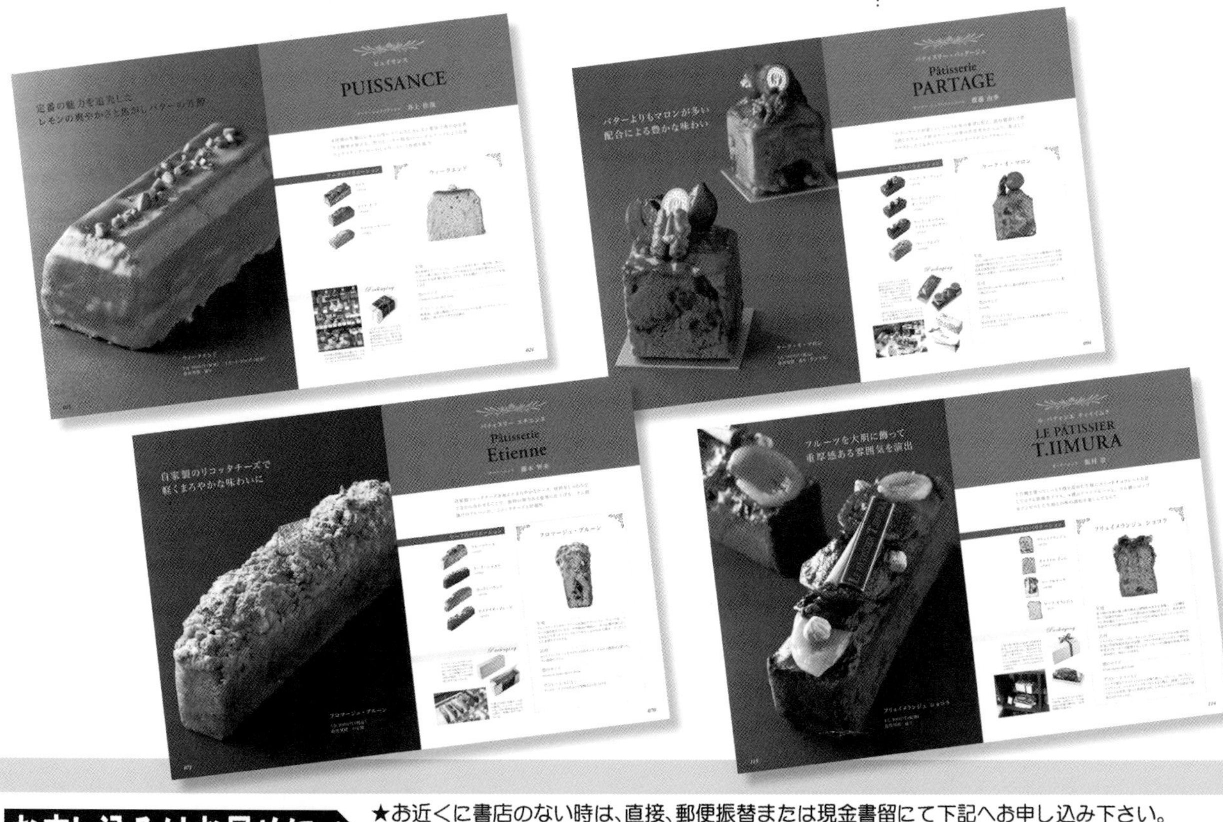

お申し込みはお早めに！

★お近くに書店のない時は、直接、郵便振替または現金書留にて下記へお申し込み下さい。

旭　屋　出　版　〒107-0052　東京都港区赤坂1-7-19　キャピタル赤坂ビル8階
☎03-3560-9065(代)　振替／00150-1-19572　http://www.asahiya-jp.com

GATEAU DES BOIS LABORATOIRE

ガトー・ド・ボワ ラボラトワール

オーナーシェフ　林 雅彦

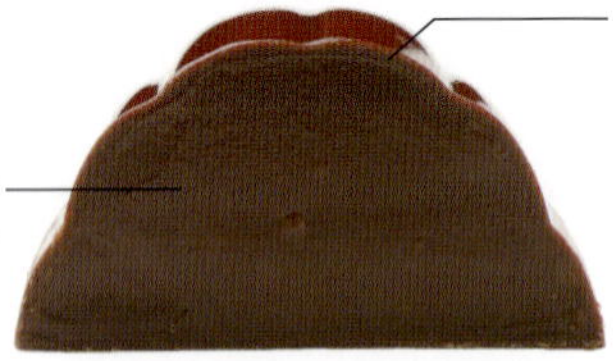

カボス・マダガスカル

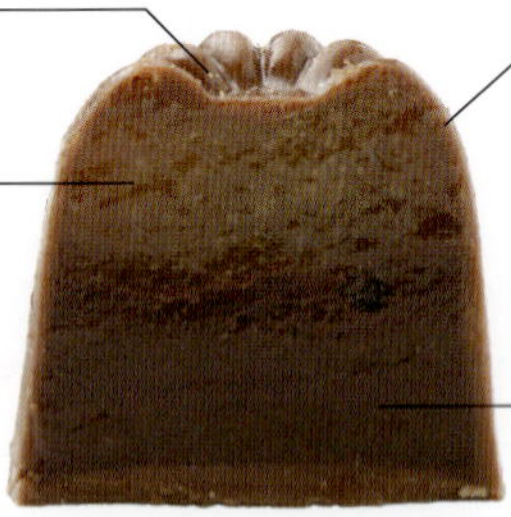

カネル・ウイリアムズ

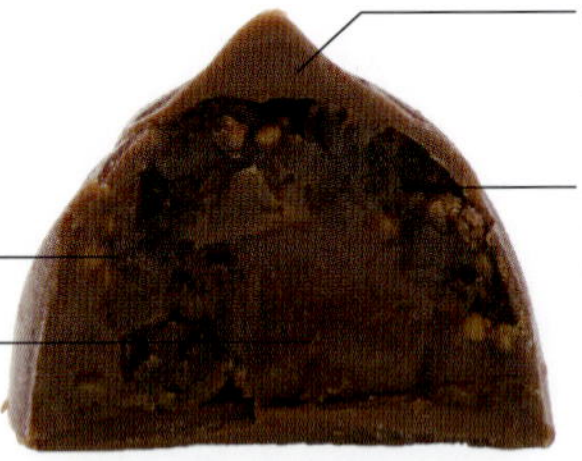

チャイ・ラテ・フィグ

テ・オ・レ

グリオット・ピスターシュ

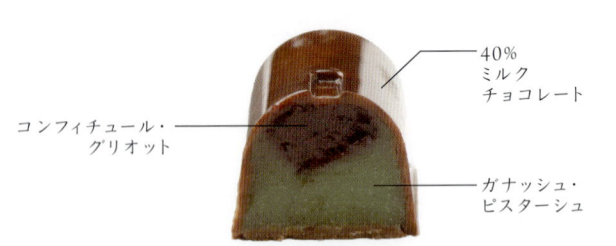

カボス・マダガスカル
カネル・ウイリアムズ
チャイ・ラテ・フィグ
テ・オ・レ
グリオット・ピスターシュ
提供期間：各11月下旬～翌4月
5個入り1500円より（税別）

カボス・マダガスカル

ガナッシュ

［材料］

◆2.5cm×5cm×高さ1cm　100個分

38%生クリーム…300g
無塩バター…30g
転化糖（トレモリン）…30g
65%チョコレート（マダガスカル カカオ）…300g
40%ミルクチョコレート…75g
コニャック…18g

［作り方］

1 生クリームとバターを鍋に一度に入れて沸かす。火を止めて、転化糖を加え混ぜる。
2 ボウルに2種のチョコレートを刻んで入れ、1を3〜4回に分けて注ぐ。真ん中から空気の入らないように混ぜ、徐々に乳化させていく。
3 2にコニャックを加え混ぜ、筒状の容器に移し替える。バーミックス（ハンドブレンダー）を底まで差し入れて、空気を入れないように撹拌して乳化させる。（作業の温度帯は40℃〜43℃。温度が下がり過ぎたら、湯せんにかける。）

型どり

［材料］

◆仕込み量

食用色素（赤）…適量
カカオバター…適量
65%チョコレート…適量

［作り方］

1 カカオバターを温めて色素を溶き、ピストレに入れる。
2 型にピストレして、必要以外に付着したところはスケッパーなどでこそげとる。
3 2にテンパリングしたチョコレートをレードルなどで流し、余分なチョコレートはスケッパーなどで落とし、マーブル（台）を叩いて気泡を浮き立たせる。（同店の厨房では、シェフが考案した振動で気泡を浮き立たせるワゴンを使用。）
4 型を裏返して、余分なチョコレートをスケッパーで削り取る。

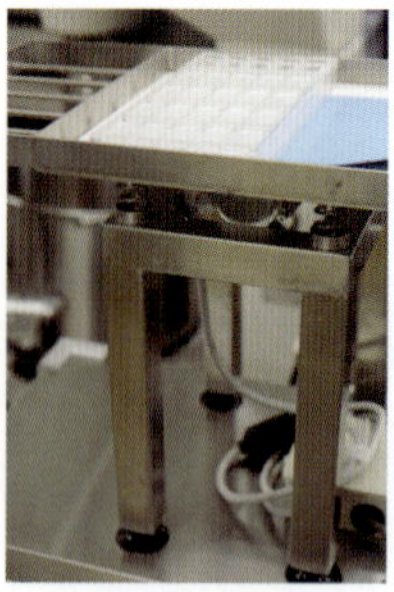

振動で気泡を浮き立たせるワゴン。シェフが考案したオリジナル機材。

組み立て・仕上げ

［材料］

◆仕込み量

ガナッシュ…適量
65%チョコレート…適量

［作り方］

1 型の表面が完全に結晶したら、ガナッシュを絞る。ガナッシュはテンパリング済みのチョコレートの融点30〜32℃を超えない状態で用いる。
2 一昼夜、15℃、湿度50%の場所に保存する。
3 2のガナッシュを絞った面を、ドライヤーで温める。テンパリング済みのチョコレートとの温度差を少なくすることで、表面のクラックを防ぐ。
4 テンパリングしたチョコレートを流し、パレットナイフで平らにしてフタをする。型の表面の余分なチョコレートもスケッパーできれいにこそげ落とす。結晶化したら、型からひとつひとつはずす。

カネル・ウイリアムズ

パート・ド・フリュイ・ポワール

［材料］

◆2cm×2cm×2cm　100個分

ポワールピューレ…300g
グラニュー糖…30g
トレハロース…30g
コンサントレシトロン(レモン濃縮ピューレ)…5g
ペクチン…3g
リキュールポワール…煮あがった量の10%

［作り方］

1 ポワールピューレ、グラニュー糖、トレハロースを鍋に入れて加熱し、沸騰したら、シトロンコンサントレ、ペクチンを加えてブリックス62%～63%に煮上げる。最後にポワールのリキュールを加え混ぜる。
2 1をバーミックスでつぶし、ジャムのようなテクスチャーに調える。

ガナッシュ

［材料］

◆2cm×2cm×2cm　100個分

38%生クリーム…370g
シナモンスティック…12g
70%チョコレート(チョコヴィック社「マラグーダ」)…250g
40%ミルクチョコレート(チョコヴィック社「ハデ」)…180g
転化糖(トレモリン)…25g
ラム酒(アルコール度数40度「ネグリタ」)…16g
シナモンパウダー…11g

［作り方］

1 鍋に生クリーム、シナモンスティックを入れて火にかける。沸騰したら火を止め、ふたをして10分間おき、生クリームにシナモンの香りを移す。
2 2種のチョコレートを刻んでボウルに入れる。1に転化糖を加え混ぜ、3～4回に分けてチョコレートに注ぎ入れ、混ぜ合わせて中心から徐々に乳化させていく。温度が40℃以下になったら、湯せんにかけて温める。
3 2にラム酒、シナモンパウダーを加え、バーミックスにかける。仕上がりの温度が40℃～43℃になるようにする。

型どり

［材料］

◆仕込み量

40%ミルクチョコレート…適量

［作り方］

1 型にテンパリングしたチョコレートを筆で薄く塗る。固まったら、その上にチョコレートを流し、余分なチョコレートはパレットで落とす。気泡を電動で浮き立たせるオリジナルのカートに型を乗せる。
2 型を裏面に返して、余分なチョコレートを落とし、スケッパーで型についたチョコレートをこそげとる。

組み立て・仕上げ

［材料］

◆仕込み量

パート・ド・フリュイ・ポワール…適量
ガナッシュ…適量
40%ミルクチョコレート…適量
金粉スプレー…適量

［作り方］

1 型どりした表面が完全に結晶したら、パート・ド・フリュイを絞り、続いてガナッシュを絞る。ミルクチョコレートの融点30℃を超えないよう、各パーツの温度帯が近いところで作業する。
2 15℃、湿度50%の場所に一昼夜保存する。
3 2のガナッシュを絞った面をドライヤーで温める。(テンパリングしたチョコレートとの温度差を少なくすることで、表面のクラックを防ぐため。)
4 テンパリングしたチョコレートを流し、パレットナイフで平らにしてフタをする。さらに余分なチョコレートはスケッパーできれいにこそげ落とす。
5 表面が結晶化したら、型からひとつひとつはずして、金粉をスプレーする。

チャイ・ラテ・フィグ

ガナッシュ・チャイ

[材料]

◆2.7cm×2.7cm×高さ2.2cm　100個分

38%生クリーム…173g
水あめ(ハローデックス)…35g
マサラティー(茶葉)…11g
無塩バター…27g
38%ミルクチョコレート(ヴェイス社「シュプレーム」)…116g
66%チョコレート(ヴァローナ社「カライブ」)…27g
ココナッツ・リキュール(サントリー「マリブ」)…10g

[作り方]

1 生クリームと水あめを鍋で沸騰させる。
2 マサラティーの茶葉を加え、すぐにふたをして火を止め、5分おいて香りを抽出させる。
3 2をボウルに漉して、あらかじめ刻んでおいた2種のチョコレートをボウルに入れ、3を3〜4回に分けて、空気を入れないように混ぜ、ポマード状のバターを入れ、中心から徐々に乳化させていく。
4 ココナッツ・リキュールを加え、ハンドブレンダーにかけて完全に乳化させる。作業中は40℃を保持する。

型どり

[材料]

◆仕込み量

カカオバター…適量
食用色素(ヴィオレ、シルバー)…各適量
40%ミルクチョコレート…適量

[作り方]

1 カカオバターを温め、色素を加えて混ぜ合わせ、ピストレに入れる。
2 型にピストレして、必要以外に付着したところはスケッパーなどでこそげとる。
3 結晶化したら、テンパリングしたチョコレートを流し、空気を抜いて気泡が入らないようにする。すぐに型を逆さにして余分なチョコレートを落とす。
4 型の表面の余分なチョコレートはスケッパーできれいにこそげ取るように落とす。

組み立て・仕上げ

[材料]

◆仕込み量

コンポート・フィグ・ヴァンルージュ＊…ボンボン・ショコラ1粒につき2.5g
ジンジャーコンフィ(株式会社うめはら／5mm角)…1g
ガナッシュ・チャイ…適量
40%ミルクチョコレート…適量

＊コンポート・フィグ・ヴァンルージュ
◆仕込み量
セミドライ・フィグ…100g
赤ワイン…100g
1 赤ワインにセミドライ・フィグを入れ、約2分煮立てて水分を飛ばす。
2 ひと晩冷蔵する。

[作り方]

1 型どりした型にコンポート・フィグ・ヴァンルージュ、ジンジャーコンフィを入れて、ガナッシュを型の縁よりわずかに下まで絞る。
2 一昼夜、15℃、湿度50%のところにおいておく。
3 翌日取り出したら、表面にドライヤーを当てて温める。
4 テンパリングしたチョコレートを型に流して、パレットナイフで平らにして、スケッパーで表面をならすように余分なチョコレートをこそげとる。
5 表面が結晶化したら、ひとつひとつはずす。

テ・オ・レ

ガナッシュ・アールグレイ

［材料］

◆3.5cm×2cm×高さ1.8cm　100個分

38%生クリーム…324g
水あめ…65g
アールグレイ（茶葉）…22g
38%ミルクチョコレート（ヴェイス社「レ・シュプレーム」）…216g
66%チョコレート（ヴァローナ社「カライブ」）…54g
無塩バター…54g

［作り方］

1 生クリームと水あめを鍋で煮立て、沸騰したら火を止めてアールグレイの茶葉を入れ、ふたをして5分間アンフュゼし、ボウルに漉し入れる。
2 刻んだ2種のチョコレートに、1を3〜4回に分けて注ぎ、そのつど混ぜ合わせる。中心から空気を入れないように混ぜて、徐々に乳化させる。
3 ポマード状のバターを合わせ混ぜる。
4 紅茶のリキュールを加えて混ぜ、ハンドブレンダーで乳化させる。

型どり

［材料］

◆仕込み量

40%ホワイトチョコレート…適量
40%ミルクチョコレート…適量

［作り方］

1 テンパリングしたホワイトチョコレートを絵筆を使って、型のくぼみにうすく塗る。
2 手で触れてもつかないくらい結晶化したら、テンパリングしたミルクチョコレートを流し入れる。
3 台の上で型をたたき、細かく振動させて、チョコレートの気泡を浮かせて抜いていく。
4 手早く型を裏に返して、余分なチョコレートをしたたらせるように落とし、そのままカードやスケッパーでこそげとって、落としきる。
5 裏返して置いておき、チョコレートの厚さを均一にする。

トランペ・仕上げ

［材料］

◆仕込み量

ガナッシュ…適量
40%ミルクチョコレート…適量

［作り方］

1 型どりした型が結晶化したら、ガナッシュを型の縁よりわずかに下まで絞り入れる。
2 15℃、湿度50%の場所で一昼夜おく。
3 翌日、型の表面にドライヤーを当てて温める。
4 テンパリングしたチョコレートを型に流して、パレットナイフで平らにしてスケッパーで表面をならすように余分なチョコレートをこそげとる。
5 表面が結晶化したら、ひとつひとつはずす。

グリオット・ピスターシュ

ガナッシュ・ピスターシュ

[材料]

◆4cm×1.8cm×高さ1.5cm　100個分

35%ホワイトチョコレート
（バリーカレボー社「カルマ／ホワイト・アイボリー」）…150g
ピスタチオペースト…30g
キルシュ…6.6g

[作り方]

1 生クリームを沸騰させる。
2 ホワイトチョコレートを刻んだボウルに、1を3、4回に分けて注ぎ、そのつど混ぜる。中心から空気を入れないように、押し混ぜて徐々に乳化させる。
3 ハンドブレンダーで乳化を調える。
4 ピスタチオペーストを加え混ぜ、続いてキルシュを加え混ぜて、ハンドブレンダーにかける。

コンフィチュール・グリオット

[材料]

◆仕込み量

A
- グリオット・ピューレ…200g
- グリオット・ホール…300g
- グラニュー糖…150g

B
- トレハロース…100g
- ペクチン…4g

[作り方]

1 Aを一度に鍋に入れ、煮立てる。沸騰したら、Bを入れて、糖度をブリックス68%まで煮上げる。
2 冷ましてから、ハンドブレンダーにかけて仕上げる。繊維質の多い、コンフィチュールのテクスチャーになる。

型どり

[材料]

◆仕込み量

65%チョコレート…適量
40%ミルクチョコレート…適量

[作り方]

1 テンパリングした65%ノワールチョコレートを絵筆で型に薄く塗る。
2 手で触れてもつかないくらい結晶化したら、テンパリングしたミルクチョコレートを流し入れる。
3 台の上で型をたたき、細かく振動させて、チョコレートの気泡を浮かせて抜いていく。
4 手早く型を裏に返して、余分なチョコレートをしたたらせるように落とし、そのままカードやスケッパーでこそげとって、落としきる。
5 裏返しておいておき、チョコレートの厚さを均一にする。

組み立て・仕上げ

[材料]

◆仕込み量

コンフィチュール・グリオット…適量
ガナッシュ・ピスターシュ…適量
40%ミルクチョコレート…適量

[作り方]

1 型どりした型が結晶化したら、コンフィチュール・グリオットを絞り袋で絞り入れ、続いてガナッシュを型の縁よりわずかに下まで絞るようにする。
2 15℃、湿度50%の場所に一昼夜おく。
3 翌日、型の表面にドライヤーを当てて温める。
4 テンパリングしたチョコレートを型に流して、パレットナイフで平らにして、スケッパーで表面をならすように余分なチョコレートをこそげとる。
5 表面が結晶化したら、ひとつひとつはずす。

極限まで、やわらかなガナッシュを表現する

「ムーラージュ（型）で作るからこそ、できること。特性を生かさないと……」と、オーナーシェフ林雅彦さん。それが、とろりとした口溶けのガナッシュを閉じ込めることだ。1991年、第2回「クープ・ドュ・モンド・パティスリー世界大会」グランプリを、日本人として初受賞されたことは知られるところだが、当時高い評価を得たボンボン・ショコラは、アシェット・デセールをイメージして作られ、限りなくリキッドに近いガナッシュ。その作品のひとつ「テ・オ・レ」は、同じ型、同じヴィジュアルで、毎冬、お目見えするロングセラーになっている。口の中でとろける、やわらかさを表現するために、使われるのがミルクチョコレートだ。「テ・オ・レ」は、ヴェイス社のカカオ38％「レ・シュプレーム」を合わせる。紅茶やコーヒーに合うミルキーな味が特長で、アールグレイとも調和しながら、ガナッシュは求められる仕上がりになる。というのも、ダークチョコレートは糖分が少ないので、どうしても保水力に劣り、しまったテクスチャーになってしまうからだ。そこで、ミルクチョコレートに含まれる糖分で、カカオ感を薄めず、穏やかに引き立たせる、という手法をとられている。

「カボス・マダガスカル」のように、マダガスカル産カカオのダークチョコレートには、カカオ40％のミルクチョコレートを合わせ。マダガスカル産カカオの酸味、苦みの個性を上品に調えられている。

甘さをコントロールして、具材のフレッシュ感を表現

「テ・オ・レ」が長く愛されているのは、アールグレイの芳香、味わいが、鮮やかに舌の上に広がるところにある。甘ったるさのない、すっきりとした甘さは、どのボンボン・ショコラにも感じられる。衛生管理、保存の面からみて、糖分の少ない配合はリスクが大きくなる。そこで、「チャイ・ラテ・フィグ」には、でんぷん由来の水あめ、ハローデックスを使っている。人の舌が感じる甘味度で比較すると、砂糖が100％であるなら、トレハロースの38％よりさらに低い27％。保存性に必要な糖度はありながら、甘味度は抑えて、キレのある甘さになる。

「カネル・ウイリアムズ」のポワールのジュレ、「グリオット・ピスターシュ」のグリオットには、トレハロースを使用して甘味度を抑え、フルーツのフレッシュ感を表現している。林シェフはトレハロースに10年関わったエクスパートであり、甘味度のコントロールに教わることは多いだろう。

また、フレッシュ感のある味わいを損なわず、保存性を高めるように、リキュール類は総量の3％にしている。ボンボン・ショコラは一般に思われている以上に、作りたてのおいしさは格別だ。その味わいを、賞味期限2週間の間キープできるように、甘味度を緻密にコントロールして組み立てられている。

また、ヴィジュアルも厳密に計算されている。ガトードボワのボンボン・ショコラは、毎年1月から春にかけて、ギフトボックスでの販売に限定しているが、箱詰めされたときの宝石のような美しさには定評がある。光沢のポイントイントは温度管理。ピストレに用いる時のカカオバターは、エアブラシのタンクに入れるときは33〜35℃に調温し、吹きつける段階で30℃になるようにするなど、温度管理はツヤに関わるポイントだ。また、作り方のところでも触れているように、ボンボン・ショコラによっては、ピストレをしないで、型の細かな凹凸のすみずみまできれいにカラーリングするために、筆を刷毛として使う。

型の手入れも重要で、洗ったあと、最後に残った水分を拭き取るのは、繊維の残りにくい化粧用コットンに決めている。用途に応じて、既成概念にとらわれることなく、どこまでも柔軟で、きめ細やかだ。

Pâtisserie et les Biscuits

UN GRAND PAS

アングランパ

オーナーシェフパティシエ　丸岡丈二

パヴェ

キャラメル カネル

パヴェ
キャラメル カネル
提供期間:各通年
各220円(税別)

パヴェ

ガナッシュ

[材料]

◆28.5cm×28.5cm カードル1台分

プラリネアマンド…680g
38%ミルクチョコレート(ベルコラーデ社「レ・アンターンス」)…303g
無塩バター(タカナシ乳業)…38g
クラックラン＊…152g

＊クラックラン

◆仕込み量

グラニュー糖…400g
水…100g
アーモンド(アッシェ)…1kg
無塩バター(タカナシ乳業)…30g

1 鍋にグラニュー糖、水を入れて火にかけ、108℃になるまで煮詰める。
2 1にアーモンドを加えて混ぜ、火からおろす。白っぽくさらさらの状態になるまで混ぜる。
3 再度、火にかけて色をつける。火からおろし、バターを加えて混ぜる。バットに移してうすく広げ、粗熱をとる。手でそぼろ状にほぐしたら、シリカゲルを入れた容器に移し、冷蔵庫で保存する。

[作り方]

1 ボウルにプラリネアマンドを入れ、テンパリングしたチョコレートを加える。ゴムべらでよく混ぜる。
2 1にポマード状にしたバターを加え、混ぜ合わせる。
3 2にクラックランを加え、全体をよく混ぜる。
4 カードルに流して表面を平らにならし、冷蔵庫で1日冷やす。

シャブロネ・ギッターでカットする

[材料]

◆28.5cm×28.5cm カードル1台分
(2.5cm×2.5cm×高さ1cm　121個分)

ガナッシュ…適量
クラックラン…適量
38%ミルクチョコレート(ベルコラーデ社「レ・アンターンス」)…適量

[作り方]

1 ガナッシュの表面にクラックランをちらし、手で軽く押してなじませる。カードルをはずす。
2 1の上下両面に、ごくうすくテンパリングしたチョコレートを塗る。
3 両面のチョコレートが乾いたら、2.5cm幅にセットしたギッターでカットする。

トランペ・仕上げ

[材料]

◆2.5cm×2.5cm×高さ1cm　121個分

38%ミルクチョコレート(ベルコラーデ社「レ・アンターンス」)…適量
ガナッシュ…適量

[作り方]

1 チョコレートをテンパリングマシンでテンパリングし、コーティング用チョコレートを作る。
2 エンローバーのベルトにカットしたガナッシュをのせて起動し、コーティングする。

キャラメル カネル

ガナッシュ

［材料］

◆28.5cm×28.5cm カードル1台分

A

- 35%生クリーム（タカナシ乳業）…352g
- 牛乳（タカナシ乳業）…44g
- トレモリン…17g
- シナモン カッシャ（インドネシア産シナモン）…17g
- シナモンパウダー…8.4g

グラニュー糖…111g

55%チョコレート（ベルコラーデ社「ノワール・セレクシオン」）…638g

無塩バター（タカナシ乳業）…20g

［作り方］

1 鍋にAを入れて火にかけ、ひと煮立ちさせる。火を止めてふたをして約5分蒸らす。

2 別の鍋にグラニュー糖を入れ、1を漉しながら加える。

3 再度、火にかけてひと煮立ちさせる。ほどよく色がつくまで火を入れ、キャラメル状に仕上げる。

4 ボウルにテンパリングしたチョコレートを入れる。2を少しずつ加えて混ぜ、乳化させる。

5 カードルに流して表面を平らにならし、冷蔵庫で1日冷やす。

シャブロネ・ギッターでカットする

［材料］

◆28.5cm×28.5cm カードル1台分（2.5cm×2.5cm×高さ1cm　121個分）

55%チョコレート（ベルコラーデ社「ノワール・セレクシオン」）…適量

ガナッシュ…適量

［作り方］

1 カードルをはずしたガナッシュの上下両面に、ごくうすくテンパリングしたチョコレートを塗る。

2 両面のチョコレートが乾いたら、2.5cm幅にセットしたギッターでカットする。

トランペ・仕上げ

［材料］

◆2.5cm×2.5cm×高さ1cm　121個分

55%チョコレート（ベルコラーデ社「ノワール・セレクシオン」）…適量

ガナッシュ…適量

シナモンパウダー　適量

［作り方］

1 チョコレートをテンパリングマシンでテンパリングし、コーティング用チョコレートを作る。

2 エンローバーのベルトにカットしたガナッシュをのせて起動し、コーティングする。

3 2の表面のチョコレートが乾いたら、シナモンパウダーを上部にふる。

Pâtisserie et les Biscuits UN GRAND PAS《アングランパ》

フランスでは日常的な本格ショコラの普及に努めたい

東京・世田谷『オーボンヴュータン』で約9年修業を重ね、フランスの老舗『ストレー』での修業経験もある丸岡丈二シェフ。2013年のオープン当初から、プティ・ガトーのほかに、ショコラも提供すると決めていたといい、本格パティスリーにはショコラは必須アイテムだと考える。

「フランスのパティスリーには必ずショコラがあります。本場では日常的な食べ物ですが、子どもが寝たあとに、大人だけでショコラを楽しむほど、特別な嗜好品でもあるようです」と丸岡シェフ。日本でも、ショコラが日常化していくことを願って、2017年7月現在、通年商品として9種ほどのショコラが店頭に並ぶ。

今回紹介するボンボンは、定番の中でも人気が高い2品。「キャラメルカネル」は、キャラメルクリームを作る際、シナモンパウダーのほか、シナモンカッシャのホールを足してじっくりと蒸らし、キャラメルにシナモンの風味をしっかりと移した一品。もう一方の「パヴェ」は自家製クラックランをガナッシュに加え、さらに、ガナッシュの表面にもクラックランをちらした一品で、食べたときに広がるアーモンドの風味や、サクサクッとした食感が特徴だ。

ボンボンに必須なことは美しい「見栄え」と「食感」

丸岡シェフがボンボンを作る際に重要視する基本ポイントは二つあり、一つは、「見栄え」。「スクエアのボンボンの場合、四方が直角に美しくカットされていることこそ、ボンボンのクオリティを高めると考えています」。

ガナッシュがやわらかすぎるとカット面は歪みやすく、固すぎると食感が悪くなってしまうため、ガナッシュを冷やす時間は約1日と設定。状況によって、やわらかすぎる場合は、さらに1日やすませている。丸岡シェフは作業を焦らず、ガナッシュの状態を充分に見極めることを重要視する。

また、ギッターでカットする際、一般的に、ガナッシュの片面だけにチョコをうすく塗ってカットする場合が多いが、シェフはガナッシュの上下両面にチョコを塗る。「両面がしっかりとコーティングされることで、カットした際、ガナッシュが歪むことなく、見栄えのよい〝美しい角〟を作ることができます」。

丸山シェフが心がけている二つ目は「食感」である。ボンボンを口に入れた際のパリッという食感、そして、ガナッシュの口溶けと風味との融合を表現したく、試作を重ねてきたという丸岡シェフ。その結果、ごくうすくコーティングするためのチョコレートの温度帯は「31℃」と決めている。近年、イタリア・セルミ社製のテンパリングマシン「PLUS-EX」を導入し、安定した温度帯を保ちながら、作業することが可能になった。

また、効率よく、より美しくコーティングするために、ガナッシュは冷蔵庫から出したあと、室温に1時間ほどおいて22～23℃程度にしてからコーティング作業をおこなっている。ガナッシュが冷えすぎていると、コーティングのチョコがすぐに固まってしまい、割れやすいためだ。

ほか、工夫している点は、ガナッシュに加えるバターについて。バターを前もってポマード状にもどしてから、チョコレートに加える。そうすることで、チョコ全体に、素早くバターが行き渡って均等に混ざりやすく、作業時間の短縮にもつなげている。

さらに、ショコラ(ガナッシュ)に加える素材は、「凝りすぎない」ことを心がけている。「ショコラは単体で食べておいしいものなので、ショコラの各銘柄の味や香りを、より引き立てるような素材選びを意識しています」。

シェフ念願のテンパリングマシンを設置し、店の環境が除々に整ってきたので、今後はボンボンの品質を保ちつつ、量産にも力を入れていきたいという。

ASSEMBLAGES KAKIMOTO

アッサンブラージュ カキモト

パティシエ　垣本晃宏

大葉

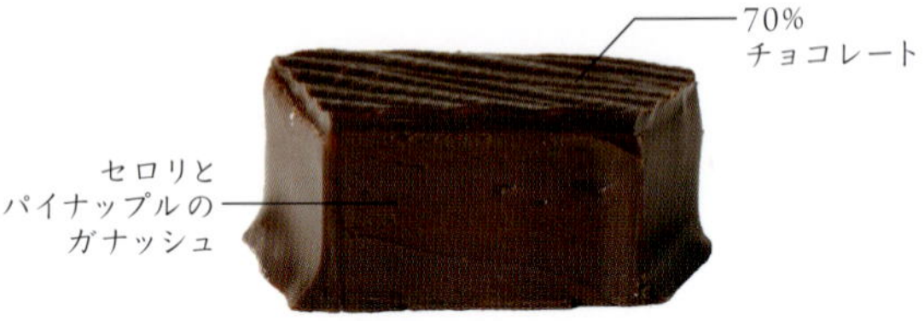

セロリ

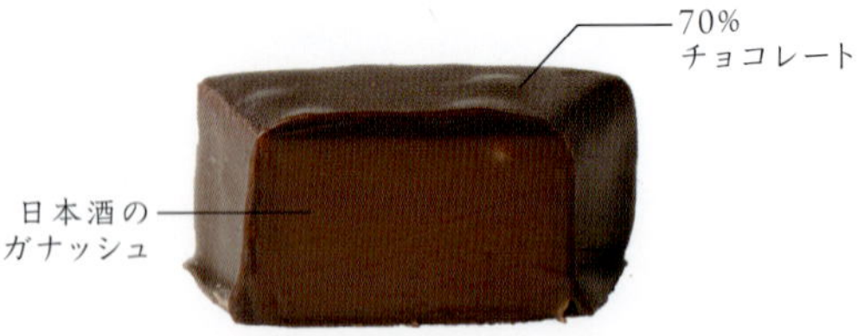

SAKE

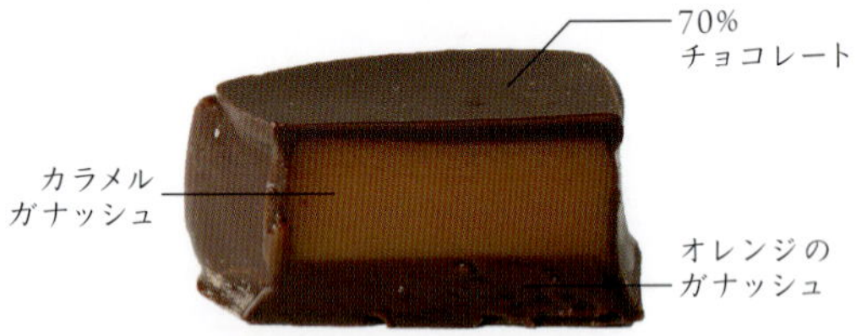

キャラメルオランジュ

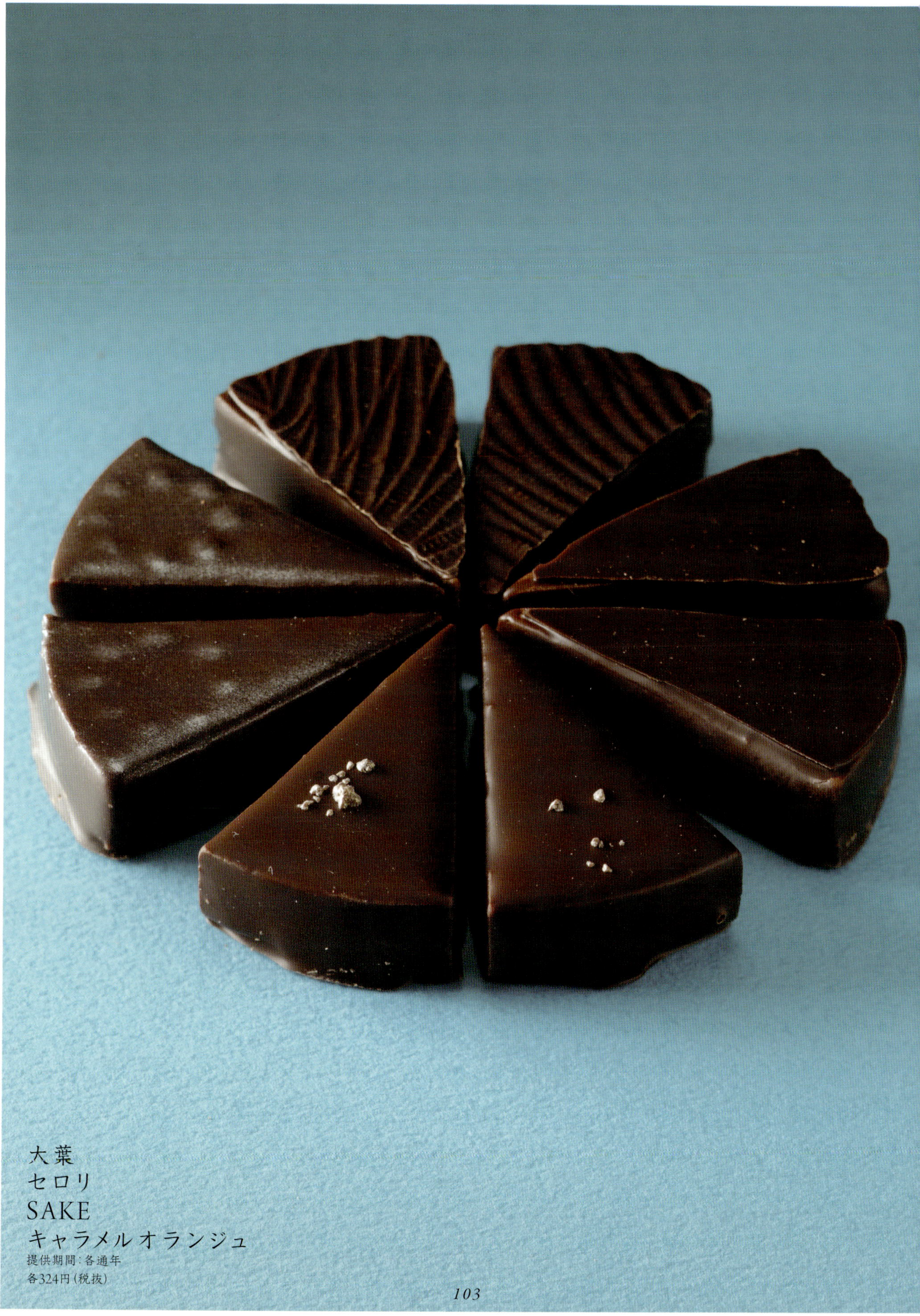

大葉
セロリ
SAKE
キャラメルオランジュ
提供期間：各通年
各324円(税抜)

大葉

大葉のガナッシュ

［材料］

◆オリジナルのシリコン製丸型
（直径8cm×高さ1cm）の2.4個分
直径4cm×高さ1cmの円錐型　24個分

35%生クリーム…200g
転化糖…35g
塩…2.8g
大葉…4.8g
49%チョコレート（フェルクリン社「マラカイボ」）…553g
72%チョコレート（カオカ社「アロユナ」）…138g
無塩バター…86g
ミルクリキュール…25g
大葉リキュール…25g
ソルビトール…14g

［作り方］

1 鍋に生クリームと転化糖、塩を入れて沸騰させてから火をとめ、80℃まで落とす。
2 大葉を加え、バーミックスで混ぜ合わせて茶こしで漉す。
3 チョコレート2種をボウルに入れ、電子レンジで溶かす。
4 3に2を3回に分けて加え、バーミックスで混ぜながら乳化させる。
5 35℃になったら常温のバターを加えて、さらに混ぜ合わせる。
6 ミルクリキュール、大葉リキュール、ソルビトールを加えて混ぜ合わせ、30℃まで落とす。
7 丸型に流し込み、15℃で1時間ねかす。

ギッターでカットする

［材料］

◆仕込み量

大葉のガナッシュ…適量

［作り方］

1 ギッターで10個にカットし、15℃で1日ねかせる。

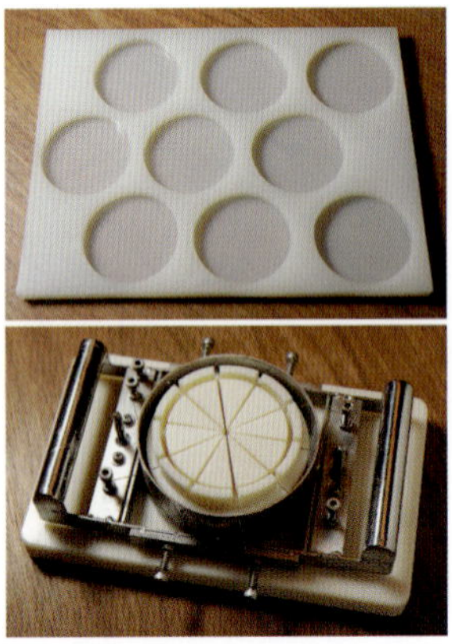

オリジナルの丸形（上）とギッター（下）。丸型は作業性がいいシリコン製。ギッターは知人にオーダーして作成した。

トランペ・仕上げ

［材料］

◆仕込み量

大葉のガナッシュ…適量
70%チョコレート（オペラ社の「カルパノ」）…適量
チョコレートパウダー…適量

［作り方］

1 ガナッシュを室温において20～22度に調温する。
2 エンローバーにチョコレートをセットし、テンパリングする。ベルトに1を間隔を空けて並べ、トランペする。
3 ゴールドに色づけしたチョコレートパウダーをトッピングする。

セロリ

セロリとパイナップルのガナッシュ

[材料]

◆オリジナルのシリコン製丸型
（直径8cm×高さ1cm）の2.4個分
直径4cm×高さ1cmの円錐型　24個分

セロリ汁（セロリをフードプロセッサーにかけて漉したもの）…200g
アナナスピューレ（パイナップルピューレ）…100g
転化糖…90g
セロリパウダー…3g
塩…3g
37%ミルクチョコレート（カオカ社の「ボナオ」）…600g
72%チョコレート（カオカ社「アロユナ」）…135g
無塩バター…135g
ミルクリキュール…30g
ソルビトール…21g

[作り方]

1 鍋にセロリ汁、アナナスピューレ、転化糖、セロリパウダー、塩を入れて火にかけ、沸騰させて60℃まで落とす。
2 2種のチョコレートを溶かし、1を3回に分けて加え、バーミックスで混ぜながら乳化させる。
3 35℃になったら常温のバターを加えて、さらに混ぜ合わせる。
4 ミルクリキュール、ソルビトールを加えて混ぜ合わせ、30℃まで落とす。
5 丸型に流し込み、15℃で1時間ねかす。

ギッターでカットする

[材料]

◆仕込み量

セロリとパイナップルのガナッシュ…適量

[作り方]

1 ギッターで10個にカットし、15℃で1日ねかせる。

トランペ・仕上げ

[材料]

◆仕込み量

セロリとパイナップルのガナッシュ…適量
70%チョコレート（オペラ社「カルパノ」）…適量

[作り方]

1 ガナッシュを室温において20～22度に調温する。
2 エンローバーにチョコレートをセットし、テンパリングする。ベルトに1を間隔を空けて並べ、トランペする。
3 表面に波形のフィルムを張り、模様をつける。

SAKE

日本酒のガナッシュ

[材料]

◆オリジナルのシリコン製丸型
（直径8cm×高さ1cm）の2個分
直径4cm×高さ1cmの円錐型　20個分

35%生クリーム…36g
転化糖…36g
39%ミルクチョコレート（バリー・カレボー社「アリバ」）…646g
無塩バター…22g
日本酒…178g
ソルビトール…29g

[作り方]

1 鍋に生クリームと転化糖を入れて沸騰させてから火をとめ、80℃まで落とす。
2 溶かしたチョコレートに1を3回に分けて加え、バーミックスで混ぜながら乳化させる。
3 35℃になったら常温のバターを加えて、さらに混ぜ合わせる。
4 日本酒、ソルビトールを加えて混ぜ合わせ、30℃まで落とす。
5 丸型に流し込み、15℃で1時間ねかす。

ギッターでカットする

[材料]

◆仕込み量

日本酒のガナッシュ…適量

[作り方]

1 ギッターで10個にカットし、15℃で1日ねかせる。

組み立て・仕上げ

[材料]

◆仕込み量

日本酒のガナッシュ…適量
70%チョコレート（オペラ社の「カルパノ」）…適量

[作り方]

1 ガナッシュを室温において20～22度に調温する。
2 エンローバーにチョコレートをセットし、テンパリングする。ベルトに1を間隔を空けて並べ、トランペする。
3 星形の口金をあて、角を立てるようにして模様をつける。

キャラメルオランジュ

オレンジガナッシュ

[材料]

◆オリジナルのシリコン製丸型
(直径8cm×高さ1cm)の4個分
直径4cm×高さ1cmの円錐型　40個分

35%生クリーム…170g
転化糖…36g
白ワイン…112g
濃縮オレンジピューレ…170g
72%チョコレート(カオカ社「アロニナ」)…270g
34%ミルクチョコレート(バリーカルボー社「カルマ/クレアー」)…270g
シナモンパウダー…0.6g
オレンジゼスト…2個分
無塩バター…26g
ソルビトール…24g

[作り方]

1 鍋に生クリーム、転化糖、白ワイン80gを入れて沸騰させてから火を止め、80℃まで落とす。
2 常温の濃縮オレンジピューレを加え、混ぜ合わせる。
3 チョコレート2種をボウルに入れ、電子レンジで溶かす。
4 3に2を3回に分けて加え、バーミックスで混ぜながら乳化させる。
5 シナモンパウダーとオレンジゼストを加える。
5 35℃になったら常温のバターを加えて、さらに混ぜ合わせる。
6 ソルビトール、白ワイン32gを加えて混ぜ合わせ、30℃まで落とす。
7 丸型の高さ4mmまで流し込み、15℃で1時間ねかす。

カラメルガナッシュ

[材料]

◆オリジナルのシリコン製丸型
(直径8cm×高さ1cm)の4個分
直径4cm×高さ1cmの円錐型　40個分

グラニュー糖…70g
塩…4.2g
35%生クリーム…364g
転化糖…42g
バニラビーンズ…1.4本分
ソルビトール…42g
35%ホワイトチョコレート(カオカ社「アンカ」)…420g
39%ミルクチョコレート(バリー・カレボー社「アリバ」)…560g
無塩バター…126g
ミルクリキュール…44.8g

[作り方]

1 鍋にグラニュー糖を入れて火にかけ、キャラメリゼする。
2 別の鍋に塩、生クリーム、転化糖、バニラビーンズ、ソルビトールを入れて火にかけ、沸騰させる。
3 1に2を3回に分けながら加えて混ぜ合わせ、45℃にする。
4 チョコレート2種をボウルに入れ、電子レンジで溶かす。
5 4に3を3回に分けながら加えて混ぜ合わせ、乳化させる。
6 35℃になったら常温のバターとミルクリキュールを加えて、さらに混ぜ合わせる。
7 オレンジガナッシュの上に流し込み、15℃で1時間ねかす。

ギッターでカットする

[材料]

◆仕込み量

ガナッシュ…適量

[作り方]

1 ギッターで10個にカットし、15℃で1日ねかせる。

トランペ・仕上げ

[材料]

◆仕込み量

ガナッシュ…適量
70%チョコレート(オペラ社「カルパノ」)…適量

[作り方]

1 ガナッシュを室温において20～22度に調温する。
2 エンローバーにチョコレートをセットし、テンパリングする。ベルトに1を間隔を空けて並べ、トランペする。
3 プラスチックの板をのせ、表面を平らにする。

＊＊＊＊

ASSEMBLAGES KAKIMOTO

アッサンブラージュ カキモト

一目で自身の作品とわかるようオリジナルのギッターを使用

　有名ホテルやレストランで修業を積み、2012年には老舗ショコラティエ「サロン・ド・ロワイヤル」京都本店のシェフ・パティシエ、アドバイザーに就任した垣本晃宏シェフ。2013年には世界最高峰のチョコレートコンクール『ワールドチョコレートマスターズ』で日本代表に選出され総合4位に。2016年4月に満を持して独立開業。カフェ・レストラン・バーとして利用できるイートインスペースを併設したパティスリー＆ショコラトリーをオープンさせた。

　同店で取り扱うボンボンショコラは常時17種。バレンタインの時期は20種を超える。印象的なのは、そのビジュアル。ショコラにはめずらしい三角形で統一されている。「百貨店の催事などに出してもすぐうちの店のチョコレートだとわかるようにするため、特徴あるデザインにしました。シリコン製の丸型に流し込み、オリジナルのギッターで10個に切り分けています」。円の中に三角形や四角形をあしらった店のロゴと同じく、ショコラも家紋をイメージ。京都らしさの演出にもつながっている。「1つの型から10個しかとれないのは、正直生産性が悪い。でもブランディングのため、特徴あるデザインにする意味はあると思います」。

チョコレートに負けないクセの強い食材を合わせる

　パティシエ、ショコラティエだけでなく、キュイジニエとしても活躍しているからこそ可能な目線でレシピを開発。大葉、セロリ、木の芽、みょうがなど、ガナッシュに使う素材の選び方も斬新だ。「一見意外かもしれませんが、大葉にしてもみょうがにしても和のスパイスと考えれば、チョコレートと合わせてもおかしくない。それにガナッシュに使う素材はチョコレートを食べているとき、チョコの中にその素材のフレーバーを感じたものばかりです」。味が淡い素材だとチョコレートに負けてしまうが、クセの強い素材はチョコレートのなかで引き立つというのだ。

　チョコレート自体はクセが少なく、カカオの味が出やすい65％以上のものを好んで使っている。「カカオの含有量が50％前後のスイートチョコレートは味のバランスがよく、使いやすいかもしれませんが、チョコレートとしての風味は弱く感じるので僕はほぼ使いません。ミルクチョコレートとカカオ含有量が高めのビターチョコレートをブレンドして甘み酸味苦味を調整し、ガナッシュとのバランスをとっています」。

　甘いフルーツや酒を使わないのもシェフの独自の考えによるもの。「お酒の勉強をした際にシェリー酒には甘いものから辛いものまで味わいの幅がけっこうあると知り、チョコレートには一番辛いものを使うようにしています。人の味覚は最初に甘さを感じると、次にくる香りや味に鈍くなると思うんです。だから素材の味を感じてもらうには、まずお酒の香りがきて、次に主役となる素材の味がして、最後にほんのり甘さを感じるバランスにするのが僕の中の定義です」。そのために大切なのは、口溶けと爽やかな余韻。「僕自身、舌に絡む濃厚なチョコレートが苦手。ボンボンショコラにしても生菓子にしても、チョコレート菓子はシンプルですっきりした後口に仕上げたいんです。すっきりさせるには水分量が多い方がいいと考えているので、うちのレシピは配合が一般的ではないかもしれないですね。水分が多いと作業性は悪くなり、時間と手間がかかりますが、口どけはぐっとよくなります」。

　さらに口溶けをよくするため、カバーはできるだけ薄くなるよう流動性の高いオペラ社のカルパノを使用。ツヤがあり、粒子が細かくカバーに向いているという。もちろん温度管理も大切で、センターをトランペする際は冷蔵庫から出してすぐではなく、20〜22度になるまで待ってから。斬新なアイデアを洗練されたショコラに完成させる技術力の高さが垣本シェフの持ち味だろう。

W.Bolero

ドゥブルベ ボレロ

オーナーシェフパティシエ　渡邊雄二

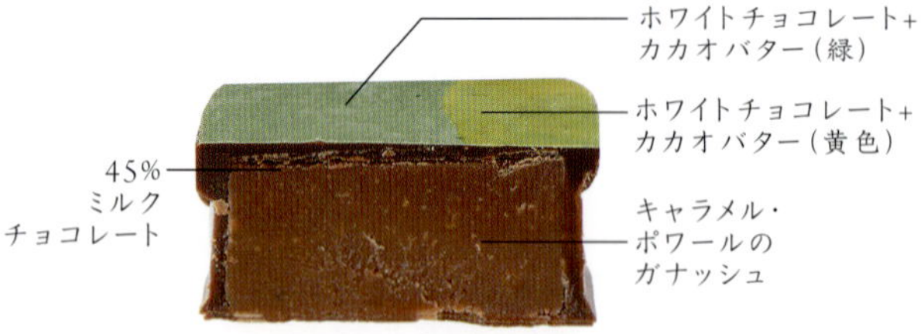

キャラメル・ポワール

ネパール

キュリー・カレンズ

アプリコット

キャラメル・ポワール
ネパール
キュリー・カレンズ
アプリコット
各200円(税抜)
提供期間:随時商品の入れ替えあり

キャラメル・ポワール

ガナッシュ

［材料］

◆2.25cm×2.25cm×高さ1.2cm　225個分

グラニュー糖…100g
洋梨のピューレ…330g
34%生クリーム（中沢乳業）…50g
51%チョコレート（ドモーリ社
「サンビラーノ・ラクテ」）…908g
洋梨濃縮果汁（ドーバー社
「トックブランシュ・ポワール」）…36.3g
オー・ド・ヴィー（マスネ社
「ポワール・ウイリアムス」）…36.3g
発酵バター（森永乳業）…184g

［作り方］

1 グラニュー糖を焦がし、温めたピューレと生クリームを加える。沸騰させない程度に沸かす。
2 チョコレートを刻んで1に加える。溶けなければ湯煎にかけて、ハンドブレンダーで乳化させる。
3 2を35〜37℃に保ちつつ、酒類を加えて混ぜる。常温に戻したバターを加えてさらに混ぜて乳化させる。
4 専用プラックの上に35cm×35cmのカードルを置き、3を流してひと晩おく。

ギッターでカットする

［材料］

◆仕込み量

ガナッシュ…適量

［作り方］

1 ギッターのワイヤーを2.25cm幅にセットしてカットする。
2 チョコレートを90度回転させて再度カットする。シートを敷いた板の上に1個ずつ隙間を空けて並べ、15℃の環境でひと晩おく。

トランペ・仕上げ

［材料］

◆仕込み量

ホワイトチョコレート…適量
カカオバター（黄色）…適量
カカオバター（緑）…適量
45%ミルクチョコレート（プラリュ社
「メリッサ」）…適量
ガナッシュ…適量

［作り方］

1 ホワイトチョコレートとカカオバター（黄色）を混ぜてテンパリングをとる。
2 筆で1をとり、ギッターシートに模様を描く。
3 カカオバター（緑）をエアスプレーガンに入れて、2の上から吹きつける。パピエキュイッソンでサンドして空気が入らないよう重石をのせる。
4 ミルクチョコレートをテンパリングし、トランペ用チョコレートを作る。
5 エンローバーのベルトに22℃に調温したガナッシュをのせて起動し、トランペする。
6 5の上面に3のシートの模様側を合わせてのせ、指で押さえて模様を転写する。固まればゆっくりはがす。

ネパール

ガナッシュ

［材料］

◆2.25cm×2.25cm×高さ1.2cm　225個分

39%生クリーム（中沢乳業）…355g
34%生クリーム（中沢乳業）…325g
トレモリン…97g
塩（ゲランド）…1g
ティムットペッパー（ネパール産ペッパー）…8g
75%チョコレート（ドモーリ社「アプリマク」）…550g
55%チョコレート（ヴェイス社「レコルタ」）…183g
特級バター（森永乳業）…20g
発酵バター（森永乳業）…20g

［作り方］

1 生クリーム、トレモリン、塩を沸かし、沸騰したらミルで挽いたティムットペッパーを加え、火を止めて常温で10分ほどおく。
2 再度沸騰させ、刻んだ2種のチョコレートの上にシノワを置いて漉しながら注ぐ。数分おき、ハンドブレンダーで乳化させる。
3 2を35〜37℃に保ちつつ、常温に戻したバターを加えてさらに混ぜて乳化させる。
4 専用プラックの上に35cm×35cmのカードルを置き、3を流してひと晩おく。

ギッターでカットする

［材料］

◆仕込み量

ガナッシュ…適量

［作り方］

1 ギッターのワイヤーを2.25cm幅にセットしてカットする。
2 チョコレートを90度回転させて再度カットする。シートを敷いた板の上に1個ずつ隙間を空けて並べ、15℃の環境でひと晩おく。

トランペ・仕上げ

［材料］

◆仕込み量

カカオバター…適量
ティムットペッパー…適量
70%チョコレート（カサルカ社「コロンビア」）…適量
75%チョコレート（プラリュ社「マダガスカル」）…70%チョコレートの半量

［作り方］

1 2種のカカオバターを絞り袋に入れ、細い口金でギッターシートに線を書く。
2 ミルで挽いたティムットペッパーを線の上に振り、余分なペッパーをはたく。
3 チョコレートをテンパリングし、トランペ用チョコレートを作る。
4 エンローバーのベルトに22℃に調温したガナッシュをのせて起動し、トランペする。
5 4の上面に2のシートの模様側を合わせてのせ、指で押さえる。固まればゆっくりはがす。

キュリー・カレンズ

コンポート

[材料]

◆2.25cm×2.25cm×高さ1.2cm　225個分

ドライ・カレンズ…500g
赤ワイン…500g
果糖…50g
ラム酒(マイヤーズ・ラム・ダーク)…50g

[作り方]

1 ラム酒以外の材料を鋳物鍋に入れ、200℃のオーブンで1時間加熱する。
2 フードプロセッサーで攪拌し、鍋に戻す。煮詰めて水分を飛ばし、ラムを加えてフランベする。でき上がり量は570gを目指す。
3 専用プラックの上に35cm×35cmのカードルを置き、熱いうちに3を流す。L字パレットで表面をならす。

ガナッシュ

[材料]

◆2.25cm×2.25cm×高さcm　225個分

39%生クリーム(中沢乳業)…415g
バニラビーンズ(タヒチ産)…0.78g
ガラムマサラ…3.3g
カレー粉(S&B)…6.05g
45%ミルクチョコレート(プラリュ社「メリッサ」)…623g
発酵バター(森永乳業)…124.3g

[作り方]

1 生クリームにバニラのさやと種を入れ、鍋で沸かす。沸騰すればガラムマサラとカレー粉を加えて火を止め、常温で10分ほどおく。
2 再度沸騰させ、刻んだチョコレートの上にシノワを置いて漉しながら注ぐ。数分おき、ハンドブレンダーで乳化させる。
3 2を35〜37℃に保ちつつ、常温に戻したバターを加えてさらに混ぜて乳化させる。
4 冷えたコンポートの上に流し、ひと晩おく。

ギッターでカットする

[材料]

◆仕込み量

ガナッシュ…適量

[作り方]

1 ギッターのワイヤーを2.25cm幅にセットして固めたガナッシュをカットする。
2 チョコレートを90度回転させて再度カットする。シートを敷いた板の上に1個ずつ隙間を空けて並べ、15℃の環境でひと晩おく。

トランペ・仕上げ

[材料]

◆仕込み量

カカオバター(黄色)…適量
ホワイトチョコレート…適量
45%ミルクチョコレート(プラリュ社「メリッサ」)…適量
ガナッシュ…適量

[作り方]

1 ホワイトチョコレートとカカオバターを混ぜてテンパリングをとる。
2 エアスプレーガンに入れて、ギッターシートに吹きつける。パピエキュイッソンをのせて空気が入らないよう重石をのせる。
3 チョコレートをテンパリングし、トランペ用チョコレートを作る。
4 エンローバーのベルトに22℃に調温したガナッシュをのせて起動し、トランペする。
5 4の上面に2のシートの模様側を合わせてのせ、指で押さえて模様を転写する。固まればゆっくりはがす。

アプリコット

コンポート

［材料］

◆2.25cm×2.25cm×高さ1.2cm　225個分

ドライ・アプリコット…518.4g
バニラビーンズ…0.79g
白ワイン…600g
果糖…103.92g
アプリコット・リキュール
（ヴォルフベルジェ・アルザス）…120g

［作り方］

1 アプリコットは湯分量外で戻す。リキュール以外の材料を鋳物鍋に入れ、200℃のオーブンで1時間～1時間半加熱する。
2 フードプロセッサーで撹拌し、鍋に戻す。煮詰めて水分を飛ばし、リキュールを加える。でき上がり量は650gを目指す。
3 専用プラックの上に35cm×35cmのカードルを置き、熱いうちに2を流す。Lパレットで表面をならす。

ガナッシュ

［材料］

◆2.25cm×2.25cm×高さcm　225個分

47%生クリーム（明治乳業）…305g
33%ミルクチョコレート（ヴァローナ社「タナリヴァ・ラクテ」）…344g
45%チョコレート（プラリュ社「メリッサ」）…344g
プラリネ・アマンド（ヴァローナ社）…69%
アプリコット・リキュール
（ヴォルフベルジェ・アルザス）…91.3g

［作り方］

1 生クリームを鍋で沸かす。
2 沸騰したら、刻んだ2種のチョコレートとプラリネ・アマンドの上にシノワを置き、漉しながら注ぐ。数分おき、ハンドブレンダーで乳化させる。
3 チョコレートを35～37℃に保ちつつ、常温のリキュールを加えてさらに混ぜて乳化させる。
4 冷えたコンポートの上に流し、ひと晩おく。

ギッターでカットする

［材料］

◆仕込み量

ガナッシュ…適量

［作り方］

1 ギッターのワイヤーを2.25cm幅にセットしてカットする。
2 チョコレートを90度回転させて再度カットする。シートを敷いた板の上に1個ずつ隙間を空けて並べ、15℃の環境でひと晩おく。

トランペ・仕上げ

［材料］

◆仕込み量

カカオバター（オレンジ）…適量
ホワイトチョコレート
…カカオバターの1/2～1/3量
45%ミルクチョコレート（プラリュ社「メリッサ」）…適量
ガナッシュ…適量

［作り方］

1 ホワイトチョコレートとカカオバターを混ぜてテンパリングをとる。
2 筆で1をとり、ギッターシートに模様を描く。
3 チョコレートをテンパリングし、トランペ用チョコレートを作る。
4 エンローバーのベルトに22℃に調温したガナッシュをのせて起動し、トランペする。
5 4の上面に2のシートの模様側を合わせてのせ、指で押さえて模様を転写する。固まればゆっくりはがす。

W.Bolero《ドゥブルベ ボレロ》

多彩なラインナップで日常的なお菓子にしたい

冬期は35種が並び、年間5、6種ものハイペースで新作を発表する渡邊雄二さんのボンボン・ショコラ。1日4000粒が売れる日もある、パティスリー「W・Bolero」の看板商品の一つだ。2015年から2年連続「C・C・C・ショコラアワード」の金賞を受賞して一躍有名になったが、これは開業当初から「廃棄になっても作る」との意志を貫き、地道に作り続けてきた結果といえるだろう。

渡邊さんの目標は「ボンボン・ショコラを日常にすること」。そのためには価格も重要と考えて、同店では1粒200円としている。「ボンボン・ショコラをマニアックなお菓子にしたくないんです。でも原料費がフランスの2倍なので、これでギリギリ」という渡邊さん。カラフルなシートで彩るのも「色で味を覚えてもらって定着させるため」と徹底している。

35種の中には、醤油や椎茸といった個性的なボンボン・ショコラも並ぶ。といっても奇をてらったわけではなく、お菓子としてちゃんとおいしいことが前提だ。チョコレートは素材によって変えるが「野性的で強い味」が渡邊さんの好み。それに負けないワイルドな素材を選び、組み合わせる手腕こそが、人気の秘けつなのだ。

コーティングは「生チョコレートとボンボン・ショコラの一番の違いなので、厚めにして外側もおいしいお菓子にしたい」と渡邊さん。主にプラリュ社の45%ミルクチョコレート「メリッサ」、75%の「マダガスカル」などを使い分けるが、プラリュ社は作業性が高いうえにしっかりとカカオ味を残したメーカーだ。「クーベルチュールはクーベルチュリエに任せるべき」という持論から、流行のBtoBにも懐疑的な渡邊さんだが「ただし加工を経るほどカカオの風味は落ちる。しっかりコンチングされていて、カカオバターが少なく、カカオの風味が強いチョコレートという条件はなかなか満たされない」と、こだわりを見せている。

野性的なチョコレートと強い素材を見事にマッチング

渡邊さんのボンボン・ショコラは、どれもワイルド。チョコレートは合わせる素材によって変えるが、個性の強い素材が多いため、組み合わせにセンスが光る。

黄色い「キュリー・カレンズ」はその筆頭。ガラムマサラとカレー粉のガナッシュに赤ワイン煮の干しブドウを敷き詰めた、攻めのボンボン・ショコラだ。「カレーが持つB級な印象を高尚にしたい」と考えて、キャトル・エピスの感覚でカレーを扱った。ミルクチョコレートとバニラがスパイスをまろやかにまとめており、鮮烈な香りが先に立つが後口は上品だ。

黒胡椒でラインを引いた「ネパール」もユニークな商品。一見シンプルなガナッシュだが、中身は70%チョコレートとネパール産のティムットペッパーが効いたガナッシュ。隠し味にゲランドの塩を加えて変化をつけている。

オレンジ色の「アプリコット」は白ワインで煮たドライ・アプリコットと、アプリコット・リキュール風味のガナッシュの2層仕立て。ヴァローナ社の「タナリヴァ・ラクテ」を「メリッサ」と合わせて、まったり甘いチョコレートに酒でキレを出している。

緑色の「キャラメル・ポワール」は意欲作。洋梨のピューレ入りのキャラメルをガナッシュに仕立てて、チョコレートに負けない味を出すことに挑戦した一品だ。まずグラニュー糖を焦がし、ピューレと生クリームを加えてからは沸騰させない。この水分にチョコレートを加えて乳化させ、さらに果汁と酒を加え、最後に油分を追加する。この順番で材料を加えることで洋梨の香りが飛ばず、キャラメルのコクも保った、理想的なガナッシュが出来上がった。

渡邊さんがチョコレートを手掛けるようになって約25年。しかしベテランとしての驕りは一切ない。今もたゆまぬ研究を続け、日々新たな技法を編み出している。

旭屋出版　カフェ・バッハの本

最新刊！

小規模で強い店をつくる

カフェ開業の教科書

自家焙煎コーヒーの第一人者であり、
全国各地のカフェの開業を指導してきた
『カフェ・バッハ』オーナーの田口 護氏。
田口氏が45年にわたる経営の中で築き上げてきた、
開業経営の成功ノウハウをまとめた一冊。

●本書の主な内容●

◆おいしいコーヒーを淹れるために、どんな道具を選ぶ？
◆コーヒーの自家焙煎を始めようとする方へ
◆コーヒーカップの選び方・使い方
◆メンテナンスの大切さを知ってください
◆いい店づくりは、「掃除」から始まる
◆やっぱり「整理整頓」は大事
◆ユニフォームには大切な役割があります
◆カメラ＆パソコンを上手に使って販促物を作る
◆店名、ロゴマーク、看板、入り口まわり
◆"人に優しい" カウンターづくりを
◆基本の接客サービス、個人への接客サービス
◆コーヒーの品揃えと、カフェのお菓子・パン
◆【巻末付録】開業のための備品リスト便利帳

■A5変・272ページ
■定価　本体1,500円＋税

※本書は月刊「カフェ＆レストラン」で連載した『カフェ・バッハの「もの」「こと」「ひと」』を加筆・訂正し、新企画を加えて再編集したものです。

著者・田口 護（たぐち・まもる）

プロフィール

1938年、北海道札幌生まれ。1968年、東京都台東区日本堤（旧・山谷）で『カフェ・バッハ』を開業。1980年、後進指導のため柴田書店（現・柴田書店イータリンク）主催で「コーヒー自家焙煎セミナー」をスタートし現在も継続中。技術と原料の互助のためバッハコーヒーグループを組織。2012年、「田口護のスペシャルティコーヒー大全」（NHK出版刊）で第3回・辻静雄食文化賞受賞。現在、カフェ・バッハ店主。（株）バッハコーヒー代表。2012年から日本スペシャルティコーヒー協会会長。

好評既刊

カフェを100年、続けるために

コーヒーの名店『カフェ・バッハ』田口 護の経営哲学

26坪・36席の店で、月に2～3トンものコーヒー豆を販売。コーヒーの名店として全国に知られる『カフェ・バッハ』。夫婦2人の大衆食堂からカフェにリニューアルし、自家焙煎、自家製のケーキとパンにも取り組み、現在の驚異的な成功を築き上げてきた。バッハの歴史は、お客、地域、社会と常に関わり合い、互いに与え合う関係を築くまでの歩みでもある。その約半世紀を振り返り、豊富なエピソードを交えながら、カフェという商売の本質を伝える。

■A5変・224ページ　■定価　本体1,300円＋税

※本書は月刊「カフェ&レストラン」で連載した『素晴らしき哉、カフェ経営』を加筆・訂正し、新企画を加えて再編集したものです。

Pâtisserie Les années folles

パティスリー レザネフォール

オーナーシェフパティシエ　菊地賢一

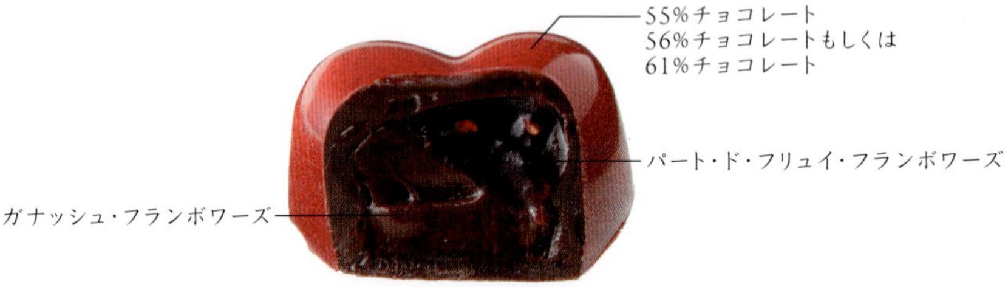

クール・フランボワーズ

ボンボン・パッション

トンカ

クール・フランボワーズ
提供期間:不定期

ボンボン・パッション
トンカ
提供期間:10月〜4月
各180円(税込)

クール・フランボワーズ

パート・ド・フリュイ・フランボワーズ

［材料］

◆13.5cm×27cm×高さ2.5cmの型　約80個分

冷凍フランボワーズピューレ（ボワロン社）…108g
ブランンボワーズ…108g
水…110g
ペクチン…14g
グラニュー糖…155g
トレハロース…30g
クエン酸（もしくはレモン汁）…少々

［作り方］

1 鍋にクエン酸以外の材料を入れて火にかけ、混ぜながらブリックス60°まで煮詰める。

2 クエン酸を加えて火を止め、そのまま冷まし固める。

ガナッシュ・フランボワーズ

［材料］

◆13.5cm×27cm×高さ2.5cmの型　約80個分

35%生クリーム…302g
冷凍フランボワーズピューレ（ボワロン社）…190g
水あめ…35g
64%チョコレート（ヴァローナ社「マンジャリ」）…300g
無塩バター…80g
クレーム・ド・フランボワーズ（マリーブリザール社）…10g

［作り方］

1 鍋に生クリーム、フランボワーズピューレ、水あめを入れ、火にかけて混ぜ、沸騰したら火を止める。

2 チョコレートをボウルに入れ、1を全て加える。少しおいてチョコレート全体に熱が伝わったら、液体をすくい出し、チョコレートを一度分離させる。

3 すくい出した液体を、再度2〜3回に分けて少しずつ加え、混ぜながら乳化させる。

4 室温に戻し小さく切ったバターを加えて混ぜ、さらに乳化させる。クレーム・ド・フランボワを加えて混ぜる。仕上がりの温度は30℃前後。

型どり

［材料］

◆仕込み量

色素入りカカオバター（赤色）…適量
色素入りカカオバター（白色）…適量
55%チョコレート（ヴァローナ社「エクアトリアール・ノワール」）…適量
56%チョコレート（ヴァローナ社「カラク」）もしくは
61%チョコレート（ヴァローナ社「エクストラ・ビター」）…適量

※55%チョコレート（ヴァローナ社「エクアトリアール・ノワール」）に対して56%チョコレート（ヴァローナ社「カラク」）もしくは61%チョコレート（ヴァローナ社「エクストラ・ビター」）を1対1の割合で混ぜる。

［作り方］

1 色素入りカカオバター2色をそれぞれ30℃に温め、チョコレートピストレに入れる。

2 型に最初は赤色、乾いたら白色を順にピストレする。

3 乾いたら、テンパリングしたチョコレートを型に流し入れ、型をたたいて空気を抜き、型を逆さまにして余分なチョコレートを落とす。型の厚さは1〜1.5mmが目安。

4 パレットで上面の余分なチョコレートを削り落とす。網の上に逆さまにしておいておく。

組み立て・仕上げ

［材料］

◆仕込み量

パート・ド・フリュイ・フランボワーズ…適量
ガナッシュ・イタクジャ…適量
55%チョコレート（ヴァローナ社「エクアトリアール・ノワール」）…適量
56%チョコレート（ヴァローナ社「カラク」）もしくは
61%チョコレート（ヴァローナ社「エクストラ・ビター」）…適量

※チョコレートは、「型どり」と同様の割合にする。

［作り方］

1 パート・ド・フリュイ・フランボワーズを絞り袋に入れ、型どりした型の半分位の深さまで絞る。

2 ガナッシュ・フランボワーズを絞り袋に入れ、1の上から型の8分目くらいまで絞り入れる。半日以上おいて乾かす。

3 テンパリングしたチョコレートを、2の上に流してふたをする。余分なチョコレートをパレットで削り落とす。

4 18℃の環境で24時間以上おいて固め、台の上で軽く叩き、ボンボン・ショコラをはずす。

ボンボン・パッション

パート・ド・フリュイ・パッション

[材料]

◆13.5cm×27cm×高さ2.5cmの型　約80個分

冷凍パッションピューレ(ボワロン社)…216g
水…110g
ペクチン…14g
グラニュー糖…155g
トレハロース…30g
クエン酸(もしくはレモン汁)…少々

[作り方]

1 鍋にクエン酸以外の材料を入れて火にかけ、混ぜながらブリックス60°まで煮詰める。
2 クエン酸を加えて火を止め、ボウルかバットなどに移して固める。

ガナッシュ・イタクジャ

[材料]

◆13.5cm×27cm×高さ2.5cmの型　約80個分

35%生クリーム…250g
転化糖…60g
バニラビーンズ…1/4本
55%チョコレート(ヴァローナ社「イタクジャ」)…400g
無塩バター…55g

[作り方]

1 鍋に生クリーム、転化糖、バニラビーンズを入れ、火にかけて混ぜ、沸騰したら火を止める。
2 チョコレートをボウルに入れ、1を全て加える。少しおいてチョコレートに全体に熱が伝わったら、液体をすくい出し、チョコレートを一度分離させる。
3 すくい出した液体を、再度2～3回に分けて少しずつ加え、混ぜながら乳化させる。
4 室温に戻し小さく切ったバターを加えて混ぜ、さらに乳化させる。仕上がりの温度は30℃前後。

型どり

[材料]

◆仕込み量

色素入りカカオバター(赤色)…適量
色素入りカカオバター(茶色)…適量
55%チョコレート(ヴァローナ社「エクアトリアール・ノワール」)…適量
56%チョコレート(ヴァローナ社「カラク」)もしくは
61%チョコレート(ヴァローナ社「エクストラ・ビター」)…適量

※チョコレートは、120ページ「クール・フランボワーズ」の「型どり」と同様の割合にする。

[作り方]

1 色素入りカカオバター2色を混ぜて30℃に温め、チョコレートピストレに入れ、型にピストレする。
2 乾いたら、テンパリングしたチョコレートを型に流し入れ、型をたたいて空気を抜き、型を逆さまにして余分なチョコレートを落とす。型の厚さは1～1.5mmが目安。
3 パレットで上面の余分なチョコレートを削り落とす。網の上に逆さまにしておいておく。

組み立て・仕上げ

[材料]

◆仕込み量

パート・ド・フリュイ・パッション…適量
ガナッシュ・イタクジャ…適量
55%チョコレート(ヴァローナ社「エクアトリアール・ノワール」)…適量
56%チョコレート(ヴァローナ社「カラク」)もしくは
61%チョコレート(ヴァローナ社「エクストラ・ビター」)…適量

※チョコレートは、120ページ「クール・フランボワーズ」の「型どり」と同様の割合にする。

[作り方]

1 パート・ド・フリュイ・パッションを絞り袋に入れ、型どりした型の半分くらいの深さまで絞る。
2 ガナッシュ・イタクジャを絞り袋に入れ、1の上から型の8分目位まで絞り入れる。半日以上おいて乾かす。
3 テンパリングしたチョコレートを、2の上に流してふたをする。余分なチョコレートをパレットで削り落とす。
4 18℃の環境で24時間以上おいて固め、台の上で軽く叩き、ボンボン・ショコラをはずす。

トンカ

ガナッシュ・トン

[材料]

◆13.5cm×27cm×高さ2.5cmの型　約80個分

35%生クリーム…250g
キャラメル…30g
トリモリーヌ…25g
バニラビーンズ…少々
40%チョコレート(ヴァローナ社「ジヴァラ・ラクテ」)…300g
トンカ豆…1粒

[作り方]

1 鍋に生クリーム、キャラメル、トリモリーヌ、バニラビーンズを入れ、火にかけて混ぜ、沸騰させる。
2 トンカ豆を削り入れ、煮立ったら火を止めてふたをし、2〜3分おいて香りを抽出する。
3 チョコレートをボウルに入れ、2を漉しながら全て加える。少しおいてチョコレートに全体に熱が伝わったら、液体をすくい出し、チョコレートを一度分離させる。
4 すくい出した液体を、再度2〜3回に分けて少しずつ加え、混ぜながら乳化させる。仕上がりの温度は30℃前後。

型どり

[材料]

◆仕込み量

チョコレート用色素(IBC「赤」)…適量
色素入りカカオバター(ゴールド)…適量
55%チョコレート(ヴァローナ社「エクアトリアール・ノワール」)…適量
56%チョコレート(ヴァローナ社「カラク」)もしくは
61%チョコレート(ヴァローナ社「エクストラ・ビター」)…適量

※チョコレートは、120ページ「クール・フランボワーズ」の「型どり」と同様の割合にする。

[作り方]

1 色素入りカカオバターを30℃に温めてチョコレートピストレに入れ、型にピストレする。
2 乾いたら、テンパリングしたチョコレートを型に流し入れ、型をたたいて空気を抜き、型を逆さまにして余分なチョコレートを落とす。型の厚さは1〜1.5mmが目安。
3 パレットで上面の余分なチョコレートを削り落とす。網の上に逆さまにしておいておく。

組み立て・仕上げ

[材料]

◆仕込み量

ガナッシュ・トンカ…適量
55%チョコレート(ヴァローナ社「エクアトリアール・ノワール」)…適量
56%チョコレート(ヴァローナ社「カラク」)もしくは
61%チョコレート(ヴァローナ社「エクストラ・ビター」)…適量

※チョコレートは、120ページ「クール・フランボワーズ」の「型どり」と同様の割合にする。

[作り方]

1 ガナッシュ・トンカを絞り袋に入れ、型どりした型の8分目くらいまで絞り入れる。半日以上おいて乾かす。
2 テンパリングしたチョコレートを、1の上に流してふたをする。余分なチョコレートをパレットで削り落とす。
3 18℃の環境で24時間以上おいて固め、台の上で軽く叩き、ボンボン・ショコラをはずす。

Pâtisserie Les années folles

パティスリー レザネフォール

嗜好に合うヴァローナ社の製品を巧みに使い分ける

2012年11月に開業した現在の恵比寿店に続き、2018年には、新業態の店をオープンする予定の菊地賢一シェフ。レトロモダンをテーマに、伝統的なフランス菓子を時代や日本人の嗜好に合わせてアレンジした、独自の菓子作りを追求している。

しかし最近はじっくりアイデアを練るより、インスピレーションや感性を大切し、味わいもシンプルに表現する傾向が強まりつつあるという。素材の魅力をストレートに打ち出した、わかりやすいおいしさを伝えたい、と考えている。それが表れているもののひとつが、チョコレート選びだ。今回の商品には、すべてヴァローナ社を使用。修行時代からフランスで働いていた店まで、同社の製品を使うことが多く、また上品な味わいと酸味や苦味の加減が好みに合うことから、現在も多くの商品に利用している。

多種多彩な製品の中から、カバーには3種を選びブレンドして使用。センターには、合わせる素材と相性がよく、味や風味を引き立ててくれる製品を選んでいる。

では、3商品のセンターのチョコレート選びに注目したい。

ハート型の「クール・フランボワーズ」には、カカオ分64%の「マンジャリ」を使用。生のフルーツに由来するような自然な酸味が特徴で、主役のフランボワーズの、爽やかな酸味と瑞々しさを引き立てている。

この商品は、女性客に人気のある無着色でハート型の「アールグレイ」から発想。赤いハート型もという要望に応え、センターの素材も赤色のフランボワーズで統一した。

「ボンボン・パッション」に配合したカカオ分55%の「イタクジャ」は、ドゥーブル・フェルマンタシオン(二重発酵)という、2度の発酵を経て作られ、2度目の発酵の際、パッションフルーツのジュースを加えている。価格は割高だが、まろやかなカカオの風味と生き生きとしたパッションの香りに惚れこみ、この商品を作った。半球形のフォルムはパッションの実をイメージし、カバーは赤・茶の2色を混ぜたピストレで着色している。

甘くエキゾチックな「トンカ」の香りと合わせたのは、カカオ分40%の「ジヴァラ・ラクテ」。バニラの香り高いミルクチョコレートと、甘く香ばしいキャラメルを合わせてミルク感を強め、独特の風味が人気のトンカ豆でコクを深めた。宝石を模した形は、グルメ雑誌と宝飾ブランドのコラボから生まれたもの。リッチな味わいを、華やかなデザインで表現している。

センターの味わいはシンプルさを追求しつつ、それを表現するカバーは多彩で遊び心に溢れている。今回紹介するのは、型を使ったボンボン・ムーレ3種。最近はカットしたガナッシュにトランペした、シンプルなボンボン・アンロベが主流なため、菊地シェフはあえてデザイン性に富んだものを増やし、見た目の楽しさでもお客を魅了している。型の厚さは、噛んだとき割れて中が飛び出さない程よい厚さ1～1.5㎜を目安にしている。

〝強い乳化力〟で日持ちよく口溶けなめらかな仕上がりに

ガナッシュの味わいを左右するチョコレートの乳化方法で、菊地シェフが選んだのは、あえて1度チョコレートを分離させて、強い乳化力を生み出す方法だ。

最初に、沸騰させた生クリームをすべてチョコレートに加えたら少しおき、チョコレート全体に熱をいき渡らせる。次に、液体をレードルなどですくい、1度すべて取り出してしまう。熱で溶けたチョコレートは一度分離するが、これは粒子をバラバラにし、極力細かくすることが狙いだ。そして再び、液体を少しずつ戻し混ぜると、細かくなった粒子が密に結合し、口溶けがなめらかで、おいしさも長持ちする、乳化力の強いチョコレートができ上がる。強い乳化力は個々のチョコレートの特徴も引き出すので、合わせる素材の魅力を生かし強調するためにも、大切な工程となっている。

OCTOBRE

オクトーブル

シェフ・パティシエ　神田智興

紅茶

プラリネ・パッション

ショコラ・フレーズ

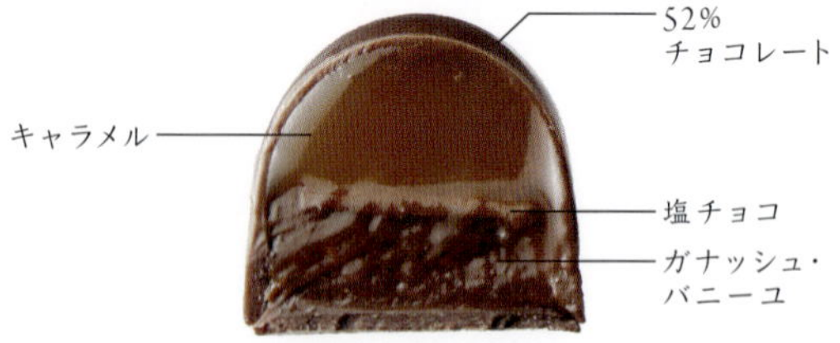

キャラメル・サレ

紅茶
プラリネ・パッション
キャラメル・サレ
各250円（税別）
ショコラ・フレーズ
400円（税別）
提供期間：各10月～翌5月頃

紅茶

ガナッシュ

［材料］

◆2.5%×2.5%×高さ1cm　約40個分

水…60g
35%生クリーム…300g
紅茶茶葉（アールグレイ）…30g
水あめ…40g
転化糖…40g
52%チョコレート（リンツ社「サーフィン」）…600g
紅茶リキュール…45g
無塩バター…120g

［作り方］

1 鍋に水、生クリームを入れて火にかけ、沸騰させる。
2 1に紅茶茶葉を加え、ふたをして15～20分間おき、アンフュゼする。
3 2を漉して重量を計り、360gになるように生クリームを足す。
4 水あめ、転化糖を加えて火にかけ、湯気が出る程度まで温める。
5 溶かしたチョコレートに4を1回で加えてゴムベラで混ぜ、乳化させる。
6 紅茶リキュールを加える。
7 6が35～36℃の状態で常温に戻したバターを加えて混ぜ、よく乳化させる。
8 1cm厚の型に流し、17℃位の室温にひと晩おく。
9 型からはずす。

シャブロネ・ギッターでカットする

［材料］

◆仕込み量

ガナッシュ…適量
38%ミルクチョコレート（リンツ社「エキストラオーレ」）

［作り方］

1 ガナッシュの両面にテンパリングしていないミルクチョコレートを薄く塗る。
2 ギッターで2.5%×2.5cmにカットする（包丁でカットしてもよい）。
3 板の上に間隔を開けて並べ、17～18℃の室温に1日おく。

組み立て・仕上げ

［材料］

◆仕込み量

ガナッシュ…適量
52%チョコレート（リンツ社「サーフィン」）…適量
ローズ・ペタル（食用バラを60～70℃のオーブンで2～3日ほど乾燥させたもの）…適量
紅茶茶葉（アールグレイ）…適量

［作り方］

1 ガナッシュをチョコレートフォークを使って、テンパリングして31～32℃に調温したチョコレートにトランペする。
2 ローズ・ペタルと紅茶茶葉を飾る。

プラリネ・パッション

プラリネ・ショコラ

［材料］

◆1.5%×3.5%×高さ1.2cm　約40個分

プラリネ＊…500g
38%ミルクチョコレート（リンツ社「エキストラオーレ」）…150g
カカオバター…40g
フィヤンティーヌ…60g

＊プラリネ

［材料］仕込み量

グラニュー糖…500g
アーモンド（皮付き）…250g
ノワゼット（皮付き）…250g

1 銅鍋にグラニュー糖を入れて火にかけ、焦がす。
2 1にローストしたアーモンドとノワゼットを加えてからめる。
3 シルパットの上にあけ、1日おく。
4 ロボクープにかけて細かくする。翌日までおき、熱が取れてから使用する。

［作り方］

1 プラリネにテンパリングして30℃に調温したミルクチョコレート、カカオバターを加えて混ぜる。
2 フィヤンティーヌを加えて混ぜる。
3 台の上にあけ、0.5cm厚にのす。
4 17℃～18℃の室温におき、固める。

ガナッシュ・パッション

［材料］

◆仕込み量

パッションフルーツ・ピューレ…300g
35%生クリーム…50g
水あめ…25g
38%ミルクチョコレート（リンツ社「エキストラオーレ」）…380g
パッションフルーツ・リキュール（レミーコアントロー社「パッソア」）…15g
無塩バター…65g

［作り方］

1 鍋にパッションフルーツ・ピューレを入れて火にかけ、150gになるまで煮詰める。
2 1に生クリーム、水あめを加えて混ぜる。
3 溶かしたミルクチョコレートに2を1回で加え、ゴムベラで混ぜて乳化させる。
4 パッションフルーツ・リキュールを加える。
5 4が35～36℃の状態で常温に戻したバターを加えて混ぜ、よく乳化させる。
6 固めたプラリネの上に7mm厚にのばす。17～18℃の室温に1日おく。

シャブロネ・ギッターでカットする

［材料］

◆仕込み量

ガナッシュ…適量
38%ミルクチョコレート（リンツ社「エキストラオーレ」）…適量

［作り方］

1 ガナッシュの両面にテンパリングしていないミルクチョコレートを薄く塗る。
2 ギッターで1.5%×3.5cmにカットする（包丁でカットしてもよい）。
3 板の上に間隔を開けて並べ、17℃の室温にひと晩おく。

トランペ・仕上げ

［材料］

◆仕込み量

ガナッシュ…適量
8%ミルクチョコレート（リンツ社「エキストラオーレ」）…適量
アーモンド（ロースト）・ノワゼット（ロースト）…各適量

［作り方］

1 ガナッシュをチョコレートフォークを使って、テンパリングして30℃に調温したミルクチョコレートをトランペする。
2 ローストしたアーモンド、ノワゼットを飾る。

ショコラ・フレーズ

ガナッシュ

[材料]

◆型2枚／42個分

イチゴ・ピューレ…300g
45%生クリーム…50g
水あめ…25g
36%ホワイトチョコレート（リンツ社「ブランコール」）…380g
イチゴ濃縮果汁(ドーバー洋酒貿易株式会社「トックブランシュ・フレーズ」)…30g
無塩バター…65g

[作り方]

1 鍋にイチゴ・ピューレを入れて火にかけ、150gになるまで煮詰める。
2 1に生クリーム、水あめを加えて混ぜる。
3 溶かしたホワイトチョコレートに2を1回で加え、ゴムベラで混ぜて乳化させる。
4 イチゴ濃縮果汁を加える。
5 4が35〜36℃の状態で常温に戻したバターを加えて混ぜ、よく乳化させる。

型どり

[材料]

◆仕込み量

チョコレート用色素（PCB社「赤」）…適量
チョコレート用色素（PCB社「緑」）…適量
カカオバター（カカオバリー社「マイクリオ」）…適量
36%ホワイトチョコレート（リンツ社「ブランコール」）…適量

[作り方]

1 それぞれのチョコレート用色素とカカオバターを、2対1の割合で合わせて溶かす。
2 1をイチゴの実（赤）とへた（緑）の部分に分けて型に塗り、乾かす。
3 テンパリングして28℃に調温したホワイトチョコレートを流し、余分を落とし、固める。

組み立て・仕上げ

[材料]

◆型2枚　42個分

ガナッシュ…約700g
36%ホワイトチョコレート（リンツ社「ブランコール」）…適量

[作り方]

1 型にガナッシュを流し、17℃の室温に半日から1日、表面が乾くまでおく。
2 テンパリングしたホワイトチョコレートでふたをする。冷蔵庫に10〜15分間入れる。
3 型からはずす。

キャラメル・サレ

ガナッシュ・バニーユ

［材料］

◆型2枚　48個分

45%生クリーム…110g
バニラビーンズ…1本
水あめ…15g
38%ミルクチョコレート（リンツ社「エキストラオーレ」）…135g
52%チョコレート（リンツ社「サーフィン」）…90g
無塩バター…10g

［作り方］

1 鍋に生クリーム、バニラビーンズ、水あめを入れて火にかけ、70～80℃まで沸かす。
2 合わせて溶かした2種のチョコレートに1を1回で加え、ゴムベラで混ぜて乳化させる。
3 2が35～36℃の状態で常温に戻したバターを加えて混ぜ、よく乳化させる。

塩チョコ

［材料］

◆仕込み量

52%チョコレート（リンツ社「サーフィン」）…適量
フルール・ド・セル…適量

［作り方］

1 テンパリングして31℃に調温したチョコレートを、パレットナイフで台の上に薄く伸ばす。
2 乾く前に、フルール・ド・セルをふる。
3 完全に固まる前に、直径1.3cmの円形の口金で抜く。
4 竹串で刺すことができるまで、完全に乾燥させる。

キャラメル

［材料］

◆仕込み量

グラニュー糖…400g
水あめ…100g
塩…2g
水…200g
コンデンスミルク…500g

［作り方］

1 鍋にグラニュー糖、水あめを入れて火にかけ、キャラメルを作る。
2 砂糖が焦げて泡が上がり、その泡がなくなる瞬間に塩、水を加える。少し煮詰め、1回漉す。
3 コンデンスミルクを加える。

型どり

［材料］

◆仕込み量

52%チョコレート（リンツ社「サーフィン」）…適量

［作り方］

1 型にテンパリングして31～32℃に調温したチョコレートを流し、余分を落とし、固める。

組み立て・仕上げ

［作り方］

1 型どりした型の高さ1/3までキャラメルを流す。冷蔵庫で10分間程度冷やす。
2 塩チョコを竹串にさして、1の上にのせる。
3 ガナッシュ・バニーユを型の上まで流し、17～18℃の室温に半日から1日おく。
4 テンパリングしたチョコレートでふたをする。冷蔵庫に10～15分間入れる。
5 型からはずす。

OCTOBRE
オクトーブル

スイスチョコレートの ミルキーな優しさを生かす

フランス菓子専門店での経験が長い神田シェフだが、現在ボンボン・ショコラに使用しているのはスイス・リンツ社のチョコレート。2年半のパリ修業から帰国後、東京の『リンツ&シュプルングリージャパン』でシェフを務めて以来、気に入っているチョコレートだという。

「使用しているのは52%と70%、ミルク、ホワイトの4種類。ダークでもミルク感が強いのが特徴で、フランスのチョコレートが持つキレとは違うやさしさ、柔らかさ、まろやかさがあり、どんな素材とも合わせやすいところが好きです。ミルクはとりわけおいしく、ホワイトは甘さを強く感じますが、スイスチョコレート独特のミルク感がそうさせているのかもしれません」と神田シェフ。

大ぶりのイチゴの形がポップなイメージのショコラ・フレーズは、ニューヨークの製菓材料店で購入したチョコレートの型を使用したもの。イチゴのガナッシュには「酸味が程良くイチゴらしい香りを持つ」ボワロン社のピューレを使用し、半量に煮詰めて使用している。フルーツ系のガナッシュを作る時は、必ずピューレを煮詰め、味が濃く出るようにしていると言う。

キャラメル・サレはトロッと流れ出るキャラメル、薄い板状の塩チョコレート、バニラ風味のガナッシュを3層にした、型どりならではのメリットを生かした製品。

ローズ・ペタルを飾った紅茶の中身は、香りの強さで選んだというフランス産のアールグレイをアンフュゼしたガナッシュ。プラリネ・パッションは粒々の食感が残る自家製のプラリネと、パッションフルーツのガナッシュを2層に仕込み、パッションフルーツとの相性が良いミルクチョコレートでコーティングしたもの。「メインで味わってほしいのはプラリネなので、パッションフルーツの層は少し薄くしてアクセント的に入れています」。パリで修業中、『ジャン=シャルル・ロシュー』で働きたいと3回店を訪ねたが叶わなかった。シェフが毎回出てきてくれて、「ごめんね」と渡されたのがキャラメルとフルーツのショコラで、その味を思い出しながら創作したものだと言う。パッションフルーツのガナッシュはパリの『ピエール・エルメ』で働いていた時に印象の強かったマカロンのクリーム、プラリネは最初に働いた東京の『ルコント』で教わったテクニックを生かしたものだそうで、エピソードに富むこの一粒には、神田シェフの思い出のひとこまが詰まっている。

外側の殻がスッと溶け、中身が現れるイメージで

ボンボン・ショコラは「食べてもらうのは中身で、外側のチョコレートはそれを包む〝殻〟のような存在だと考えている」と神田シェフ。しかしただの殻であればよいというわけではなく、中身を引き立て、時にはシンプルな飾りの役割も果たす、重要な存在でなければならない。すべてを手掛けて行っているため難しい部分もあるというが、なるべく土台の形を残すように、極力薄めにコーティングすることを心掛けている。

秋口から春先まで、10数種類がショーケースに並ぶというボンボン・ショコラ。「型からうまく抜けた時とか、意外に単純なところに楽しさを感じます。この小さな一粒の中にすべてが詰まっていると思うと、カードルで仕込む生菓子と違う魅力を感じますね。スイスチョコレートのやさしい食べ心地は、他のチョコレート、例えばフランスやベルギーのカカオ分の高いものと合わせるといろいろ変化していくのではないかという気がします。まろやかさの中にキレが出てきたり、甘さを立ち切ってくれるようなチョコレートができたり。これからは、いろいろなチョコレートと組み合わせることにも挑戦したい。そしてチョコレートのおいしさをより幅広く味わえるような加工法を模索していきたいですね」。

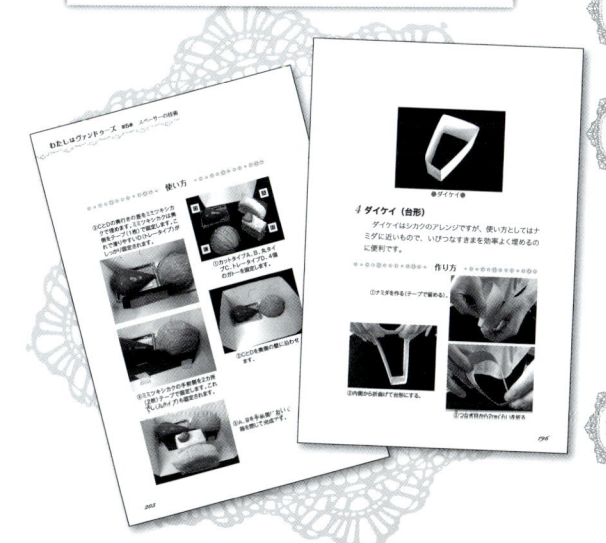

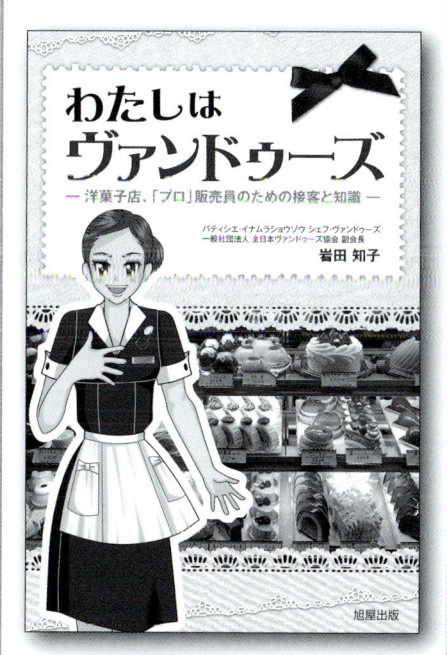

POIRE 帝塚山本店

ポアール テツヅカヤマホンテン

グランシェフ／代表取締役社長 辻井良樹

建都の昔

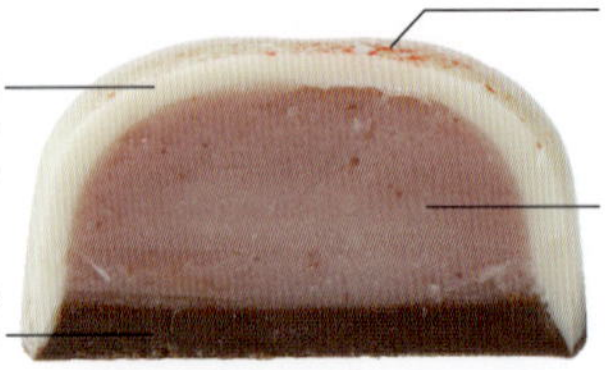

ロッソ・クオーレ

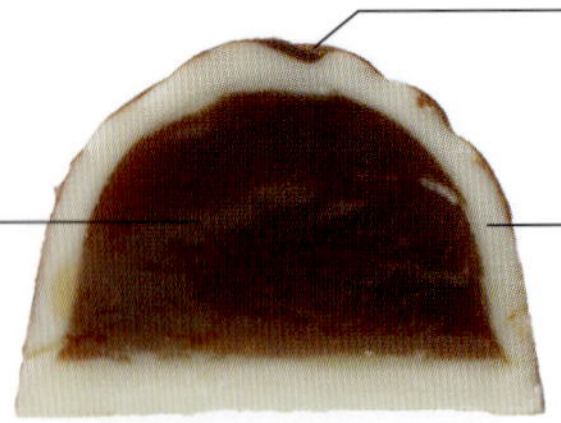

ベイリーズ

ショコラ・オ・ウイスキー・プレミアム 山崎18年

ショコラ・オ・ウイスキー・プレミアム マッカラン18年

建都の昔
提供期間:通年
5個5000円(税別)

ロッソ・クオーレ
提供期間:通年
2個920円(税別)

ベイリーズ
提供期間:通年
単品販売なし。ショコラ20種セット「ポアール・ショコラ」5000円(税別)

ショコラ・オ・ウイスキー・プレミアム 山崎18年
ショコラ・オ・ウイスキー・プレミアム マッカラン18年
提供期間:各不定期
各価格未定

建都の昔

抹茶とホワイトチョコレートのガナッシュ

［材料］

◆直径2.6cmの球状トリュフボール　63個分

生クリーム…150g
36%ホワイトチョコレート（フェルクリン社「エーデルワイス」）…300g
日本酒…14g
抹茶リキュール…14g
抹茶パウダー（建都の昔）…21g

［作り方］

1 銅鍋に生クリームを入れて沸騰させ、ホワイトチョコレートを加えブレンダーで乳化させる。
2 日本酒と抹茶リキュールを加えて、ブレンダーで混ぜる。
3 抹茶パウダーを加え、粉っぽさがなくなるまでゴムベラで練り込む。

組み立て・仕上げ

［材料］

◆直径2.6cmの球状トリュフボール　63個分

ホワイトチョコレートのトリュフ型…63個
抹茶とホワイトチョコレートのガナッシュ…8g
36%ホワイトチョコレート（フェルクリン社「エーデルワイス」）…適量
抹茶パウダー（建都の昔）…適量

［作り方］

1 ホワイトチョコレートのトリュフ型にドロッパーでガナッシュを絞り、17〜18℃で1日ねかせる。
2 45℃、26〜28℃、29〜30℃でテンパリングしたホワイトチョコレートでふたをする。
3 2の全体にテンパリングしたホワイトチョコレートを薄くつけ、抹茶パウダーを広げたバットの中で転がす。

ロッソ・クオーレ

フランボワーズのガナッシュ

［材料］

◆3.3cm×3.3cm×高さ1.8cmのハート型　24個分

フランボワーズピューレ…42.5g
転化糖…8.5g
36%ホワイトチョコレート(フェルクリン社「エーデルワイス」)…119g
無塩バター…17g
フランボワーズのブランデー(G.E.マスネ社「オー・ド・ヴィー・ド・ソヴァージュ)…6g

［作り方］

1 銅鍋にフランボワーズピューレと転化糖を入れて沸騰させ、ホワイトチョコレートを加えブレンダーで乳化させる。
2 常温のバターを加え、ブレンダーで混ぜる。
3 ブランデーを少しずつ加え、ブレンダーで混ぜる。

型どり

［材料］

◆仕込み量

カカオバター(白と赤に色付けしたもの)…各適量
36%ホワイトチョコレート(フェルクリン社「エーデルワイス」)…適量

［作り方］

1 白いカカオバターをブラシにつけ、毛先をはじいて型にスプレー状の模様をつける。
2 赤いカカオバターをブラシにつけ、1と同様に模様をつける。
3 常温で30分〜1時間おいて固める。
4 型にテンパリングしたチョコレートを流し込み、振動を与えて空気を抜く。型をひっくり返して余分なチョコレートを落とし、薄い型を作る。はみ出た部分は固まる前にスケッパーで削り落とす。

組み立て・仕上げ

［材料］

◆仕込み量

フランボワーズのガナッシュ…3.3cm×3.3cm×高さ1.8cmのハート型　24個分
68%チョコレート(フェルクリン社「ボリビア」)…適量

［作り方］

1 型どりしたチョコレートの9分目までガナッシュを注ぎ、17〜18度で1日ねかせる。
2 50℃、27〜29℃、31〜32℃でテンパリングしたチョコレートを流し、ふたをする。余分なチョコレートをスケッパーでそぎ落とす。
3 固まったら台の上で軽く型を叩いて、出来上がったボンボン・ショコラをはずす。

ベイリーズ

ベイリーズのガナッシュ

［材料］

◆2.6cm×2.6cm×高さ1.8cmの丸型　32個分

36%生クリーム（明治）…14g
ソルビット…9.2g
水飴…9.2g
36%ミルクチョコレート（フェルクリン社「アンブラ」）…50.6g
52%チョコレート（フェルクリン社「フェルコール」）…10.1g
リキュール（ベイリーズ）…87g

［作り方］

1 銅鍋に生クリーム、ソルビット、水飴を入れて沸騰させる。
2 2種のチョコレートを加え、ブレンダーで乳化させる。
3 リキュールを加え、ブレンダーで混ぜる。

型どり

［材料］

◆仕込み量

52%チョコレート（フェルクリン社「フェルコール」）…適量
36%ホワイトチョコレート（フェルクリン社「エーデルワイス」）…適量

［作り方］

1 型に50℃、27〜29℃、31〜32℃でテンパリングをとったチョコレートを薄く塗る。
2 固まったら、40℃、26〜27℃、29℃でテンパリングしたホワイトチョコレートを流し込み、振動を与えて空気を抜く。型をひっくり返して余分なホワイトチョコレートを落とし、薄い型を作る。はみ出た部分は固まる前にスケッパーで削り落とす。

組み立て・仕上げ

［材料］

◆2.6cm×2.6cm×高さ1.8cmの丸型　32個分

ベイリーズのガナッシュ…適量
36%ホワイトチョコレート（フェルクリン社「エーデルワイス」）…適量

［作り方］

1 型どりしたチョコレートの9分目までガナッシュを注ぎ、17〜18℃で1日ねかせる。
2 テンパリングしたホワイトチョコレートを流し、ふたをする。余分なチョコレートをスケッパーでそぎ落とす。
3 固まったら台の上で軽く型を叩いて、出来上がったボンボン・ショコラをはずす。

ショコラ・オ・ウイスキー・プレミアム 山崎18年

フランボワーズのパート・ド・フリュイ

［材料］

◆33cm×24cm×高さ0.3cmの長方形
約350個分

フランボワーズピューレ…210g
グラニュー糖…238g
ペクチン…5.6g
水飴…65g
水…1.68g
クエン酸…1.68g

［作り方］

1 鍋にフランボワーズピューレを入れて火にかけ、40℃になったら事前によく混ぜ合わせておいたグラニュー糖19.6gとペクチンを加えて溶かす。
2 沸騰直前で水飴とグラニュー糖218.4gを加え、106℃まで煮詰める。
3 水で溶いたクエン酸を加える。
4 耐熱シートの上に流し、ゴムベラで厚さ3mmに伸ばす。常温におき、冷めたら包丁で1.5cm角にカットする。

ウイスキーのガナッシュ

［材料］

◆2.6cm×2.6cm×高さ1.6cmのモールド型
120個分

36%生クリーム（明治）…180g
転化糖…40.3g
70%チョコレート（カサルカ社
「サンタンデール」）…266.4g
無塩バター…67g
ウイスキー（山崎18年）…288g

［作り方］

1 鍋に生クリームと転化糖と入れて沸騰させ、チョコレートを加えブレンダーで乳化させる。
2 常温のバターを加え、ブレンダーで混ぜる。
3 ウイスキーを少しずつ加え、ブレンダーで混ぜる。

型どり

［材料］

◆仕込み量

70%チョコレート（カサルカ社
「サンタンデール」）…適量

［作り方］

1 型にテンパリングしたチョコレートを流し込み、振動を与えて空気を抜く。型をひっくり返して余分なチョコレートを落とし、薄い型を作る。はみ出た部分は固まる前にスケッパーで削り落とす。

組み立て・仕上げ

［材料］

◆仕込み量

ウイスキーのガナッシュ…2.6cm×2.6cm
×高さ1.6cmのモールド型　120個分
フランボワーズのパート・ド・フリュイ
…ボンボン・ショコラ1個につき1個
70%チョコレート（カサルカ社
「サンタンデール」）…適量
金粉スプレー…適量

［作り方］

1 型どりしたチョコレートの高さ半分までガナッシュを注ぎ、パート・ド・フリュイをのせ、さらにガナッシュを注ぎ、17～18℃で1日ねかせる。
2 50℃、27～29℃、31～32℃でテンパリングしたチョコレートを流し、ふたをする。余分なチョコレートをスケッパーでそぎ落とす。
3 固まったら、台の上で軽く型を叩いて、出来上がったボンボン・ショコラをはずす。
4 表面に金粉スプレーを吹きつけて仕上げる。

ショコラ・オ・ウイスキー・プレミアム マッカラン18年

パッションフルーツのパート・ド・フリュイ

［材料］

◆33cm×24cm×高さ0.3cmの長方形
約350個分

パッションピューレ…210g
グラニュー糖…238g
ペクチン…8.4g
水飴…65g
水…2.1g
クエン酸…2.1g

［作り方］

1 鍋にパッションピューレを入れて火にかけ、40℃になったら事前によく混ぜ合わせておいたグラニュー糖19.6gとペクチンを加えて溶かす。
2 沸騰直前で火をとめ、水飴とグラニュー糖218.4gを加え、106℃まで煮詰める。
3 水で溶いたクエン酸を加える。
4 耐熱シートの上に流し、ゴムベラで厚さ3mmに伸ばす。常温におき、冷めたら包丁で1.5cm角にカットする。

ウイスキーのガナッシュ

［材料］

◆2.6cm×2.6cm×高さ1.6cmのモールド型
120個分

36%生クリーム（明治）…177g
41.4%ミルクチョコレート
（チョコヴィック社「トケラ」）…369g
無塩バター…24g
ウイスキー（マッカラン18年）…240g

［作り方］

1 鍋に生クリームを入れて沸騰させ、ミルクチョコレートを加えブレンダーで乳化させる。
2 常温のバターを加え、ブレンダーで混ぜる。
3 ウイスキーを少しずつ加え、ブレンダーで混ぜる。

型どり

［材料］

◆仕込み量

41.4%ミルクチョコレート
（チョコヴィック社「トケラ」）…適量

［作り方］

1 型にテンパリングしたチョコレートを流し込み、振動を与えて空気を抜く。型をひっくり返して余分なチョコレートを落とし、薄い型を作る。はみ出た部分は固まる前にスケッパーで削り落とす。

組み立て・仕上げ

［材料］

◆仕込み量

ウイスキーのガナッシュ…2.6cm×2.6cm×高さ1.6cmのモールド型　120個分
パッションフルーツのパート・ド・フリュイ…ボンボン・ショコラ1個につき1個
41.4%ミルクチョコレート
（チョコヴィック社「トケラ」）…適量
金粉スプレー…適量

［作り方］

1 型どりしたチョコレートの高さ半分までガナッシュを注ぎ、パート・ド・フリュイをのせ、さらにガナッシュを注ぎ、17〜18℃で1日ねかせる。
2 45℃、26〜28℃、29〜30℃でテンパリングしたミルクチョコレートを流し、ふたをする。余分なチョコレートをスケッパーでそぎ落とす。
3 固まったら、台の上で軽く型を叩いて、出来上がったボンボン・ショコラをはずす。
4 表面に金粉スプレーを吹きつけて仕上げる。

POIRE 帝塚山本店

ポアール テヅカヤマホンテン

最新技術を取り入れながら 40年以上作り続けるトリュフ

『ポアール』がトリュフづくりを始めたのは、今から40年以上前。当時国内では本格的にトリュフを作るパティスリーは数少なく、スイスからショコラティエを呼び寄せ、試作を繰り返しながら日本の風土に合う、クラシックなトリュフを作り続けてきた。

グランシェフが二代目の辻井良樹さんに引き継がれた頃、業界に先駆けて真空ミキサー「ステファン」を採用。金属製の蓋付きのミキサーで、空気を抜いて真空にして一気に混ぜることで、ガナッシュを作る際の乳化がスムーズに。なめらかな質感になるだけでなく、酒などの香りも飛ばずに残るという利点もあり、生産量が増えるバレンタイン時期に活躍している。

現在、通年提供しているボンボンショコラは約20種。なかでも人気商品のひとつが「ショコラ・ベイリーズ」。スイスで修業していた店から秘伝のレシピを受け継いだ。「ベイリーズのクリーミーなコクが活きた、すばらしくやわらかい口どけに感動した」とシェフ。スイスと日本では気候が違うため、湿気が多い日本に合わせてガナッシュを少し固くする必要はあったが、ベイリーズはチョコレートが固まるギリギリの量を配合。ガナッシュを固めにすると風味の感じ方が鈍くなるが、そこも試作を重ね、絶妙のトロトロ感が実現した。

2007年のバレンタイン前にリリースしたのが「ロッソ・クオーレ」。デザインはバレンタインを意識してハート型に。ガナッシュはフランボワーズのピューレだけでなく、フランス産フランボワーズで作られたブランデー「オー・ド・ヴィー・ド・ソヴァージュ」を使って深みのある甘酸っぱさに仕上げている。全体の味わいの締めとして、野生のカカオで作られた68%チョコレートをセレクト。世界総生産のたった0.06%しか収穫できない希少価値の高いカカオのクーベルチュールで、野生とは思えない繊細でマイルドな味わいがフランボワーズとマッチした。

他店とのコラボレーションで唯一無二の商品を開発

近年力を入れているのは、希少価値が高い食材と組み合わせた個性派ショコラ。「ショコラ・オ・ウイスキー・プレミアム 山崎18年」「ショコラ・オ・ウイスキー・プレミアム マッカラン18年」「建都の昔」の3種は、客層を広げるきっかけとなった商品だ。

ウイスキーを使った前述の2種は、大阪・北新地にある高級バー『BESO』とのコラボレーションから生まれたもの。ウイスキーとチョコレートを約20種用意し、どの組み合わせが合うか味見を繰り返し、組み合わせを絞り込んでいったという。結果、山崎にはカカオのパンチが効いているコロンビア産の高カカオクーベルチュール、マッカランにはミルクのなかにキャラメルの風味を感じるスペイン産のミルクチョコレートを組み合わせた。苦労したのはエイジングの期間。ウイスキーの香りがベストの状態で残るよう計算した。

希少価値があるウイスキーとチョコレートを組み合わせるだけではなく「1＋1を3以上のものにしたい」と、それぞれにパッションフルーツ、フランボワーズのパート・ド・フリュイを足すことに。フリュイの味の濃さ、酸味を調整し、ウイスキー、チョコレート、フルーツが三位一体となった香り高いショコラを完成させた。

京都の宇治茶専門店「祇園辻利」とのコラボレーションで生まれたのは抹茶のトリュフ「建都の昔」。1kgで15万円する最高級抹茶「建都の昔」を使い、商品名も同名に。製菓材料としてはありえない高価なものだが、実際にチョコレートと合わせると、抹茶らしい濃厚さと渋みがありながらえぐみが出ない味わいに仕上り、他のものでは代用できなかったという。

創業当時から変わらない基本の配合、受け継がれている職人技がありながら、大胆な食材選びと探求心で、唯一無二のショコラを生み出している。

Pâtisserie Miraveille

パティスリー ミラヴェイユ

オーナーシェフパティシエ　妻鹿祐介

トンカヴァニーユ

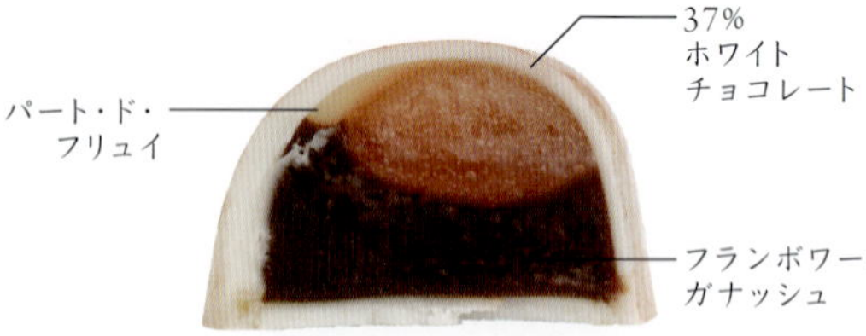

パラディ

パッション ヴェール

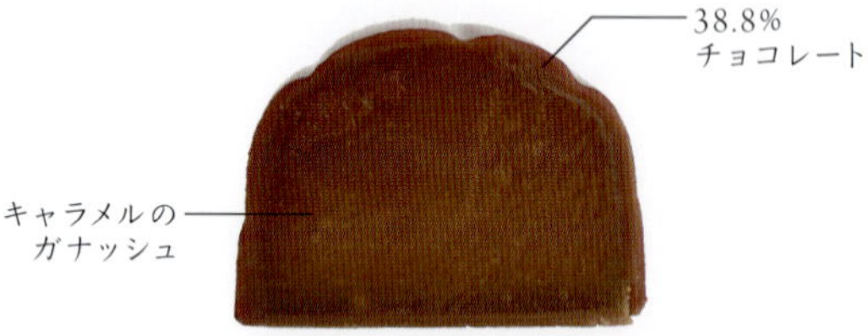

キャラメル

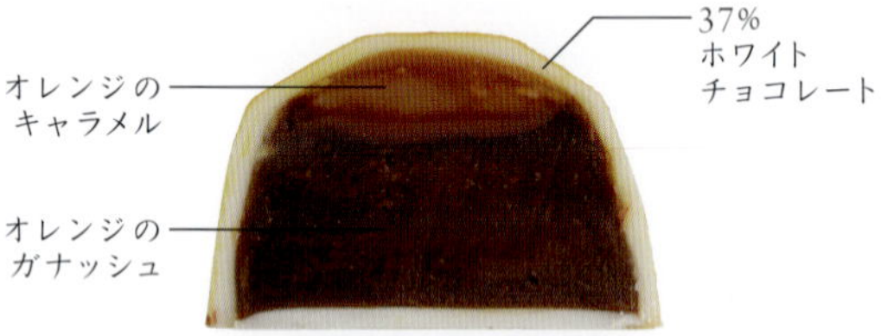

キャラメル オランジュ

トンカヴァニーユ
パラディ
パッション ヴェール
キャラメル
キャラメル オランジュ

提供期間:各通年
各190円(税別)

トンカヴァニーユ

ガナッシュ

［材料］

◆3cm×2.25cm×高さ1.2cm　154個分

3トンカ豆…10g
バニラビーンズ…3.5g
35%生クリーム（タカナシ乳業）…470g
70%チョコレート（オペラ社「カルパノ」）…440g
40%ミルクチョコレート（ヴァローナ社「ジヴァラ・ラクテ」）…190g
転化糖…60g
ソルビトール…24g
無塩バター（よつ葉乳業）…85g

［作り方］

1 粗く刻んだトンカ豆、バニラのさやと種を生クリームに加えて80℃まで加熱する。火を止め、ふたをして10分おく。
2 2種のチョコレートを45℃にする。
3 1を漉して転化糖、ソルビトールを加えて45℃まで下げる。混ぜながら2に少しずつ加えてゆき、一度分離させてからロボクープでしっかり乳化させる。
4 3にやわらかくしたバターを加え、ロボクープでしっかり混ぜる。

シャブロネ・ギッターでカットする

［材料］

◆仕込み量

70%チョコレート（オペラ社「カルパノ」）…適量
ガナッシュ…適量

［作り方］

1 チョコレートを32℃にテンパリングする。
2 テーブルにフィルムを貼り、1を薄く塗る。その上に33cm×31.5cmのカードルを置き、ガナッシュを流してスパチュラで平らにならす。18℃の環境で24時間おく。
3 ガナッシュのカードルをはずし、上面に1を薄く塗る。
4 ギッターのワイヤーを3cm幅にセットしてカットする。
5 ギッターのワイヤーを2.25cm幅にセットし直し、チョコレートを90度回転させて再度カットする。シートを敷いた板の上に1個ずつ隙間を空けて並べ、18℃の環境で24時間おく。

トランペ・仕上げ

［材料］

◆仕込み量

70%チョコレート（オペラ社「カルパノ」）…適量
ガナッシュ…適量
グリュエドカカオ…適量

［作り方］

1 チョコレートを32℃にテンパリングし、トランペ用チョコレートを作る。
2 ガナッシュをチョコレートフォークにのせ、チョコレートにくぐらせて薄くトランペする。
3 余分なチョコレートを切り、フィルムの上にのせる。
4 固まらないうちに角にグリュエドカカオを2〜3粒のせる。

パラディ

パート・ド・フリュイ

[材料]

◆高さ1.3cmのハート型　約100個分

グラニュー糖…245g
ペクチン(イエローリボン)…5.5g
ライチピューレ…230g
水あめ…48g
クエン酸…2.4g
バラのリキュール…15g

[作り方]

1 グラニュー糖25gとペクチンを混ぜ合わせておく。
2 ピューレ、グラニュー糖220g、水あめを40℃まで加熱し、混ぜながら1を振り入れる。均一になれば105℃まで加熱する。
3 クエン酸を水(分量外)に溶かしたものを2に加えてよく混ぜ、バットに空けて冷ます。
4 ロボクープに3とバラのリキュールを入れて混ぜる。

ガナッシュ

[材料]

◆高さ1.3cmのハート型　約100個分

35%生クリーム(タカナシ乳業)…150g
グラニュー糖…120g
水あめ…30g
ソルビトール…20g
57%チョコレート(オペラ社「レガート」)…400g
フランボワーズピューレ…250g
無塩バター(よつ葉乳業)…60g
フランボワーズのオー・ド・ヴィ…40g

[作り方]

1 生クリーム、グラニュー糖、水あめ、ソルビトールを50℃に温める。
2 チョコレートを溶かして50℃にし、混ぜながら1を少しずつ加える。分離させてから、ハンドブレンダーでしっかりと乳化させる。
3 ピューレを45℃に温めて加え、ハンドブレンダーで混ぜる。
4 やわらかくしたバターとオー・ド・ヴィを加え、ハンドブレンダーで混ぜる。

型どり

[材料]

◆仕込み量

銀箔スプレー
37%ホワイトチョコレート(バリーカレボー社「カルマ／ヌイブラン」)…適量
カカオバター…60g
チョコレート用色素(赤色)…適

[作り方]

1 型に銀箔をスプレーする。
2 チョコレート40gとカカオバターを溶かし、チョコレート用色素を加えて混ぜ合わせ、濃いピンクに着色する。28℃に温めてチョコレートピストレに入れ、20℃に調温した型にピストレする。
3 2が固まったら、29℃にテンパリングしたチョコレートを流し、むらなくいきわたったらすぐに逆さまにする。
4 上面の余分なチョコレートをスケッパーできれいにこそげ取る。

組み立て・仕上げ

[材料]

◆仕込み量

パート・ド・フリュイ…適量
ガナッシュ…適量
37%ホワイトチョコレート(バリーカレボー社「カルマ／ヌイブラン」)…適量

[作り方]

1 パート・ド・フリュイを絞り袋に入れ、型どりした型の4分目くらいまで絞る。
2 固まったら、28℃に調温したガナッシュを絞り袋に入れ、1の上から型の高さよりわずかに低い位置まで絞る。
3 18℃の環境で24時間おく。
4 29℃にテンパリングしたチョコレートを薄く流してふたをする。余分なチョコレートをスケッパーでそぎ落とす。20℃の環境で24時間おく。台の上で軽く型を叩いて、でき上がったボンボン・ショコラをはずす。

パッション ヴェール

ガナッシュ

［材料］

◆直径3cm×高さ1.5cmの半球型　約100個分

ライムゼスト…1.2g
パッションフルーツ・ピューレ…300g
40%ミルクチョコレート（ヴァローナ社「ジヴァラ・ラクテ」）…540g
57%チョコレート（オペラ社「レガート」）…60g
転化糖…40g
ソルビトール…20g
無塩バター（よつ葉乳業）…85g

［作り方］

1 ライムゼストとピューレを鍋に入れて沸騰させる。火を止めてふたをして10分おく。
2 2種のチョコレートを溶かして45℃にする。
3 1をシノワで漉し、転化糖、ソルビトールを加えて45℃にする。
4 3を混ぜながら2に少しずつ加え、分離させてからハンドブレンダーでしっかり乳化させる。
5 バターを加え、ハンドブレンダーで混ぜる。

型どり

［材料］

◆仕込み量

チョコレート用色粉（緑）…適量
チョコレート用色粉（黄色）…適量
37%ホワイトチョコレート（バリーカレボー社「カルマ／ヌイブラン」）…適量

［作り方］

1 チョコレート用色粉（緑）を28℃に温めてチョコレートピストレに入れ、20℃に調温した型にピストレする。
2 固まったらチョコレート用色粉（黄色）を28℃に温めてチョコレートピストレに入れ、型にピストレする。
3 固まったら、29℃にテンパリングしたホワイトチョコレートを流し、むらなくいきわたったらすぐに逆さまにする。上面の余分なチョコレートをスケッパーできれいにこそげ取る。

組み立て・仕上げ

［材料］

◆仕込み量

ガナッシュ…適量
37%ホワイトチョコレート（バリーカレボー社「カルマ／ヌイブラン」）…適量

［作り方］

1 28℃に調温したガナッシュを絞り袋に入れ、型どりした型の高さよりわずかに低い位置まで絞る。
2 18℃の環境で24時間おく。
3 29℃にテンパリングしたチョコレートを薄く流してふたをする。余分なチョコレートをスケッパーでそぎ落とす。
4 20℃の環境で24時間おく。台の上で軽く型を叩いて、でき上がったボンボン・ショコラをはずす。

キャラメル

ガナッシュ

［材料］

◆長さ4cm×幅1.75cm×高さ1.2cmのカカオ型

グラニュー糖…80g
トレハロース…20g
水あめ…8g
水…35g
35%生クリーム（タカナシ乳業）…300g
ソルビトール…20g
フルール・ド・セル…3.5g
35%ブロンドチョコレート（ヴァローナ社「ドゥルセ」）…355g
カカオバター…55g
無塩バター（よつ葉乳業）…28g

［作り方］

1 グラニュー糖、トレハロース、水あめ、水を鍋に入れて加熱し、キャラメルを作る。
2 濃く色づいたら火を止めて、混ぜながら生クリームを数回に分けて加え、シノワで漉す。
3 ソルビトール、フルール・ド・セルを加えて混ぜる。
4 チョコレートとカカオバターを溶かし、45℃に温める。
5 3を45℃に調整し、混ぜながら少しずつ4に加える。
6 なめらかになればバターを混ぜながら加える。分離させてから、ハンドブレンダーでしっかりと乳化させる。

型どり

［材料］

◆仕込み量

チョコレート用色粉（赤）…適量
38.8%チョコレート（チョコヴィック社「ハデ」）…適量

［作り方］

1 チョコレート用色粉を28℃に温めてチョコレートピストレに入れ、20℃に調温した型にピストレする。
2 固まったら、テンパリングしたチョコレートを流し、むらなくいきわたったらすぐに逆さまにする。上面の余分なチョコレートをスケッパーできれいにこそげ取る。

組み立て・仕上げ

［材料］

◆仕込み量

ガナッシュ…適量
38.8%チョコレート（チョコヴィック社「ハデ」）…適量

［作り方］

1 18℃に調温したガナッシュを絞り袋に入れ、型どりした型の高さよりわずかに低い位置まで絞る。
2 18℃の環境で24時間おく。
3 テンパリングしたチョコレートを薄く流してふたをする。余分なチョコレートをスケッパーでそぎ落とす。
4 18℃の環境で24時間おく。台の上で軽く型を叩いて、でき上がったボンボン・ショコラをはずす。

キャラメル オランジュ

ガナッシュ

［材料］

◆直径3cm×高さ2cmのダイヤカットドーム型 約100個分

A
- 35%生クリーム（タカナシ乳業）…112g
- エバミルク…70g
- 転化糖…38g
- グラニュー糖…43g
- トレハロース…18g
- ソルビトール…15g

57%チョコレート（オペラ社「レガート」）…375g
ブラッドオレンジピューレ…130g
無塩バター（よつ葉乳業）…33g
オレンジリキュール（コンビエ社「ソミュール・コンセントレ」）…14g
オレンジ濃縮果汁（ドーバー社「トックブランシュ・オレンジ」）…8g

［作り方］

1 Aを50℃に温める。
2 チョコレートを溶かし、50℃に温める。
3 1を混ぜながら少しずつチョコレートに加える。分離させてから、ハンドブレンダーでしっかりと乳化させる。
4 ピューレを40℃に温めて加え、混ぜる。
5 やわらかくしたバター、オレンジリキュール、濃縮果汁を混ぜながら加える。ハンドブレンダーでしっかりと乳化させる。

キャラメル

［材料］

◆直径3cm×高さ2cmの八角形型　約100個分

オレンジゼスト…1個分
45%生クリーム（森永乳業）…140g
牛乳…40g
グラニュー糖…135g
水あめ…105g
無塩バター（よつ葉乳業）…52g

［作り方］

1 オレンジゼスト、生クリーム、牛乳を沸騰直前まで温める。火を止めてふたをして10分おく。
2 グラニュー糖、水あめを鍋に入れて加熱し、キャラメルを作る。
3 濃く色づいたら、バターを加え、混ぜながら温めた1を数回に分けて加え、シノワで漉す。

型どり

［材料］

◆仕込み量

57%チョコレート（オペラ社「レガート」）…50g
カカオバター…50g
チョコレート用色粉（黄色）…適量
39%ホワイトチョコレート（バリーカレボー社「カルマ／ヌイブラン」）…適量

［作り方］

1 チョコレートとカカオバターを合わせて溶かし、28℃にしてチョコレートピストレに入れ、20℃に調温した型にピストレする。
2 固まったらチョコレート用色粉（黄色）を28℃にしてチョコレートピストレに入れ、型にピストレする。
3 固まったら、テンパリングしたホワイトチョコレートを流し、むらなくいきわたったらすぐに逆さまにする。上面の余分なチョコレートをスケッパーできれいにこそげ取る。

組み立て・仕上げ

［材料］

◆仕込み量

キャラメル…適量
ガナッシュ…適量
39%ホワイトチョコレート（バリーカレボー社「カルマ／ヌイブラン」）…適量

［作り方］

1 28℃に調温したキャラメルを絞り袋に入れ、型どりした型の1/4くらいまで絞る。
2 固まったら、28℃に調温したガナッシュを絞り袋に入れ、1の上から型の高さよりわずかに低い位置まで絞る。
2 18℃の環境で24時間おく。
3 テンパリングしたホワイトチョコレートを薄く流してふたをする。余分なチョコレートをスケッパーでそぎ落とす。
4 18℃の環境で24時間おく。台の上で軽く型を叩いて、でき上がったボンボン・ショコラをはずす。

Pâtisserie Miraveille
パティスリー ミラヴェイユ

フルーツをメインにするため生クリームの半量をピューレに

妻鹿祐介さんにとって、ボンボン・ショコラはフルーツが主役のお菓子だ。「フルーツの味を楽しんで、後口にカカオが残る」バランスを目指している。そのためなるべくフレッシュに近い風味のピューレを選び、合わせるチョコレートは「邪魔にならず、わかりやすい素直な味」。ガナッシュは生クリームのうち4〜6割をピューレに置き換えて作り、フルーツを思いっきり楽しむお菓子としている。

ガナッシュに使うチョコレートのうち、気に入っているのはオペラ社の「カルパノ」だ。「高級なチョコレートのイメージそのまま」の味で、いろんな素材に合ううえ扱いやすい。ただしカカオ分が70％と高いため、合わないフルーツもある。その場合は同じオペラ社の57％チョコレート「レガート」などを用いることもある。

型どりに使うホワイトチョコレートはカルマ社の「ヌイ・ブラン」。カカオバターの含有量が少ないため臭みがなく、サラサラと流動性が高い。コーティングの理想は「歯でパリンと割れて、すぐにフルーツの味があふれる薄さ」。味と食感の邪魔にならないよう、なるべく薄く、形を留める限界でかけるのに適している。また色が真っ白なのも、外側に使う理由の一つ。妻鹿さんは多種の型を使って、チョコレート用色素でカラフルなボンボン・ショコラに仕上げるが、それは「見た目に『かわいい』と感じてから食べた方がおいしいのでは」との考えから。同店では常時12種ほどを揃えているが、箱売りが中心ということもあり、新作を考えるときには色や形のバランスも考慮して開発している。

カラフルな見た目もおいしさのうち

ハート型の「パラディ」はその代表格だ。銀箔とピンクのカカオバターでグラデーションを作り、真っ白なホワイトチョコレートで型どりをする。センターはフランボワーズのガナッシュと、バラのリキュールで香りをつけたライチのパート・ド・フリュイ。華やかな見た目と味は特に女性に好評で、同店の売れ筋1位となっている。

同じぐらい人気なのが、緑色の「パッションヴェール」。2種の味を組み合わせることが多い妻鹿さんだが、これだけは「好きすぎて」単体でのガナッシュとした。パッションフルーツ・ピューレにライムの皮の香りを移し、生クリームを使わずにチョコレートと合わせる。一度分離させ、乳化させることで結びつきを強くしたガナッシュは、パッションフルーツの酸味にライムの皮の苦味がアクセントだ。ガナッシュに生クリームをまったく加えない分、チョコレートは40％ミルクチョコレート「ジヴァラ・ラクテ」をメインとした。乳味の強いチョコレートだが、フルーツの酸味と合い、ちょうどいいバランスを実現している。

黄色い「キャラメル オランジュ」は、ブラッドオレンジのピューレのガナッシュ。オレンジの皮で香りをつけたキャラメルを組み合わせ、コクを足した。

カカオ型の「キャラメル」は、ブロンドチョコレート「ドゥルセ」をベースにしたキャラメルのガナッシュ。生キャラメルを一旦作り、チョコレートに少しずつ加えて分離させ、再度乳化させている。ホワイトチョコレートをキャラメリゼしたブロンドチョコレートは、キャラメルとの相性も抜群。まろやかで香ばしく、アクセントの塩が食後の印象を強めている。

「トンカヴァニーユ」はトンカ豆を主役に据えた変わり種だ。「カルパノ」と「ジヴァラ・ラクテ」をブレンドし、バニラでサポートすることで、癖のあるトンカ豆を甘いイメージにまとめている。

日本ではまだ専門店が少なかった2008年、妻鹿さんは渡仏してロレーヌのショコラトリーで経験を積んだ。独立後もボンボン・ショコラは冬期限定販売だったが、2017年1月にショーケースを増設。ボンボン・ショコラは今や通年の人気商品となっている。

Relation
entre les gâteaux et le café

ルラシオン・アントル・レ・ガトー・エ・ル・カフェ

オーナーシェフパティシエ　野木将司

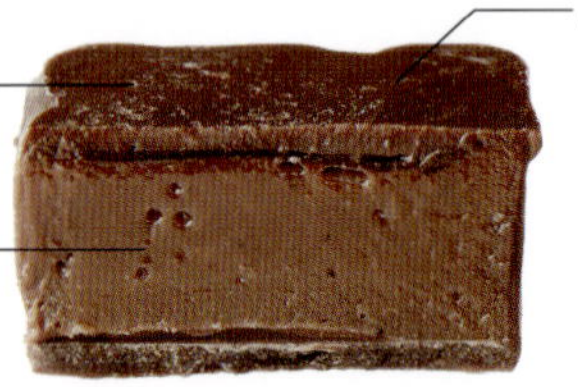

カプチーノ

カシス

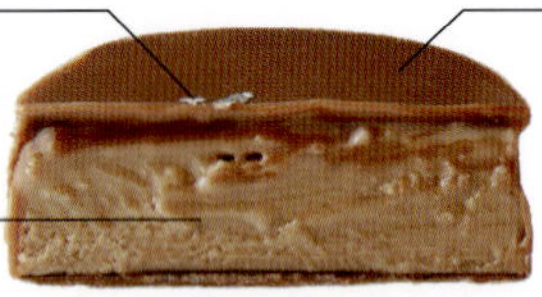

パレ・ダルジャン

フランボワーズ

エレガンス

カプチーノ
カシス
パレ・ダルジャン
フランボワーズ
提供期間：各通年
各220円（税別）

エレガンス
提供期間：通年
3個入り660円（税別）

カプチーノ

ガナッシュ

［材料］

◆34cm×34cm カードル1台分

33%ミルクチョコレート（ヴァローナ社「タナリヴァ・ラクテ」）…777g

A
- 35%生クリーム（森永乳業）…310g
- コーヒー豆（丸山珈琲「エスプレッソブレンド」／粗挽き）…50g
- インスタント粉末コーヒー（ネスカフェ）…8.9g
- トリモリン（転化糖）…87g

無塩バター（森永乳業／2〜3cm角にカットしたもの）…135g

［作り方］

1 チョコレートは手作業でテンパリングする。仕上がりの温度帯：31℃〜33℃。

2 鍋にAを入れて火にかけ、ひと煮立ちさせる。火を止めてふたをし、約4分蒸してコーヒーの風味を移す。

3 ボウルに1を入れる。2を漉しながら加えてハンドブレンダーで混ぜ、乳化させる。

4 3にバターを加え、全体にいきわたるようにハンドブレンダーで混ぜる。

5 ギターシートを敷き、テンパリングしたチョコレート（分量外）を流して薄く全体にのばす。その上にカードルをおき、4を流して表面を平らにならす。16℃の環境に約1日おいて固める。

シャブロネ・ギッターでカットする

［材料］

◆34cm×34cm カードル1台分（2.5cm×2.5cm×高さ1cm　約300個分）

ガナッシュ…34cm×34cm カードル1台分

61%チョコレート（ヴァローナ社「エクストラ・ビター」）…適量

［作り方］

1 冷やしたガナッシュはカードルをはずし、上部全面にテンパリングしたチョコレートをごく薄くパレットナイフで塗る。

2 2.5cm幅にセットしたギッターでカットする。16℃の環境に48時間おく。

トランペ・仕上げ

［材料］

◆2.5cm×2.5cm×高さ1cm　約300個分

61%チョコレート（ヴァローナ社「エクストラ・ビター」）…適量

ガナッシュ…適量

インスタント粉末コーヒー（ネスカフェ）…適量

［作り方］

1 チョコレートをテンパリングし、コーティング用チョコレートを作る。仕上がりの温度帯：31℃〜33℃。

2 カットしたガナッシュをチョコレートフォークにのせてトランペし、OPPシートにのせて表面を乾かす。

3 2の上部に粉末コーヒーをかけ、OPPシートをつける。チョコレートが乾いたら、シートをはがす。

カシス

コンフィ・ド・カシス

［材料］

◆直径3cm×深さ1.5cmドーム型　192個分

A

- カシスピューレ…175g
- リンゴジュース…50g
- ペクチン…4g
- グラニュー糖…25g
- イソマルト…62g

B

- グラニュー糖…110g
- 水あめ…57g

クレーム・ド・カシス（カシスリキュール）…25g

［作り方］

1 鍋にAを入れて火にかけ、ひと煮立ちさせる。火を弱めてよく混ぜ、砂糖類を溶かす。

2 1にBを加えて混ぜる。弱火で煮詰めて、糖度をブリックス68～72°に調節する。

3 火を止め、クレーム・ド・カシスを加えて混ぜる。シリコンマットに流して、適度に固まったら、フードプロセッサーに移して絞りができるかたさまで撹拌する。

ガナッシュ

［材料］

◆直径3cm×深さ1.5cmドーム型　192個分

40％ミルクチョコレート…620g
56％チョコレート…65g
カシスピューレ…280g
トリモリン（転化糖）…60g
無塩バター（森永乳業／2～3cm角にカットしたもの）…100g
水あめ…55g
クレーム・ド・カシス（カシスリキュール）…9g

［作り方］

1 2種のチョコレートは手作業でテンパリングする。仕上がりの温度帯：31℃～33℃。

2 1にカシスピューレ、トリモリンを加え、ハンドブレンダーで混ぜる。

3 2にバターを加え、全体にいきわたるようにハンドブレンダーで混ぜる。

4 3に、水あめとクレーム・ド・カシスを加えて混ぜる。バットに移し、粗熱をとる。

型どり

［材料］

◆直径3cm×深さ1.5cmドーム型　192個分

61％チョコレート…適量
チョコレート用色素（赤）…適量

［作り方］

1 チョコレートをテンパリングし、チョコレート用色素を加えて混ぜる。

2 台にOPPシートを敷いて型をおき、1を流す。

3 型を叩いて空気を抜き、全体にチョコレートをむらなくいきわたらせる。すぐに型を逆さまにして余分なチョコレートを出す。

4 型についた余分なチョコレートをスケッパーできれいにこそげ取り、OPPシートを敷いた台の上に逆さまにしておいておく。充分に余分なチョコレートが下に落ちたら、上に返してチョコレートを乾かす。

組み立て・仕上げ

［材料］

◆直径3cm×深さ1.5cmドーム型　192個分

コンフィ・ド・カシス…適量
ガナッシュ…適量
61％チョコレート…適量
チョコレート用色素（赤）…適量

［作り方］

1 コンフィ・ド・カシスを絞り袋に入れ、型どりした型の高さ1/3程度まで絞る。型を叩いて表面を平らにならす。

2 ガナッシュを絞り袋に入れ、1の上部に絞る。型を叩いて表面を平らにならし、冷蔵庫で冷やす。

3 チョコレートをテンパリングし、チョコレート用色素を加えて混ぜる。仕上がりの温度帯：31℃～33℃。

4 3を、2の上部に流してふたをする。余分なチョコレートをスケッパーでそぎ落とす。

5 チョコレートが固まったら、台の上で軽く型を叩いて、でき上がったボンボン・ショコラをはずす。

パレ・ダルジャン

プラリネ

［材料］

◆34cm×34cm カードル1台分

40%ミルクチョコレート（ヴァローナ社「ジヴァラ・ラクテ」）…155g

A
- プラリネノワゼット…855g
- カカオバター…60g

フィヤンティーヌ　130g

［作り方］

1 チョコレートは手作業でテンパリングする。仕上がりの温度帯：31℃～33℃。
2 ボウルにAを入れて混ぜる。1を数回に分けて加え、混ぜる。
3 2に、フィアンティーヌを加えてさっくりと混ぜる。
4 ギターシートを敷き、テンパリングしたチョコレート（分量外）を流して薄く全体にのばす。その上にカードルをおき、3を流して表面を平らにならす。16℃の環境に約1日おいて固める。

セルクルで抜く

［材料］

◆仕込み量

61%チョコレート…適量

［作り方］

1 冷やしたガナッシュはカードルをはずし、上部全面にテンパリングしたチョコレートをごく薄くパレットナイフで塗る。
2 1を、直径3cmのセルクルで抜く。

トランペ・仕上げ

［材料］

◆直径3cm×高さ1cm　119個分

40%ミルクチョコレート（ヴァローナ社「ジヴァラ・ラクテ」）…適量
銀箔…適量

［作り方］

1 チョコレートをテンパリングする。仕上がりの温度帯：31℃～33℃。
2 型抜きしたガナッシュをチョコレートフォークにのせてトランペし、OPPシートにのせて表面を乾かす。
3 表面のチョコレートが乾いたら、銀箔を中央に貼りつける。

フランボワーズ

ガナッシュ

[材料]

◆34cm×34cm カードル1台分

61%チョコレート…430g
フランボワーズピューレ…225g
トリモリン(転化糖)…55g
無塩バター(森永乳業/2〜3cm角にカットしたもの)…72g
オー・ド・ヴィー・フランボワーズ(フルーツブランデー)…10g

[作り方]

1 チョコレートは手作業でテンパリングする。仕上がりの温度帯:31℃〜33℃。
2 1に、フランボワーズピューレとトリモリンを加えて混ぜる。
3 2にバターを加え、全体にいきわたるように手早く混ぜる。オー・ド・ヴィー・フランボワーズを加えて混ぜる。
4 ギターシートを敷き、テンパリングしたチョコレート(分量外)を流して薄く全体にのばす。その上にカードルをおき、3を流して表面を平らにならす。16℃の環境に約1日おいて固める。

シャブロネ・ギッターでカットする

[材料]

◆34cm×34cm カードル1台分
(3cm×2.25cm×高さ0.5cm 165個分)

ガナッシュ…34cm×34cm カードル1台分
61%チョコレート…適量

[作り方]

1 冷やしたガナッシュはカードルをはずし、上部全面にテンパリングしたチョコレートをごく薄くパレットナイフで塗る。
2 ギッターを縦3cm幅、横2cm幅にセットし、1をカットする。

トランペ・仕上げ

[材料]

◆3cm×2.25cm×高さ0.5cm 165個分

61%チョコレート…適量
ガナッシュ…34cm×34cm カードル1台分
フランボワーズ(フリーズドライ)…適量

[作り方]

1 チョコレートをテンパリングする。仕上がりの温度帯:31℃~33℃。
2 カットしたガナッシュをチョコレートフォークにのせてトランペし、OPPシートにのせる。表面のチョコレートが乾く前に、フランボワーズをつける。

エレガンス

キャラメル バニラ

［材料］

◆直径4cm×深さ2mmの型　55個分

グラニュー糖…67g
水あめ…33g
35%生クリーム（森永乳業）…100g
A
- ホワイトチョコレート…40g
- カカオバター…5g
- トリモリン…20g
- バニラビーンズ…0.2g

無塩バター（森永乳業）…4g
バニラエッセンス（「バニラエキストラクト」）…0.1g

［作り方］

1 鍋にグラニュー糖と水あめを入れて火にかけ、色づくまで煮詰める。火からおろす。
2 1に、沸騰直前の生クリームを加えて、ハンドブレンダーで混ぜる。
3 2にAを加えてハンドブレンダーで混ぜ、乳化させる。
4 3にバターを加え、全体にいきわたるようにハンドブレンダーで混ぜる。バニラエッセンスを加えて混ぜ、バットなどに移して粗熱をとる。

※キャラメルがゆるすぎても冷えすぎても、組み立て時の絞りがむずかしいため、かたさの見極めが重要。

型どり

［材料］

◆直径4cm×深さ2mmの型　55個分

61%チョコレート…適量

［作り方］

1 チョコレートをテンパリングする。仕上がりの温度帯：31〜33℃。
2 台にOPPシートを敷いて型をおき、1を流す。
3 2の型を叩いて空気を抜き、全体にチョコレートをむらなくいきわたらせる。すぐに型を逆さまにして余分なチョコレートを出す。
4 型についた余分なチョコレートをスケッパーできれいにこそげ取り、OPPシートを敷いた台の上に逆さまにしておいておく。充分に余分なチョコレートが下に落ちたら、上に返してチョコレートを乾かす。

組み立て・仕上げ

［材料］

◆直径4cm×深さ2mmの型　55個分

キャラメル バニラ…適量
35%チョコレート…適量

［作り方］

1 キャラメル バニラを絞り袋に入れ、型どりした型に少量絞る。17℃の冷蔵庫で1〜2日冷やし固める。
2 チョコレートをテンパリングする。仕上がりの温度帯：31℃〜33℃。
3 1の上部全体に2を流す。軽く型を叩き、型全体にチョコレートをいきわたらせる。余分なチョコレートをスケッパーでそぎ落とす。
4 チョコレートが固まったら、台の上で軽く型を叩いて、でき上がったボンボン・ショコラをはずす。

好みのショコラを選べるよう味や色合いにバリエをつける！

野木将司シェフは、バリスタの奥様とともに、2013年、東京・世田谷『ルラシオン』を開業した。

色とりどりの華やかなプティ・ガトーのショーケースの横に、約10種のボンボン・ショコラが通年並ぶ。

「私が作るボンボンは、基本的に自分が好きな味を表現しています。好みの違うたくさんのお客様に楽しんでいただけるよう、味や色、形などすべて違うタイプを用意しています」。

野木シェフが考える理想のボンボン・ショコラとは、「コーティングチョコが薄くてパリッと歯応えがよく、センターのガナッシュはやわらかく口溶けがよい」状態だといい、そのバランスこそが「おいしい」と感じさせる基本であると考える。

その理想のボンボンを表現するために、労力を惜しまず、テンパリングとコーティングは手作業で行う。「状態のよいボンボンを作るためには、技術の問題以前に、環境が大事です。作業場の室温と湿度によって、テンパリングの状態やコーティングの仕上がりが異なってしまいます」。

野木シェフが考えるベストな環境は、室温18〜20℃、湿度60％以下である。一定の環境を通年保つことで、よりクオリティの高いボンボン製造を目指したいといい、将来、ショコラ専用のラボを店舗隣に設置する予定だという。

2㎜のうすいコイン型で新たなボンボンに挑戦する

2016年に、取引先の「カカオバリー」からコイン型（直径4㎝×深さ2㎜／55個どり）を紹介してもらったことがきっかけで、野木シェフは新作「エレガンス」（P154参照）を考案した。プティ・ガトーにも使っているバニラ風味のキャラメルを、61％チョコレートでまとった一品だ。

型の深さが2㎜と浅いので、キャラメルを挿入する空間を確保するためには、型どりのチョコレートは、ごく薄くつける必要がある。薄づきにするためには、テンパリング時のチョコレートを31〜33℃に仕上げ、高い流動性を保っておくことが重要になる。

さらに、作り方のポイントが2つある。一つは、仕込んだキャラメルはゆるいリキッド状であるため、ほどよく冷やし、絞り袋で絞れる状態にしてから作業すること。二つめは、キャラメルを型に絞ったあと、17℃の冷蔵庫で1〜2日充分に冷やし固めてから、上部をチョコレートでコーティングすることにある。

「エレガンス」は形状が薄いことで、口に入れた際のパリッという食感が高まり、ドーム型とは違う食べ心地の楽しさや、見栄えの新鮮さを表現している。

ほか、ボンボン・ショコラの中でも人気が高い「カプチーノ」（P150参照）は、同店で提供するコーヒーを抽出する豆（丸山珈琲「エスプレッソブレンド」）を活用し、コーヒー本来の上質な味と香りを表現。生クリームに、粗挽きのコーヒー豆を加えて煮出すほか、粉末のインスタントコーヒーを加え、より香り高く仕上げた。

「コーヒーの風味を全面に出したいため、ガナッシュやコーティングのチョコレートは個性が突出しすぎないタイプを選びました」という野木シェフ。様々なチョコレートを吟味し、ガナッシュにはヴァローナ社「タナリヴァ・ラクテ」を、コーティング用にはヴァローナ社「エクストラ・ビター」を使っている。

また、ショコラ製造にはスピードが鍵であると考え、作業効率の向上に努め、かつ作業の工夫もする。「カシス」（P151）に使う「コンフィ・ド・カシス」の扱いを例に挙げる。仕込んだら、シリコンマットに流し常温で冷やし固め、固まったらフードプロセッサーで攪拌し、絞れる硬さにし、絞る。熱い時は柔らかいがチョコが溶けてしまい、冷えると固まって絞ることができないので、この方法で作っている。

Chocolatier EauRouge

ショコラティエ オウルージュ

シェフショコラティエ 足立晃一

クリオロ75

メキシコ66

ベネズエラ72

エクアドル66

国産カカオのガナッシュ

※参考商品

メキシコ66
ベネズエラ72
エクアドル66
各400円(税込)
クリオロ75
1000円(税込)
国産カカオのガナッシュ
時価
提供期間:各11月〜翌4月

クリオロ75

クリオロ種のガナッシュ

［材料］

◆2.5cm×2.5cm×高さ1.2cm　100個分

75%クリオロ種チョコレート…325g
ミネラルウォーター…250g

［作り方］

1 刻んだチョコレートをロボクープに入れて、さらに細かくする。
2 ミネラルウォーターを沸騰させて、1に少しずつ注ぎながらロボクープを回し、乳化させる。
3 26cm×26cmの天板にアルコールスプレーを吹きつけ、ラップフィルムを敷いてカードでならして気泡を抜く。
4 3に2を流して、天板を台に軽く叩きつけてガナッシュを平らにならす。冷蔵庫でひと晩エージングさせる。

ギッターでカットする

［材料］

◆仕込み量

ガナッシュ…26cm×26cmの天板　1枚分

［作り方］

1 ギッターで2.5cm×2.5cmにカットする。

トランペ・仕上げ

［材料］

ガナッシュ…適量
65%チョコレート…適量

［作り方］

1 ガナッシュをエンローバーでトランペし、ラップフィルムを敷いた天板に並べ、20℃の環境で24時間おく。

メキシコ 66

メキシコ 66 のガナッシュ

［材料］

◆2.5cm×2.5cm×高さ1.2cm　100個分

66%クリオロ種・フォラステロ種
　チョコレート…325g
45%生クリーム…200g
牛乳…50g

［作り方］

1 刻んだチョコレートをロボクープに入れて、さらに細かくする。
2 生クリームと牛乳を合わせて沸騰させて、1に少しずつ注ぎながらロボクープを回し、乳化させる。
3 26cm×26cmの天板にアルコールスプレーを吹きつけ、ラップフィルムを敷いてカードでならして気泡を抜く。
4 3に2を流して、天板を台に軽く叩きつけてガナッシュを平らにならす。冷蔵庫で1晩エージングさせる。

ギッターでカットする

［材料］

◆仕込み量

ガナッシュ…26cm×26cmの天板　1枚分

［作り方］

1 ギッターで2.5cm×2.5cmにカットする。

トランペ・仕上げ

［材料］

◆仕込み量

ガナッシュ…適量
65%チョコレート…適量

［作り方］

1 ガナッシュをエンローバーでトランペし、ラップフィルムを敷いた天板に並べ、20℃の環境で24時間おく。

ベネズエラ 72

ベネズエラ 72 のガナッシュ

[材料]

◆2.5cm×2.5cm×高さ1.2cm　100個分

72%ベネズエラ種チョコレート…325g
47%生クリーム…50g
牛乳…200g

[作り方]

1 刻んだチョコレートをロボクープに入れて、さらに細かくする。
2 生クリームと牛乳を合わせて沸騰させて、1に少しずつ注ぎながらロボクープを回し、乳化させる。
3 26cm×26cmの天板にアルコールスプレーを吹きつけ、ラップフィルムを敷いてカードでならして気泡を抜く。
4 3に2を流して、天板を台に軽く叩きつけてガナッシュを平らにならす。冷蔵庫で1晩エージングさせる。

ギッターでカットする

[材料]

◆仕込み量

ガナッシュ…26cm×26cmの天板　1枚分

[作り方]

1 ギッターで2.5cm×2.5cmにカットする。

トランペ・仕上げ

[材料]

ガナッシュ…適量
65%チョコレート…適量

[作り方]

1 ガナッシュをエンローバーでトランペし、ラップフィルムを敷いた天板に並べ、20℃の環境で24時間おく。

エクアドル 66

エクアドル 66のガナッシュ

［材料］

◆2.5cm×2.5cm×高さ1.2cm　100個分

66%エクアドル種チョコレート…300g
45%生クリーム…75g
牛乳…200g

［作り方］

1 刻んだチョコレートをロボクープに入れて、さらに細かくする。
2 生クリームと牛乳を合わせて沸騰させて、1に少しずつ注ぎながらロボクープを回し、乳化させる。
3 26cm×26cmの天板にアルコールスプレーを吹きつけ、ラップフィルムを敷いてカードでならして気泡を抜く。
4 3に2を流して、天板を台に軽く叩きつけてガナッシュを平らにならす。冷蔵庫で1晩エージングさせる。

ギッターでカットする

［材料］

◆仕込み量

ガナッシュ…26cm×26cmの天板　1枚分

［作り方］

1 ギッターで2.5cm×2.5cmにカットする。

トランペ・仕上げ

［材料］

◆仕込み量

ガナッシュ…適量
65%チョコレート…適量

［作り方］

1 ガナッシュをエンローバーでトランペし、ラップフィルムを敷いた天板に並べ、20℃の環境で24時間おく。

国産カカオのガナッシュ

※参考商品

ボンボン・ショコラではありませんが、国産カカオの存在を紹介したいというシェフの希望により掲載しています。

国産カカオのクーベルチュール

［材料］

◆仕込み量

国産カカオの実…9玉（内容量565g）
酵母…1つまみ
北海道産てん菜糖、あるいは沖縄産
　サトウキビ糖…好みの分量

［作り方］

1 カカオの実を半分に割り、種子を取り出す。
2 小さめのボウルに入れ、酵母1つまみを加える。嫌気性のため、空気を入れないようにラップフィルムをかける。30℃を維持しながら、10日間発酵させる。
3 3日ほど経つとエタノール臭が出てくる。乳酸菌、酢酸菌の好気性の発酵に移行するため、ラップフィルムを取り除き、空気を含むように攪拌する。
4 10日経つ頃には、種子を覆っていたパルプもなくなり、発酵が鈍化し、自然乾燥の作業に入る。
5 120℃のオーブンで種子を焙焼し、1晩おいてエージングさせる。
6 種子の殻や薄皮を取り除き、カカオニブのみの状態にする。
7 フードプロセッサーでカカオニブを微粒子に粉砕する。てん菜糖、あるいはサトウキビ糖を加え、グラニュー糖の結晶くらいの大きさまで粉砕する。
8 すり鉢に移し替え、さらに細かく粉砕する。ラップフィルムをかけて1週間おき、熟成させる。

国産カカオのガナッシュ

［材料］

◆仕込み量

国産カカオのクーベルチュール…適量
45%生クリーム…クーベルチュールと同量

［作り方］

1 刻んだチョコレートをロボクープに入れて、さらに細かくする。
2 生クリームを沸騰させて、1に少しずつ注ぎながらロボクープを回し、乳化させる。
3 26cm×26cmの天板にアルコールスプレーを吹きつけ、ラップフィルムを敷いてカードでならして気泡を抜く。
4 3に2を流して、天板を台に軽く叩きつけてガナッシュを平らにならす。高さは約1.5cmになる。冷蔵庫で1晩エージングさせる。
5 ギッターで2.5cm×3cmにカットする。

Chocolatier EauRouge

ショコラティエ オウルージュ

原産地によって異なる味と香り、カカオの特性を活かしきる

東海道新幹線・三島駅のほど近くにあるショコラティエ「オウ・ルージュ」。オーナーシェフの足立晃一さんは、静岡県内のパティスリーで修行を重ね、２００７年にショコラティエとして独立した。

最上級のチョコレート（クーベルチュール）を使用し、カカオの原産地、品種、カカオ含有率別にボンボン・ショコラを制作している。

「単一生産国のカカオの風味を活かすため、チョコレート以外の材料は極力入れません」と、余計な甘さが加わるトレモリンなども使わない。本来ならば、口溶けをよくするために加えるバターも、「味に対してシンプルにしたいので」とあえて入れていない。

足立シェフ自身がもっとも好んでいるという「クリオロ75」は、クリオロ種・カカオ分75%のチョコレートとミネラルウォーターだけで作り上げるというから、驚かされる。水分とチョコレートを乳化する際には、できるだけ早く溶かし、空気を入れないで乳化させることが肝要。そのためには細かく砕いたチョコレートをロボクープでさらに細かく粉砕してから、沸騰したミネラルウォーターを注ぎ、撹拌する。これが口溶けをなめらかにするポイントで、生クリームや牛乳を加える場合も同様だという。「クリオロ75」は砂糖類を加えないため、製造・販売のサイクルが短く、店で食べるのみというスタイルを貫いている。

温度・湿度に応じたショコラの作り方をすることは、ショコラティエ、パティシエならば誰もがおこなっていることだが、足立シェフは気温が23℃以上になると一切作らないという徹底ぶり。どうしても、ショコラが溶けて、風味も口溶けも落ちてしまうからだ。

「桜が咲く頃から11月までは店を閉めてしまう。その潔さがよいとほめてくれるお客様が多いのです」という通り、持ち帰りができる商品でも、保冷バッグや保冷材を準備してくる顧客がほとんどで、なかには温度管理ができるからと、車にワインセラーを積んでくる常連客もいるという。

「メキシコ66」はメキシコ産・カカオ分66%のチョコレートと、乳脂肪分45%のコクのある生クリームを使い、生クリームの1/4量の牛乳を加えて分離しにくい水分量にしている。

「ベネズエラ72」はベネズエラ産・カカオ分72%のチョコレートに乳脂肪分47%の生クリームと生クリームの4倍量の牛乳を合わせる。

ここで注目したいのは、カカオ分の高いチョコレートに対して、水分のバランスを変えて、乳脂肪分をコントロールし、分離を防ぐ工夫である。乳化をきちんとさせることで、口の中で抵抗なく溶けるなめらかな食感が得られる。

気温が低くても硬く締まらない真冬専用レシピ

真冬専用のレシピを使った「エクアドル66」は、通常のレシピのチョコレートが３２５ｇに対して水分量が２５０ｇを、チョコレートを３００ｇに、水分量を２７５ｇ（45%生クリーム75ｇ、牛乳２００ｇ）に変えている。「相対的に水分が多く、やわらかいガナッシュになります。気温が低くても締まらずに、ほかの季節と変わらない食感が得られます」という足立シェフ。「日々、レシピを変化・向上させる意識を持つことが大切」だと考え、研鑽し続けている。

足立シェフを語るうえではずせないのが、国産カカオ。「伊豆の温泉を利用して国産カカオを栽培」するプロジェクトに取り組み、多量の論文を入手・研究し、日本で安定してカカオを発酵させる方法を考案した。２０１４年2月、初の「国産ボンボン・ショコラ」を作ることができた。残念ながら、現在プロジェクトは休止しているが、店の2階では国産カカオを栽培し続けており、「国産カカオでショコラを」という意欲は失われていない。妥協を知らないショコラ作りはどこまでいくのか、足立シェフのファンならずとも、目が離せないだろう。

Patisserie LES TEMPS PLUS

パティスリー レタンプリュス

オーナーシェフ　熊谷治久

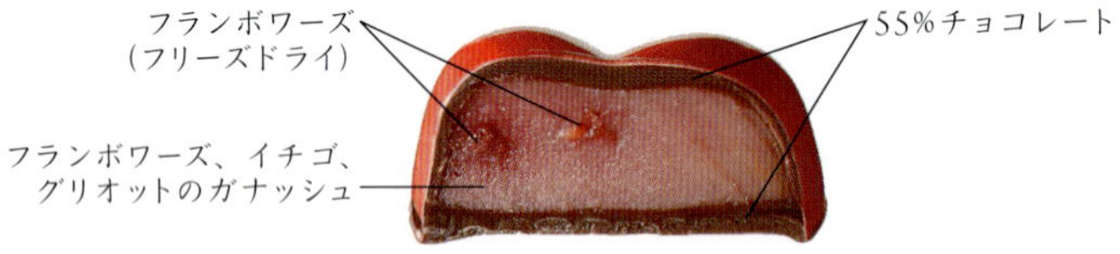

クール

セザム

サンサシオン

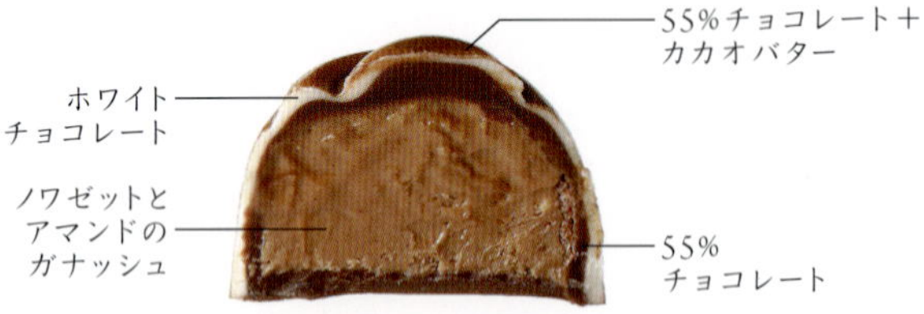

プラリネ

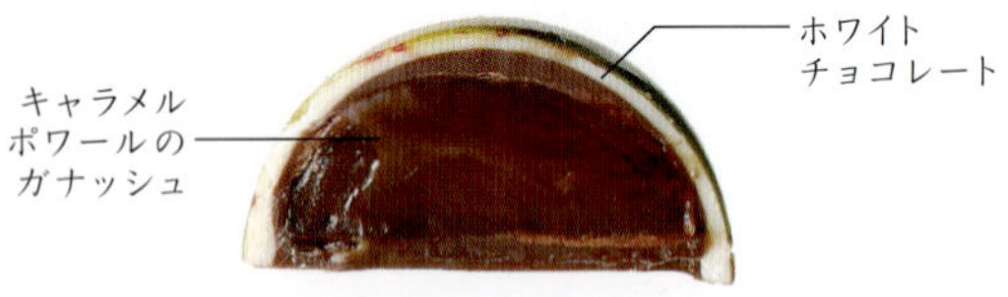

キャラメルポワール

クール
セザム
サンサシオン
プラリネ
キャラメルポワール
提供期間：各通年
各220円（税込）

クール

ガナッシュ

［材料］

◆1枚24個のハート型3枚　72個分

A
- フランボワーズ・ピューレ…45g
- イチゴ・ピューレ…35g
- グリオット・ピューレ…35g
- 転化糖…12g
- 水飴…12g

35%ホワイトチョコレート…230g
無塩バター…40g
キルシュ…12g
フランボワーズ(フリーズドライ)…10g

［作り方］

1 鍋にAの材料を入れて火にかけ、沸かす。
2 溶かしたホワイトチョコレートに1の1割を加え、一度分離させる。
3 2に残りの1を少しずつ加えてゴムベラで混ぜ、乳化させる。
4 3にバターを加えてゴムベラで混ぜ、乳化させる。
5 キルシュを加える。
6 フランボワーズを加えて混ぜる。

型どり

［材料］

◆仕込み量

チョコレート用色素(赤、白)…適量
55%チョコレート(ヴァローナ社「エクアトリアール・ノワール」)…適量

［作り方］

1 チョコレート用色素を混ぜてピンク色に調整し、型に吹き付けておく。テンパリングして30.8〜30.5℃に調温したチョコレートを流し、余分を落とす。固める。

組み立て・仕上げ

［材料］

55%チョコレート(ヴァローナ社「エクアトリアール・ノワール」)…適量
ガナッシュ…適量

［作り方］

1 型どりした型に、ガナッシュを流す。冷蔵庫に入れ、10〜15分間おく。
2 テンパリングしたチョコレートでふたをする。冷蔵庫に入れ、10分間位おく。
3 型からはずす。

セザム

プラリネ　セザム

［材料］

◆仕込み量

グラニュー糖…250g
水…75g
アーモンド（皮むき、ロースト）…250g
炒りごま（白）…250g
フルール・ド・セル…2g

［作り方］

1 鍋にグラニュー糖と水を入れて火にかけ、117℃まで煮詰める。
2 アーモンドを加えて火を止め、混ぜてシロップを糖化させる。
3 再び火にかける。砂糖がキャラメル色になったら、炒りごまを加えて混ぜる。
4 フルール・ド・セルを加えて混ぜる。
5 天板に薄く伸ばし、粗熱を取る。
6 粗熱が取れたらロボクープにかけて細かく砕く。
7 ローラーにかけてペースト状にする。

ガナッシュ

［材料］

◆2.5cm×2.5cm×高さ1.2cm　120個分

プラリネ・セザム…480g
40%ミルクチョコレート（ヴァローナ社「ジヴァラ・ラクテ」）…120g
カカオバター…35g
炒りごま（白）…35g
フィヤンティーヌ…35g

［作り方］

1 鍋にプラリネ・セザム、溶かしたミルクチョコレート、カカオバターを入れ、ゴムベラで混ぜる。
2 炒りごま、フィヤンティーヌを加えてゴムベラで混ぜる。
3 2をまとめる。大理石の上にOPPシートを敷き、バールで枠を作る。空気が入らないようにして1.2cm厚に伸ばす。20℃の環境でひと晩おく。

シャブロネ・ギッターでカットする

［材料］

◆仕込み量

55%チョコレート（ヴァローナ社「エクアトリアール・ノワール」）…適量
ガナッシュ…適量

［作り方］

1 ガナッシュの表面に溶かしたチョコレート（テンパリングはしない）を薄く塗る。
2 ギッターで2.5×2.5cmにカットする。

トランペ・仕上げ

［材料］

◆仕込み量

55%チョコレート（ヴァローナ社「エクアトリアール・ノワール」）…適量
ガナッシュ…適量
炒りごま（白）…適量

［作り方］

1 チョコレートをエンローバーにセットする。カットしたガナッシュをベルトの上に、隙間を空けて手で並べ、エンローバーでトランペする。
2 表面に炒りごまを飾る。
3 20℃の室温にひと晩おき、乾燥させる。

サンサシオン

パート・ド・フリュイ

［材料］

◆3cm×2cm×高さ1.2cm　80個分

グラニュー糖…163g
ペクチン…4g
アプリコット・ピューレ…125g
水あめ…42g
クエン酸溶液（水1：クエン酸1）…3g

［作り方］

1 グラニュー糖13gとペクチンをあらかじめ合わせておき、アプリコット・ピューレを加えてダマにならないようによく混ぜる。
2 火にかけて沸騰させる。
3 2に残りのグラニュー糖150gと、少し温めてゆるくした水あめを数回に分けて加える。
4 106℃まで煮詰め、クエン酸溶液を加える。
5 シルパットの上にバールで20×24cmの枠を作り、4を流す。
6 完全に熱が取れたらバールをはずし、あらためて1.2cm厚のバールを組み合わせてはめる。

ガナッシュ

［材料］

◆3cm×2cm×高さ1.2cm　80個分

35%生クリーム…110g
コリアンダーシード…6g
転化糖…35g
40%ミルクチョコレート（ヴァローナ社「ジヴァラ・ラクテ」）…260g
無塩バター…42g

［作り方］

1 鍋に生クリームを入れて火にかけ、沸かす。
2 火を止めてミルミキサーで粉砕したコリアンダーシードを加える。ラップをかけて約30分間おき、アンフュゼする。目の細かいふるいで漉す。
3 2を計量し、110gになるように転化糖を加える。再度火にかけて沸かす。
4 溶かしたミルクチョコレートに3の1割を加え、一度分離させる。
5 4に残りの3を少しずつ加え、ゴムベラで混ぜて乳化させる。ハンドブレンダーで整える。
6 ポマード状にしたバターを加えて混ぜる。

組み立て・ギッターでカットする

［材料］

◆仕込み量

パート・ド・フリュイ…適量
ガナッシュ…適量

［作り方］

1 パート・ド・フリュイの上にガナッシュを流す。20℃の室温でひと晩おく。
2 ギッターで3cm×2cmにカットする。

トランペ・仕上げ

［材料］

◆仕込み量

55%チョコレート（ヴァローナ社「エクアトリアール・ノワール」）…適量
ガナッシュ…適量
コリアンダーシード…ボンボン・ショコラ1個につき1粒

［作り方］

1 チョコレートをエンローバーにセットする。カットしたガナッシュをベルトの上に、隙間を空けて手で並べ、エンローバーでトランペする。
2 表面にコリアンダーシードを飾る。
3 20℃の室温にひと晩置き、乾燥させる。

プラリネ

ガナッシュ

［材料］

◆型2枚

パート・ド・ノワゼット…40g
プラリネ・アマンド…360g
35%ミルクチョコレート(ヴァローナ社「エクアトリアール・ラクテ」)…100g
カカオバター…30g
アマンド・キャラメリゼ＊…30g
フィヤンティーヌ…30g

＊アマンド・キャラメリゼ
［材料］
アーモンド(皮むき・刻み)…100g
粉糖…20g
1 アーモンドにふるった粉糖をからめ、火にかけて弱火でキャラメリゼする。

［作り方］

1 パート・ド・ノワゼットとプラリネ・アマンドを合わせておく。
2 ミルクチョコレートとカカオバターを合わせて溶かしておく。
3 2に1を少しずつ加えながら混ぜる。
4 3にアマンド・キャラメリゼ、フィヤンティーヌを加えて混ぜる。

型どり

［材料］

◆仕込み量

55%チョコレート(ヴァローナ社「エクアトリアール・ノワール」)…適量
カカオバター…適量
35%ホワイトチョコレート(ヴァローナ社「イヴォワール」)…適量

［作り方］

1 溶かしたチョコレートとカカオバターを1対1の割合で合わせ、ピストレ用チョコレートを作る。
2 型に1を吹き付ける。
3 2にテンパリングして28℃に調温したホワイトチョコレートを流し、余分を落とす。固める。
4 3にチョコレートを流して余分を落とし、固める。

組み立て・仕上げ

［材料］

◆仕込み量

ガナッシュ…適量
35%ホワイトチョコレート(ヴァローナ社「イヴォワール」)…適量

［作り方］

1 型どりした型にガナッシュを流す。冷蔵庫に10分間入れるか、常温でひと晩おく。
2 ホワイトチョコレートでふたをする。冷蔵庫に10分間入れるか、常温でひと晩おく。
3 型からはずす。

キャラメルポワール

ガナッシュ

［材料］

◆型2枚　80個分（1個の直径3cm）

グラニュー糖…670g
水飴…120g
35%生クリーム…500g
ポワール・ピューレ…150g
パート・ド・カカオ…180g
40%ミルクチョコレート（ヴァローナ社「ジヴァラ・ラクテ」）…360g
ポワールのオー・ド・ヴィ（フランス・ジャコベール社）…30g

［作り方］

1 鍋にグラニュー糖を入れて火にかけ、キャラメルを作る。
2 1に、合わせて沸かした水飴と生クリームを加え、キャラメル化を止める。
3 2に、沸かしたポワール・ピューレを加えて混ぜる。
4 パート・ド・カカオと刻んだミルクチョコレートを合わせておく。
5 4に3を注いでゴムベラで混ぜ、乳化させる。
6 ポワールのオー・ド・ヴィを加える。

型どり

［材料］

◆仕込み量

55%チョコレート（ヴァローナ社「エクアトリアール・ノワール」）…適量
カカオバター…適量
チョコレート用色素（赤）…適量
チョコレート用色素（黄）…適量
チョコレート用色素（緑）…適量
35%ホワイトチョコレート（ヴァローナ社「イヴォワール」）…適量

［作り方］

1 溶かしたチョコレートとカカオバターを1対1の割合で合わせ、ピストレ用チョコレートを作る。
2 型に、歯ブラシにつけたチョコレート用色素（赤）をはじいて模様をつける。黄色の色素と緑色の色素をピストレで吹きつけ、1を吹き付ける。
3 テンパリングして28℃に調温したホワイトチョコレートを流して余分を落とし、固める。
4 チョコレートを流して余分を落とし、固める。

組み立て・仕上げ

［材料］

◆仕込み量

ガナッシュ…適量
35%ホワイトチョコレート（ヴァローナ社「イヴォワール」）…適量

［作り方］

1 型どりした型にガナッシュを流す。冷蔵庫に10分間くらい入れるか、常温でひと晩おく。固まらないうちにふたをすると後ではみ出てくるため、表面が結晶化するのをゆっくり待つ。
2 ホワイトチョコレートでふたをする。冷蔵庫に10分間くらい入れるか、常温でひと晩おく
3 型からはずす。

Pâtisserie LES TEMPS PLUS

パティスリー レタンプリュス

自家製プラリネやフルーツ・ピューレを活かした華やかな味わい

オーナーシェフの熊谷治久さんが『パティスリー・ドゥ・シェフ・フジウ』、『オーボンヴュータン』などで修業していることからも分かるように、落ち着いた趣の店内には生菓子、焼き菓子、タルト、ヴィエノワズリー、コンフィズリーなど多彩な商品が並ぶ。チョコレートもボンボン・ショコラはもちろん、タブレットやショコラバーなど、年間を通して10種類程度、魅力的なアイテムを揃えている。「この店にはチョコレートがあるという認識を持っていただくために、夏場でも商品を切らさないようにしている。それが冬のイベント時期の集客につながると考えています」と熊谷シェフ。

型を使用した華やかなショコラ、クール、キャラメルポワール、プラリネはどれも売れ筋の3品。真っ赤なハート型のクールは、3種類のベリーのピューレとホワイトチョコレートを合わせたガナッシュに、フルーティーなタイプのキルシュで香りづけ。プチプチした食感をプラスするためにフランボワーズ・セックを加えている。フルーツの味がクリアに出るよう、生クリームを使っていない。キャラメルポワールは、キャラメルと洋梨のピューレに、ミルクチョコレートを合わせたガナッシュ。ジャコベール社のオー・ド・ヴィのキレのある香りが効いている。洋梨をイメージし、黄、緑などで着色している。色を出すためにホワイトチョコレートを使い、味のバランスを考えてスイートチョコレートと2層にして包んでいる。

プラリネは自家製アーモンドのプラリネとパート・ド・ノワゼットにミルクチョコレートを合わせ、刻んだアーモンドとフィヤンティーヌを加えたもの。名前の通り、プラリネの香りとサクッとした食感が味わえる。

最盛期には約17種類となるボンボン・ショコラのうち、型を使用するのは3分の1程度。「カプセルの中に詰めるというイメージがあるので、エンローバーでは不可能な、柔らかいフィリングを使うことができます」。

エンローバーで仕上げる2種類のうち、サンサシオンはアプリコットのパート・ド・フリュイとコリアンダーで香り付けしたミルクチョコレートのガナッシュを2層にしている。ふたつの素材の香りの調和がポイントだが、アプリコットはガナッシュではなくパート・ド・フリュイの方が、フルーツの味わいがより鮮明に出ると考えたそうだ。もうひとつのセザムは、キャラメリゼしたアーモンドに同量の炒りごまを加え、ローラーで挽いた自家製のプラリネと、相性のよいミルクチョコレートを合わせたガナッシュ。炒りごまとフィヤンティーヌの食感がアクセントだ。

熊谷シェフは「チョコレートをより深く知りたい」と独立前にパリに渡り、2人のMOFショコラティエ〝味の彫刻家〟と呼ばれるパトリック・ロジェ、そしてフランク・ケストナーのもとで研鑽した。特にケストナー氏の店では、ごまやピーナッツ、ひまわりの種など珍しいプラリネを作っており、影響を受けたそうだ。

チョコレートは常に進化を続けるもの

ボンボン・ショコラに使用しているチョコレートはすべてヴァローナ社のもの。パティシエになった時から使っているため馴染みがあることと、他の素材と合わせた時の、〝カカオの香りの残り方〟が好きなのだと言う。伝統菓子に傾倒し、古い文献をひもとくのも好きだという熊谷シェフだが、チョコレートに関しては、進化していくものだと考えている。「技術も素材もよりよいものが出てきていますし、表現もより繊細になっています。カカオ豆の産地やローストの状態、そういうところから表現するとなると、本当に奥が深いもの。チャンスがあればいつか、ビーントゥバーにも挑戦してみたいですね」と言う。

PATISSERIE a terre

パティスリー アテール

オーナーシェフパティシエ　新井和碩

ピスターシュ

グルノーブル

テヴェール

アールグレイ

ピスターシュ
グルノーブル
テヴェール
アールグレイ
提供期間：各通年
各180円（税別）

ピスターシュ

ピスターシュのガナッシュ

［材料］

◆3cm×1.5cm×高さ1cm　200個分

アーモンドホール（マルコナ）…165g
ピスタチオホール（シシリー産）…250g
グラニュー糖…290g
水…95g
29%ホワイトチョコレート（ヴェイス社「ネヴェア」）…265g
カカオバター…50g
ピスタチオペースト…20g

［作り方］

1 アーモンドをオーブンでローストする。ピスタチオは香りが飛ばないよう、あまりローストせず温める程度にしておく。
2 グラニュー糖と水を鍋に入れて118℃まで加熱する。1を加えて火にかけ、表面が結晶化するまで木べらで混ぜ続ける。
3 2を天板に広げて、完全に熱がとれたらロボクープで粉砕する。
4 3をローラーにかけ、ペースト状にする。
5 レンジで溶かしたホワイトチョコレートとカカオバターを4に、数回に分けて合わせる。
6 5に香りをおぎなうためのピスタチオペーストを加えて、ゴムべらで混ぜ合わせる。
7 まっすぐな板の上にOPPフィルムをのせ、その上に30cm×30cm×1cmの枠をおく。枠の中に6を流して、スケッパーで表面をならし、17℃の環境でひと晩やすませる。

シャブロネ・ギッターでカットする

［材料］

◆仕込み量
（使用するのはでき上がったうちの適量）

ガナッシュ…適量
70%チョコレート（オペラ社「カルパノ」）…適量

［作り方］

1 チョコレートをテンパリングし、（45℃に上げて、26℃に下げ、再度30℃に上げる）シャブロネ用チョコレートを作る。固めたガナッシュの表面にベントパレットでごく薄く、均一に塗る。
2 すぐに固まるので上下を返して、シャブロネ用チョコレートを塗っていない面に、1と同様にチョコレート塗る。ガナッシュが柔らかい場合は、このように両面にシャブロネする。
3 3cm×1.5cmにギッターでカットし、板のうえにおいたOPPフィルムの上に、くっつかないように1つずつ離しておき、17℃の環境でひと晩やすませる。

トランペ・仕上げ

［材料］

◆仕込み量
（使用するのはでき上がったうちの適量）

70%チョコレート（オペラ社「カルパノ」）…適量
ガナッシュ…適量

［作り方］

1 エンローバーを起動し、温度設定を31℃にしてテンパリングする。
2 エンローバーのベルトにカットしたガナッシュをのせて、トランペする。随時、チョコレートフォークでななめにラインを入れていく。
3 まっすぐな板の上にロールシートごと移す。17℃の環境でひと晩やすませる。

グルノーブル

クルミのプラリネ

[材料]

◆3cm×1.5cm×高さ1cm　200個分

クルミ…280g
アーモンド…150g
グラニュー糖…285g
水…100g
35%チョコレート（ヴァローナ社「ドゥルセ」）…320g

[作り方]

1 クルミは苦味が出ない程度にオーブンでローストする。アーモンドはオーブンでしっかりローストする。
2 グラニュー糖と水を鍋に入れて118℃まで加熱し、1を加え薄いキャラメル色になるまでキャラメリゼする。
3 2を天板に移し、完全に熱がとれたらロボクープで粉砕する。
4 3をローラーにかけペースト状にする。
5 4にレンジで溶かしたチョコレートを数回に分けて混ぜ合わせる。
6 まっすぐな板の上にOPPフィルムをのせ、その上に30cm×30cm×1cmの枠をおく。枠の中に5を流して、スケッパーで表面をならし、17℃の環境でひと晩やすませる。

シャブロネ・ギッターでカットする

[材料]

◆仕込み量
（使用するのはでき上がったうちの適量）

70%チョコレート（オペラ社「カルパノ」）…適量
ガナッシュ…適量

[作り方]

1 チョコレートをテンパリング（50℃に上げて、27℃に下げ、再度31℃に上げる）し、シャブロネ用チョコレートを作る。固めたガナッシュの表面にペントパレットでごく薄く、均一に塗る。
2 すぐに固まるので、上下を返して、シャブロネ用チョコレートを塗っていない面に、1と同様にチョコレート塗る。ガナッシュが柔らかい場合はこのように両面にシャブロネする。
3 表面が固まりきるまえに3cm×1.5cmにギッターでカットし、板の上にのせたOPPフィルムの上に、くっつかないように1つずつ離しておき、17℃の環境でひと晩やすませる。

トランペ・仕上げ

[材料]

◆仕込み量
（使用するのはでき上がったうちの適量）

70%チョコレート（オペラ社「カルパノ」）…適量
ガナッシュ…適量

[作り方]

1 エンローバーを起動し、温度設定を31℃にしてテンパリングする。
2 エンローバーのベルトにカットしたガナッシュをのせて、トランペする。まっすぐな板の上にロールシートごと移し、17℃の環境でひと晩やすませる。

テヴェール

抹茶のガナッシュ

［材料］

◆2.5cm×2.5cm×高さ0.8cm　144個分

33.1%ホワイトチョコレート（バリーカレボー社「カレボー／ヴェルヴェット」）…510g
抹茶…35g
転化糖…75g
35%生クリーム…165g
無塩発酵バター…75g
抹茶リキュール…30g

［作り方］

1 ボウルにホワイトチョコレートを溶かし、抹茶を加えて泡だて器で混ぜ合わせる。
2 鍋に生クリームと転化糖を入れ、ゴムべらで混ぜながら80℃になるまで温める。
3 1に2を3回に分けて加え、ゴムべらで混ぜる。2がすべて混ざったら、バーミックスで乳化させる。
4 37〜38℃になったタイミングで室温に戻したバターを加え、さらに乳化させてから抹茶リキュールを加えて混ぜ合わせる。
5 まっすぐな板の上にOPPフィルムをのせ、その上に30cm×30cm×0.8cmの枠をおく。枠の中に4を流して、スケッパーで表面をならし、17℃の環境でひと晩やすませる。

シャブロネ・ギッターでカットする

［材料］

◆仕込み量
（使用するのはでき上がったうちの適量）

70%チョコレート（オペラ社「カルパノ」）…適量
ガナッシュ…適量

［作り方］

1 チョコレートをテンパリング（50℃に上げて、27℃に下げ、再度31℃に上げる）し、シャブロネ用チョコレートを作る。固めたガナッシュの表面にベントパレットでごく薄く、均一に塗る。
2 すぐに固まるので、上下を返して、シャブロネ用チョコレートを塗っていない面に、1と同様にチョコレート塗る。ガナッシュがやわらかい場合はこのように両面にシャブロネする。
3 表面が固まりきるまえに2.5cm×2.5cmにギッターでカットし、板の上にのせたOPPフィルムの上に、くっつかないように1つずつ離しておき、17℃の環境でひと晩やすませる。

トランペ・仕上げ

［材料］

◆仕込み量
（使用するのはでき上がったうちの適量）

70%チョコレート（オペラ社「カルパノ」）…適量
ガナッシュ…適量

［作り方］

1 エンローバーを起動し、温度設定を31℃にしてチョコレートをテンパリングする。
2 エンローバーのベルトにカットしたガナッシュをのせて、トランペする。ロールシート上に出てきたものに、随時丸い口金で模様をつけていく。
3 まっすぐな板の上にロールシートごと移し、17℃の環境でひと晩やすませる。

アールグレイ

アールグレイのガナッシュ

［材料］

◆2.5cm×2.5cm×高さ0.8cm　144個分

水…50g
アールグレイ（茶葉）…12g
35%生クリーム…230g
転化糖…60g
36.5%ミルクチョコレート（チョコヴィック社「セイロン」）…290g
64.5%チョコレート（チョコヴィック社「トバド」）…185g
無塩発酵バター…70g
オレンジ系リキュール（コンビエ社「ソミュール」）…26g

［作り方］

1 水を沸騰させ、紅茶の茶葉を加えてふたをして、3分間蒸らして香りを抽出する。
2 1に生クリームを加え80℃まで温めたら、裏漉しして茶葉を取り除く。（このとき、茶葉の開き具合により分量が減っていたら、230gになるように生クリームをおぎなう）。
3 2に転化糖を加えて、ゴムべらで軽く混ぜる。
4 2種類のチョコレートを刻んでボウルに入れ、3を3回ほどに分けて入れる。そのつどスパチュラで混ぜて乳化させる。
5 4が約37℃に下がったらバターを入れ、バーミックスで乳化させる。ソミュールを加えて混ぜる。
6 まっすぐな板の上にOPPフィルムをのせ、その上に30cm×30cm×0.8cmの枠をおく。枠の中に5を流して、スケッパーで表面をならし、17℃の環境でひと晩やすませる。

シャブロネ・ギッターでカットする

［材料］

◆仕込み量
（使用するのはでき上がったうちの適量）

38.8%ミルクチョコレート（チョコヴィック社「ハデ」）…適量
ガナッシュ…適量

［作り方］

1 ミルクチョコレートをテンパリングし、（45℃に上げて、26℃に下げ、再度30℃に上げる）シャブロネ用チョコレートを作る。固めたガナッシュの表面にペントパレットでごく薄く、均一に塗る。
2 すぐに固まるので、上下を返して、シャブロネ用チョコレートを塗っていない面に、1と同様にチョコレート塗る。
3 32.5cm×2.5cmにギッターでカットし、板の上においたOPPフィルムの上に、くっつかないように1つずつ離しておき、17℃の環境でひと晩やすませる。

トランペ・仕上げ

［材料］

◆仕込み量
（使用するのはでき上がったうちの適量）

38.8%ミルクチョコレート（チョコヴィック社「ハデ」）…適量
ガナッシュ…適量

［作り方］

1 エンローバーを起動し、温度設定を31℃にしてテンパリングする。
2 エンローバーのベルトにカットしたガナッシュをのせて、トランペする。まっすぐな板の上にロールシートごと移す。
3 2の表面にストラクチャーシートをあて、指で軽く押さえていき模様を付ける。そのまま、17℃の環境でひと晩やすませる。

移転で厨房とショーケースを拡張し、生産性が向上

「私の目指すボンボン・ショコラは、特別な日に構えて味わうようなものではなく、日常的に何気なく口に入れたときに、『なんだかおいしい！』と思っていただけるような、身近なものを理想としています」と新井シェフ。立地が郊外ということもあり、高級志向ではなく、幅広い客層が手をのばしやすいよう、1個180円という手ごろな価格設定にこだわっている。いつでも気軽に味わえるようにと、取り扱いは通年だ。

　2016年12月に同エリアでよりアクセスのいい立地に移転し、厨房が以前の倍ほど広くなったことで、ボンボン・ショコラの生産性が向上。売り場のチョコレート専用ショーケースは3倍に拡張し、夏場で約12種、冬場で約18種を店頭に並べる。厨房で新たに導入したのは、上部に大理石のマーブル台を備えたチョコレート専用冷蔵庫や、ナッツグラインダー、エンローバーだ。ナッツグラインダーを導入したことで、挽きたてのナッツで作ったプラリネの香りや味わいが格段によくなり、それをきっかけに新たに開発した「ピスターシュ」と「グルノーブル」も好評だ。ピスタチオが主となる前者も、クルミが主となる後者ともにアーモンドをほどよく補い、主役のナッツの香りが生きるようキャラメリゼの加減を調整して、グラインダーにかける。

　「ピスターシュ」は、ホールのみでは香りが強くないためピスタチオペーストを加えて仕上げている。ともにナッツの香りをダイレクトに楽しめるように、またほとんどが油脂のため防腐のために使う必要がないのでお酒は不使用だ。「当初、『グルノーブル』には相性のいいラム酒を使っていたのですが、お酒とはいえアルコール度数がそれほど高くないので、入れないほうが防腐面ではよいと学び、レシピを変更しました」とシェフ。メーカー主催の品質と配合理論をテーマにした勉強会に出席して得た知識だ。

素材の魅力を生かしたクラシックな味わいを追求

新井シェフが作るボンボン・ショコラは、特段に珍しい素材を使ったり、組み合わせを複雑化せず、ベーシックな素材を選択しているのが特徴だ。京都・宇治の抹茶を使用する「テヴェール」や、茶葉の香りを生かした「アールグレイ」も、素材自体の魅力を引き立てることに注力し、合わせるチョコレートはクセのないタイプを選択している。

　仕上げの形状は、基本的に型を使わず、ギッターでカットするタイプのみ。「特に百貨店の催事では、スプレーでカラフルに仕上げたような、華やかな商品の方が関西ではよく売れると理解しています」とのことだが、自身がピューレなどやわらかいものを中に入れるよりも〝噛める〟仕上がりを求めているのがその理由。フランスのショコラティエにあるベーシックなスタイルをイメージした、装飾の華美は求めないシンプルなビジュアルだ。「流行のものは一過性で終わってしまいますが、クラシックなものはずっと残っていくと思うので」と語ってくれた。

　ガナッシュの食感については、特段になめらかさや、やわらかさは追求しないのが信条。「やわらかい＝おいしい、という意識には違和感があって」とほどよくしっかりとした状態を目指し、マジパンやプラリネを使う場合も同様だ。「その日に売るものではないので、やわらかくしてしまうと、変形しやすく、そこからヒビが入って腐りやすくなるという衛生面での理由もあります」。

　エンローバーでトランペする際には、カバーが分厚くなるとセンターの味の特徴がぼやけてしまうので、ドライヤーで風をあてる位置を微調整して薄めにかかるように調整している。このエンローバーの導入により、ボンボン・ショコラの開発が計画的にしやすくなったとのこと。チョコレート製品全般を増やしていくという、今後の展開が楽しみだ。

Pâtisserie Chocolaterie Ordinaire

パティスリー ショコラトリー オーディネール

ショコラティエ　長谷川実由起

ブルーマウンテン

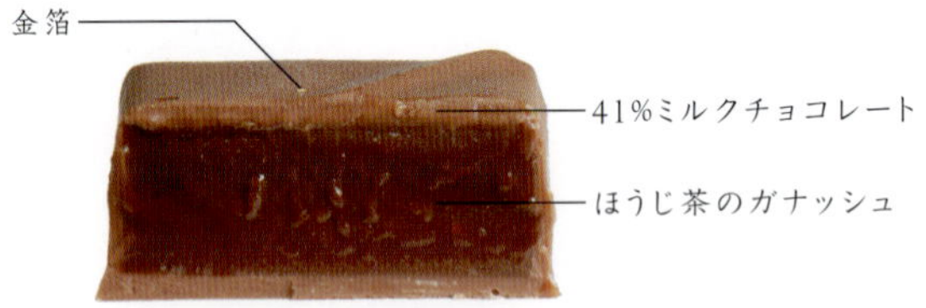

加賀棒茶

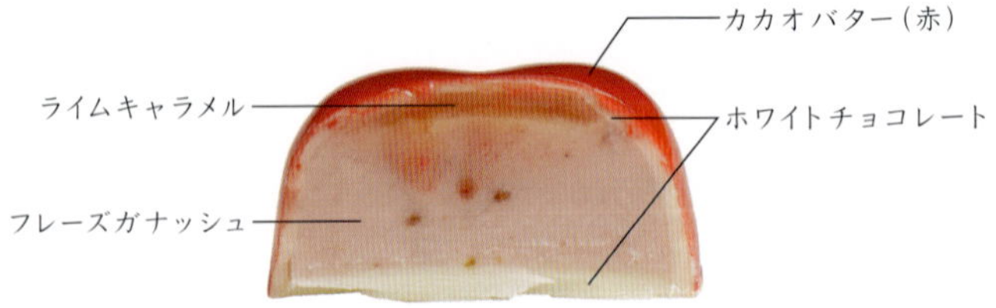

ライムフレーズ

ブルーマウンテン
提供期間:不定期

加賀棒茶
ライムフレーズ
提供期間:各10月～4月
各180円(税込)

ブルーマウンテン

ガナッシュブルーマウンテン

［材料］

◆2.5cm×2.5cm×高さ1cm　220個分

36%生クリーム（明治）…690g
転化糖…40g
70%チョコレート（ヴァローナ社
「ブルーマウンテン」）…420g
無塩バター…60g

［作り方］

1 鍋に生クリームと転化糖を入れて沸騰させる。
2 ボウルに刻んだチョコレートを入れ、1の1/3量を入れ、35～40℃でブレンダーを使い乳化させる。
3 1の残りをさらに2回に分けて加えながらゴムベラで混ぜ合わせる。
4 38℃になったら、常温に戻したバターを加え、ブレンダーで混ぜ合わせる。

ガナッシュカフェ

［材料］

◆2.5cm×2.5cm×高さ1cm　220個分

ブルーマウンテンのコーヒー豆…32g
36%生クリーム（明治）…360g
転化糖…56g
40%ミルクチョコレート（ヴァローナ社
「ジヴァラ・ラクテ」）…400g
34%ホワイトチョコレート（ヴァローナ社
「オパリス」）…352g
ココアバター…24g
エスプレッソ…104g
無塩バター…72g

［作り方］

1 コーヒー豆を細かく挽く。
2 鍋に生クリームを入れて沸騰させ、1を入れて火を止め、ふたをして5分蒸らす。
3 ボウルに転化糖を入れ、2を漉しながら加え、重さを計る。268gに満たなければ生クリームを足して調整する。ゴムベラで混ぜ、転化糖を溶かす。
4 ボウルに刻んだ2種のチョコレート、ココアバターを入れ、3を加えて35～40℃でブレンダーを使い乳化させる。
5 抽出したてのエスプレッソを加えて混ぜ合わせ、38℃になったらバターを加えてさらにブレンダーで混ぜ合わせる。

組み立て・ギッターでカットする

［材料］

◆仕込み量

ガナッシュブルーマウンテン…適量
ガナッシュカフェ…適量
35%ミルクチョコレート…（ヴァローナ社
「エクアトリアール・ラクテ」）…適量
57%チョコレート…（オペラ「レガート」）
…適量

［作り方］

1 天板の上にOPPシートを敷き、5mm角のバールで枠を作り、ガナッシュブルーマウンテンを流し込んで18～20℃で20分ねかせる。
2 バールを1cm角に変え、1の上にガナッシュカフェを流し込み、18～20℃で1時間ねかせる。
3 鉄板に移し変え、バールをはずし、18℃で1日ねかせる。
4 チョコレートをブレンドして溶かし33℃になったら、全体に薄く塗る。
5 ギッターで2.5cm×2.5cmにカット。さらに18℃で1日ねかせる。

トランペ・仕上げ

［材料］

◆仕込み量

55%チョコレート…（ヴァローナ社
「エクアトリアール・ノワール」）…適量
57%チョコレート…（オペラ「レガート」）
…適量
ガナッシュ…適量
ブルーマウンテンのコーヒー豆…適量

［作り方］

1 2種のチョコレートをブレンドしてからテンパリングして、トランペ用のチョコレートを作り、ガナッシュをトランペする。
2 2細かく引いたコーヒー豆をトッピングし、18℃で1日ねかせる。

加賀棒茶

ほうじ茶のガナッシュ

［材料］

◆2.5cm×2.5cm×高さ1cm　220個分

35%生クリーム…345g
転化糖…37g
水…178g
ほうじ茶の茶葉（加賀棒茶）…22g
転化糖…130g
41%ミルクチョコレート（ヴァローナ社「グアナラ・ラクテ」）…819g
70%チョコレート（ヴァローナ社「グアナラ」）…203g
無塩バター…164g

［作り方］

1 鍋に生クリームと水を入れて沸騰させ、ほうじ茶の茶葉を入れて火をとめふたをして5分蒸らす。
2 別の鍋に転化糖を入れ、1を漉しながら加える。616gに満たなければ生クリームを足して調整する。
3 ミルクチョコレートとチョコレートを刻んでボウルに入れ、温め直した2を1/2量加え、35～40℃でブレンダーを使い乳化させる。
4 残りの2を数回に分けて加えながら、ゴムベラで混ぜ合わせる。
5 35～38℃になったらバターを加え、ブレンダーを使い乳化させる。
6 32～35℃になったら、天板の上にOPPシートを敷き1cm角のバールで作った枠に流す。
7 18℃でひと晩ねかせる。

シャブロネ・ギッターでカットする

［材料］

◆仕込み量

41%ミルクチョコレート（ヴァローナ社「グアナラ・ラクテ」）…適量
ほうじ茶のガナッシュ…適量

［作り方］

1 シャブロネ用のチョコレートを溶かし33℃になったらガナッシュ全体に薄く塗る。
2 ギッターに入る幅にペティナイフでカットして、裏返してOPPシートをはずす。
3 ギッターで2.5cm×2.5cmにカット。さらに18℃で1日ねかせる。

トランペ・仕上げ

［材料］

◆仕込み量

41%ミルクチョコレート（ヴァローナ社「グアナラ・ラクテ」）…適量
ガナッシュ…適量
金箔…適量

［作り方］

1 テンパリングしたミルクチョコレートで、ガナッシュをトランペし、チョコレートフォークで斜めの線を引き、金箔をのせ、18℃で1日ねかせる。

ライムフレーズ

ライムキャラメル

［材料］

◆3cm×3.6cm×高さ1.9cm　320個分

グラニュー糖…90g
水飴…16.5g
ライムゼスト…0.75g
ライムジュース…37.5g
36%生クリーム（明治）…45g
無塩バター…45g

［作り方］

1 鍋にグラニュー糖と水飴を加えて混ぜ、キツネ色のキャラメルを作る。
2 別の鍋にライムゼスト、ライムジュース、生クリームを入れ、沸騰直前まで温める。
3 1に2を加えて混ぜ、無塩バターを加える。
4 106℃になるまで煮詰めてからボウルに流し、50℃まで冷めたらブレンダーを使い混ぜ合わせる。

フレーズガナッシュ

［材料］

◆3cm×3.6cm×高さ1.9cm　320個分

冷凍いちご（ボワロン社「フレーズホール」）…840g
転化糖…84g
36%生クリーム（明治）…180g
34%ホワイトチョコレート（バリーカレボー社「カカオバリー／ゼフィール」）…1248g
ココアバター…240g
レモン果汁…60g
無塩バター…36g

［作り方］

1 鍋に冷凍いちご、転化糖、生クリームを入れて火にかける。泡だて器でイチゴをつぶしながら沸騰させる。
2 ボウルに刻んだホワイトチョコレート、ココアバターを入れ、1を注ぎ、35～40℃でブレンダーを使って乳化させる。
3 沸騰させたレモン果汁を入れ、さらに混ぜ合わせる。
4 再び35～40℃になったらバターを加えて混ぜ合わせ、30～31℃まで冷ます。

型どり

［材料］

◆仕込み量

赤く着色したココアバター…適量
34%ホワイトチョコレート（バリーカレボー社「カカオバリー／ゼフィール」）…適量

［作り方］

1 ハート型に赤く着色したココアバターを30～34℃でスプレーし、半日おく。
2 テンパリングしたホワイトチョコレートを流し込み、たたいて空気を抜くすぐに型をひっくり返してホワイトチョコを出し、薄い殻をつくる。はみ出た部分は固まる前にスケッパーで削り落とす。

組み立て・仕上げ

［材料］

◆仕込み量

ライムキャラメル…適量
フレーズガナッシュ…適量
34%ホワイトチョコレート（バリーカレボー社「カカオバリー／ゼフィール」）…適量

［作り方］

1 30℃以下に調整したライムキャラメルを型の高さ1/6まで絞る。
2 30～31℃に調整したフレーズガナッシュを型の9分目まで絞り、18℃で1晩ねかせる。
3 テンパリングしたホワイトチョコレートを型の上に流し、パレットで平らにならしてすりきる。
4 18℃でしばらく置き、しっかり固まったら、型を反転して、ボンボンショコラを取り出す。

Pâtisserie Chocolaterie Ordinaire

パティスリー ショコラトリー オーディネール

カバーに1㎜の厚みをもたせ カカオの風味を印象づける

中学生の頃、チョコレートのおいしさに目覚めたというショコラティエの長谷川実由起さん。まず東京の『デ カダンス ドュ ショコラ』で販売兼製造スタッフとして働き、その後、地元である石川県の名店『サンニコラ』へ。ショコラ作りの基礎を学び、再就職した『デカダンス ドュ ショコラ』ではショコラ部門のチーフに。『ジャン＝ポール・エヴァン』での修業経験を経て、2013年にパティシエであるご主人とともに同店を開業と、チョコレート一筋の経歴だ。

ショコラの販売は、持ち歩いてもある程度状態がキープできる10月～4月のみ。「1人でも多くの人に食べてほしいから」と、価格もすべて180円におさえている。

ギッターでカットして作るスクエア型のショコラは、ネチッとした食感を目指してチョコレートと副材料のバランスを考慮。一方モールドで型どりするタイプは、センターにフルーツを使う場合が多く、フレッシュ感が伝わるようトロリとした食感に仕上げている。

両方に共通しているのは、少し厚めのカバー。「薄すぎるとセンターの味ばかりになり、カカオの風味が味わえません。口に入れるとやわらかいガナッシュが先に溶けて、後味にカバーで使ったチョコレートの余韻が残るのが理想です」。

ビジュアルの美しさもこだわりポイント。スクエア型はトランペする前に一度薄くチョコレートを塗る。作業性がよくなるという利点もあるが、トランペをした後、縁の角がきれいに出て、照明が当たると光の環ができる。モールドで作るタイプは、表面のツヤ感を重視。ジュエリーのようにきらめく輝きがあり、女性客に人気だ。

構成要素の微調整で 主役が引き立つよう計算

「一口で何が主役のショコラかわかるようにしたい」という長谷川さん。主役の味が際立つチョコレートを吟味している。

「ブルーマウンテン」は、ビターチョコレートのガナッシュとコーヒー味のガナッシュの二層で構成されたもの。使用しているビターチョコレートは、限られた店しか購入できない、希少価値の高いヴァローナ社の「ブルーマウンテン」。ジャマイカのブルーマウンテンで収穫されたカカオ豆で作られていて、華やかな香りがあって、カカオらしいコクもある。同じブルーマウンテン産のコーヒーは相性がいいと考え、この商品が生まれた。

過去にコーヒー味のショコラを作ろうとした際、コーヒーのガナッシュの単層にすると、コーヒーのインパクトが強すぎたため、今回はガナッシュを二層に。コーヒー味のガナッシュを作るポイントは、挽きたての豆、抽出したてのコーヒーを使うこと。そうすることでコーヒーの香りのよさが格段に変わるという。このコーヒー味のガナッシュに使用するチョコレートはミルクとホワイトのブレンド。ミルクチョコレートだけだと下層にあるビターチョコレートのガナッシュに負けるが、ホワイトチョコレートをブレンドすることで、コーヒーの味を際立ち、バランスがよくなるという。

長谷川さんの故郷、石川県で有名なほうじ茶を主役にしたショコラが「加賀棒茶」。ガナッシュはミルクチョコレートだけで作ると甘さが強いが、ビターチョコレートを加えることですっきり感が生まれ、ほうじ茶のほろ苦い香りとマッチした。

ハート型の「ライムフレーズ」は、ライムのキャラメルとイチゴのガナッシュの二層。「イチゴとホワイトチョコレートの組み合わせは王道。そこにライムを加えるとデザートっぽい印象になります」。

驚きなのは、どのショコラにも酒を使わないこと。「お酒を入れると、香料の香りが強すぎる」という持論のもと、フルーツやハーブ、チョコレートの風味を活かして、印象的なショコラを作り上げている。

Pâtisserie Chocolaterie Confiserie Traiteur BLONDIR

ブロンディール

オーナーパティシエ　藤原和彦

フリュイ・ド・ラ・パッション

プラリネ

ベルガモット

フリュイ・ド・ラ・パッション
プラリネ
ベルガモット
提供期間：各通年
各200円（税別）

フリュイ・ド・ラ・パッション

ガナッシュ・オ・フリュイ・ド・ラ・パッション

［材料］

◆2.5cm×2.5cm×高さ1cm　20個分

パッションピューレ（シコリ社）…35g
水あめ…4g
無塩バター…15g
40%チョコレート（ヴァローナ社「ジヴァラ・ラクテ」）…40g
41%チョコレート（エルレイ社「カオバ」）…40g

［作り方］

1 鍋にパッションピューレと水あめを入れて火にかけ、沸騰したらすぐに火を止める。1cm角に切ったバターを加えて混ぜ、乳化させる。
2 チョコレート2種はなるべく細かく刻んでボウルに入れ、湯煎で半分程度溶かしておく。1を1度に加えて混ぜる。
3 ラップの上に55cm×11cm×2.5cmのカードルをおき、ガナッシュを手早く流し入れる。自重で自然に平らになる。上面にもラップをかけ、季節により、室温におくかプレハブ式冷蔵庫に入れて固める。

シャブロネ・ギッターでカットする

［材料］

◆仕込み量

70%チョコレート（オペラ社「カルパノ」）…適量
ガナッシュ…適量

［作り方］

1 チョコレートをテンパリングし、トランペ用チョコレートを作る。
2 ガナッシュをプラスチック製の取り板の上におき、上面のラップとカードルをはずす。1を上面に流し、パレットで均一に伸ばす。
3 数分おいて固まったら、シャブロネした面を下にしておき、ラップを取り、定規で測り庖丁で2.5cm角に切る。

トランペ・仕上げ

［材料］

◆仕込み量

70%チョコレート（オペラ社「カルパノ」）…適量
ガナッシュ…適量
カカオバター…適量
色粉（黄色）…適量

［作り方］

1 チョコレートをテンパリングし、ボウルに入れる。ガナッシュを落とし、チョコレートフォークですくい上げる。プレハブ式冷蔵庫に入れて固める。
2 湯煎して溶かしたカカオバターに色粉を混ぜて溶く。ショコラの上面にハケで斜めに線を描き、室温において乾かす。

プラリネ

ジャンドゥーヤ・フィヤンティーヌ

［材料］

◆2.5cm×2.5cm×高さ1.3cm　20個分

40%チョコレート（ヴァローナ社「ジヴァラ・ラクテ」）…40g
41%チョコレート（エルレイ社「カオバ」）…40g
ノワゼットペースト…55g＊
フィヤンティーヌ…28g

＊ノワゼットペースト（仕込み量）

［材料］

ノワゼット（生・皮付き）…1000g
グラニュー糖…600g
水あめ…300g

1 鍋に材料を入れて火にかけ、鍋底からかき混ぜながらキャラメリゼする。フードカッターでペースト状にする。

［作り方］

1 チョコレート2種はなるべく細かく刻んでボウルに入れ、湯煎で半分程度溶かしておく。
2 ノワゼットペーストを加え、よく混ぜる。
3 フィヤンティーヌを加え、底から返すように手早く混ぜ合わせる。
4 ラップの上に55cm×11cm×2.5cmのカードルをおき、ガナッシュを手早く流し入れ、L字パレットナイフでカードル全体に平らにならす。上面にもラップをかけ、季節により、室温におくかプレハブ式冷蔵庫に入れて固める。

シャブロネ・ギッターでカットする

［材料］

◆仕込み量

70%チョコレート（オペラ社「カルパノ」）…適量
ガナッシュ…適量

［作り方］

1 チョコレートをテンパリングし、トランペ用チョコレートを作る。
2 ガナッシュをプラスチック製の取り板の上におき、上面のラップとカードルをはずす。1を上面に流し、パレットで均一に伸ばす。
3 数分おいて固まったら、シャブロネした面を下にしておき、ラップを取り、定規で測り庖丁で2.5cm角に切る。

トランペ・仕上げ

［材料］

◆仕込み量

70%チョコレート（オペラ社「カルパノ」）…適量
ガナッシュ…適量

［作り方］

1 チョコレートをテンパリングし、ボウルに入れる。ガナッシュを落とし、チョコレートフォークですくい上げる。プレハブ式冷蔵庫に入れて固める。
2 すぐに転写シートをのせて軽くおさえ、室温において固める。転写シートをそっとはがす。

ベルガモット

ガナッシュ・ア・ラ・ベルガモット

［材料］

◆2.5cm×2.5cm×高さ1.3cm　20個分

生クリーム…28g
40%チョコレート（ヴァローナ社「ジヴァラ・ラクテ」）…40g
41%チョコレート（エルレイ社「カオバ」）…40g
無塩バター…15g
トリモリン…4g
ベルガモットエキス（ユーロバニラ社）…1滴

［作り方］

1 鍋に生クリームを入れて火にかけ、沸騰直前ですぐに火を止める。
2 チョコレート2種はなるべく細かく刻んでボウルに入れ、湯煎で半分程度溶かしておく。1の生クリームを1度に加えて混ぜる。
3 1cm角に切ったバターを加えて混ぜ、つながり始めたらトリモリンを加えて混ぜる。最後に、ベルガモットエキスを加えて混ぜる。
4 ラップの上に55cm×11cm×2.5cmのカードルをおき、ガナッシュを手早く流し入れる。自重で自然に平らになる。季節により、室温におくかプレハブ式冷蔵庫に入れて固める。

シャブロネ・ギッターでカットする

［材料］

◆仕込み量

70%チョコレート（オペラ社「カルパノ」）…適量
ガナッシュ…適量

［作り方］

1 チョコレートをテンパリングし、トランペ用チョコレートを作る。
2 ガナッシュをプラスチック製の取り板の上におき、上面のラップとカードルをはずす。1を上面に流し、パレットで均一に伸ばす。
3 数分おいて固まったら、シャブロネした面を下にしておき、ラップを取り、定規で測り庖丁で2.5cm角に切る。

トランペ・仕上げ

［材料］

◆仕込み量

70%チョコレート（オペラ社「カルパノ」）…適量
ガナッシュ…適量

［作り方］

1 チョコレートをテンパリングし、ボウルに入れる。ガナッシュを落としチョコレートフォークですくい上げる。プレハブ式冷蔵庫に入れて固める。
2 すぐに転写シートをのせて軽くおさえ、室温において固める。転写シートをそっとはがす。

BLONDIR

ブロンディール

使い慣れたチョコレートで バランスのとれた味わいに

私鉄沿線の駅から徒歩10分ほどの、閑静な住宅街に位置する『ブロンディール』。フランスの街角のパティスリーを思わせる洒落た店内には、プチガトー、ドゥミセック、コンフィズリーそしてチョコレートが並び、商品構成も本場のパティスリーそのものを再現している。

「チョコレートはパティスリーに当然あるもの。フランスでは教会の帰りに、子供が1つだけ買って帰ったりする。そんな身近な存在でありたいですね」と語るのは藤原和彦シェフ。誰もがいつでも気軽に購入してもらえるように、価格も1個200円とおさえ、季節ごとに種類を一部変えつつ通年で提供。日常性を追求しつつも、日本人向けにはアレンジせず、本場のフランス菓子に限りなく近い味わいを追求している。

そんな藤原シェフがチョコレート作りで最もこだわるのは、カバーをセンターを引き立てる脇役にするのではなく、重要な構成要素として、しっかり味わいのあるものにするということ。そのために、カカオ分が70％と高いオペラ社「カルパノ」のブラックチョコレートを使用し、インパクトのある強い味わいと風味を打ち出している。

フランスで出会ったこのチョコレートは、味のよさとカカオの強く豊かな香りが気に入り、帰国後まだ日本では希少だった頃から10年以上愛用。藤原シェフにとっては使い慣れた基本の商品で、現在も新しい味を開発する際は、このチョコレートありきで発想している。

カカオバターが少ないため流動性が悪く、作業効率もよくはないが、他にはない味わいに魅力を感じ、ホワイトチョコレートを使ったもの以外の、約8割のチョコレートにも活用している。

また藤原シェフは、口に入れたときカバーとセンターが一体となったなめらかな口溶けをえるために、カバーはなるべく薄く、トランぺするチョコレートの分量はなるべく減らしたい。そのためにも、少量でもしっかり味を出せるこの商品が適していると考える。

一方、ベースには、ヴァローナ社「ジヴァラ・ラクテ」とエルレイ社「カオバ」のミルクチョコレートをブレンドして使用。最初は、甘味が強すぎず素材の味を出しやすい「ジヴァラ・ラクテ」のみを使っていたが、バニラの香りが強すぎる場合もあるため、現在はカカオの風味が際立つ「カオバ」を混ぜてバランスをとっている。今回の3商品のセンター全てが同様だ。

なめらかな口溶けを求め 乳化の攪拌は最小限に

藤原シェフがガナッシュ作りの乳化でポイントとしているのは、チョコレートは溶けやすいようになるべく細かく刻んでボウルに入れ、さらに湯煎で半分程度溶かしておき、生クリームは1度に全て加えて余熱でも溶かすこと。混ぜすぎて空気を含むと口溶けが悪くなり、分離もしやすくなるためだ。混ぜる作業を最小限にするために、必ずこの手順をふんでいる。

また、チョコレート以外の素材にも強いこだわりをもつ藤原シェフは、「プラリネ」に加えているノワゼットペーストのほか、ナッツのペーストはすべて自分で仕込んでいる。少量ずつ仕込むと、作り立ての新鮮な味と風味がえられ、市販品とは比べものにならないと言う。

使用したノワゼットペーストは、皮付きのヘーゼルナッツを荒めに砕き、濃厚な香りとナッツ独特のクセ、雑味のないコクと甘みを引き出している。

「プラリネ」のセンターは、このペーストとミルクチョコレートと合わせた、ねっとり濃厚なジャンドゥーヤ。サクサクとしたフィヤンティーヌを混ぜ込み、食感のコントラストも楽しませる。

また「ベルガモット」には、一般的なオイルではなく、仏ナンシー産の天然エキスを利用。フレッシュで芳醇な香りに加えて、柑橘そのものの酸味と苦みも感じられる点が魅力だ。カバーとセンターの味わいをまとめつつ、全体の印象を深める役割を担っている。

LES CACAOS

レ・カカオ

シェフ　黒木琢磨

トンカ

シトロン・バジリック

ジャスマン

アールグレイ

パッションフルーツ

トンカ
シトロン・バジリック
ジャスマン
アールグレイ
パッションフルーツ
提供期間：各通年
各300円（税込）

トンカ

ガナッシュ

［材料］

◆3cm×3cm×高さ0.8cm　約50個分

A
- 35%生クリーム…134g
- トンカ豆…0.5個
- 水あめ…10g
- 転化糖…25g

66%チョコレート（ガーナ産）…183g
無塩バター…24g

［作り方］

1 鍋にAの材料を入れて火にかけ、沸かす。
2 溶かしたチョコレートに1を少量ずつ加え、ゴムベラで混ぜて乳化させる。
3 2が40℃になったらバターを加え、ゴムベラで混ぜて乳化させる。

型どり

［材料］

◆仕込み量

66%チョコレート（ガーナ産）…適量

［作り方］

1 型に転写シートをセットする。
2 チョコレートをテンパリングし、31℃に調温する。
3 型に2を流し、余分を落とす。

仕上げ

［材料］

◆仕込み量

ガナッシュ…適量
66%チョコレート（ガーナ産）…適量

［作り方］

1 ガナッシュが30℃になったら型どりした型に流す。18℃の室温で12時間おく。
2 テンパリングしたチョコレートで蓋をする。
3 固まったら転写シートをはがし、型から外す。

シトロン・バジリック

ガナッシュ

［材料］

◆3cm×3cm×高さ0.8cm　約50個分

レモン・ピューレ…128g
バジル（生）…2.5g
転化糖…16g
66%チョコレート（ガーナ産）…70g
45%ミルクチョコレート（ガーナ産）…89g
無塩バター…29g

［作り方］

1 鍋にレモン・ピューレ、バジル、転化糖を入れ、ふたをしてひと晩おき、香りを移す。
2 1を火にかけ、沸かす。
3 合わせて溶かした2種のチョコレートに2を3回に分けて加え、ゴムベラで混ぜて乳化させる。シノワで漉す。
4 3が40℃になったらバターを加え、ゴムベラで混ぜて乳化させる。

型どり

［材料］

◆仕込み量

66%チョコレート（ガーナ産）…適量

［作り方］

1 型に転写シートをセットする。
2 チョコレートをテンパリングし、31℃に調温する。
3 型に2を流し、余分を落とす。

仕上げ

［材料］

◆仕込み量

ガナッシュ…適量
66%チョコレート（ガーナ産）…適量

［作り方］

1 ガナッシュが30℃になったら型どりした型に流す。18℃の室温で12時間おく。
2 テンパリングしたチョコレートで蓋をする。
3 固まったら転写シートをはがし、型から外す。

ジャスマン

ガナッシュ

［材料］

◆3cm×3cm×高さ0.8cm　約50個分

35%生クリーム…136g
ジャスミンティー（茶葉）…8.3g
水あめ…15g
転化糖…19g
45%ミルクチョコレート（ガーナ産）
…168g
無塩バター…20g

［作り方］

1 鍋に生クリームとジャスミンティーを入れ、ふたをしてひと晩おき、香りを移す。
2 1に水あめ、転化糖を入れて火にかけ、沸かす。シノワで漉す。
3 溶かしたミルクチョコレートに2を3回に分けて加え、ゴムベラで混ぜて乳化させる。
4 3が40℃になったらバターを加え、ゴムベラで混ぜて乳化させる。

型どり

［材料］

◆仕込み量

66%チョコレート（ガーナ産）…適量

［作り方］

1 型に転写シートをセットする。
2 チョコレートをテンパリングし、31℃に調温する。
3 型に2を流し、余分を落とす。

仕上げ

［材料］

◆仕込み量

ガナッシュ…適量
66%チョコレート（ガーナ産）…適量

［作り方］

1 ガナッシュが30℃になったら型どりした型に流す。18℃の室温で12時間おく。
2 テンパリングしたチョコレートで蓋をする。
3 固まったら転写シートをはがし、型から外す。

アールグレイ

ガナッシュ

[材料]

◆3cm×3cm×高さ0.8cm　約50個分

35%生クリーム…127g
紅茶茶葉(アールグレイ)…6g
水飴…12g
転化糖…15g
45%ミルクチョコレート(ガーナ産)…157g
無塩バター…32g

[作り方]

1 鍋に生クリームと紅茶茶葉を入れ、ふたをしてひと晩おき、香りを移す。
2 鍋に1、水飴、転化糖を入れて火にかけ、沸かす。
3 溶かしたミルクチョコレートに2を3回に分けて加え、ゴムベラで混ぜて乳化させる。シノワで漉す。
4 3が40℃になったらバターを加え、ゴムベラで混ぜて乳化させる。

型どり

[材料] 仕込み量

◆仕込み量

66%チョコレート(ガーナ産)…適量

[作り方]

1 型に転写シートをセットする。
2 チョコレートをテンパリングし、31℃に調温する。
3 型に2を流し、余分を落とす。

仕上げ

[材料] 仕込み量

◆仕込み量

ガナッシュ…適量
66%チョコレート(ガーナ産)…適量

[作り方]

1 ガナッシュが30℃になったら型どりした型に流す。18℃の室温で12時間おく。
2 テンパリングしたチョコレートで蓋をする。
3 固まったら転写シートをはがし、型から外す。

パッションフルーツ

ガナッシュ

［材料］

◆3cm×3cm×高さ0.8cm　約50個分

パッションフルーツ・ピューレ…119g
転化糖…17g
66%チョコレート（ガーナ産）…72g
45%ミルクチョコレート（ガーナ産）
…92g
カカオバター…8g
無塩バター…30g

［作り方］

1 鍋にパッションフルーツ・ピューレと転化糖を入れて火にかけ、沸かす。
2 合わせて溶かした2種のチョコレートにカカオバターを加えて混ぜる。
3 2に1を3回に分けて加え、ゴムベラで混ぜて乳化させる。
4 3が40℃になったらバターを加え、ゴムベラで混ぜて乳化させる。

型どり

［材料］

◆仕込み量

45%ミルクチョコレート（ガーナ産）
…適量

［作り方］

1 型に転写シートをセットする。
2 チョコレートをテンパリングし、31℃に調温する。
3 型に2を流し、余分を落とす。

仕上げ

［材料］

◆仕込み量

ガナッシュ…適量
45%ミルクチョコレート（ガーナ産）
…適量

［作り方］

1 ガナッシュが30℃になったら型どりした型に流す。18℃の室温で12時間おく。
2 テンパリングしたチョコレートで蓋をする。
3 固まったら転写シートをはがし、型から外す。

✻ ✻ ✻ ✻

LES CACAOS

レ・カカオ

パティシエが手掛けるビーントゥバーの店としてオープン

カカオへの愛情を表現した店名には、パティシエでもショコラティエでもなく、〝カカオフェヴィエ〟(カカオを採る職人)というサブネームがついている。豆から仕入れてチョコレートに加工するビーントゥバーの店として、2016年末にオープンした。黒木琢磨シェフは島田進氏のもとでパティシエの修業を重ね、パリで7年間研鑽。帰国後は、チョコレートの世界を掘り下げたいと『ピエール・マルコリーニ』のシェフとして活躍した。マルコリーニ時代に、豆から作るチョコレートの魅力に引かれ、それをボンボン・ショコラやタブレット、フランス菓子として表現する自分の店を開きたいと思うようになった。まだカカオ農園に直接出向くところまでは至っていないが、問屋を通して数種類の豆を仕入れ、選別、焙煎、精錬などの工程を経て、オリジナルのチョコレートにしている。

「ビーントゥバーの店が増えてきましたが、まだタブレット止まりのところが多い。ボンボン・ショコラや生菓子まですべてを手掛けるのはなかなかの重労働ですが、そこに職人としての醍醐味を感じています」と言う。

ボンボン・ショコラは年間を通して18~20種類を販売。すべて3㎝角、8㎜厚さの形に統一され、ガナッシュの味のイメージに合わせた装飾が美しい。現在使用しているチョコレートはガーナ産の66%チョコレート、45%ミルクチョコレートの2種類のみ。その魅力は程良いカカオ感と、若干の甘味、ナッティーな香りがあるところ。また良い意味でフラットで、多様なフレーバーと合わせやすいところだと言う。

デザートの組み合わせからヒントを得たというシトロン・バジリックは、市販のピューレにスイートバジルで香りをつけたさわやかな味が特徴だ。それ以外の4種類の味の組み合わせは、奇を衒ったものではなくクラシックなスタイル。主役であるチョコレートの味を損なうことなく、ボンボン・ショコラとして楽しめるものを目指していると言う。茶葉を使用したアールグレイとジャスマンは、チョコレートに負けることなく超えてもいない、チョコレートに合う素材だと思う、と黒木シェフ。茶葉を前日から生クリームに浸け、当日弱火で加熱してゆっくりアンフュゼすることで、香りが強く残る。バニラを思わせる甘くスパイシーなトンカも、同じくゆっくりアンフュゼすることで、程よい香りを引き出している。パッションフルーツは唯一、ミルクチョコレートを使用したもの。フルーツのピューレを使う際は火の入れ方に最も気を使う。ピューレ自体がフルーツの味わいそのものなので、フレッシュな味を損なわないように、弱火でゆっくりアンフュゼしている。生クリームはチョコレートとの相性を考えて35%に統一。バターは個性の強くないものを使用している。

「チョコレートは温度、湿度にとても敏感ですが、必ずしも毎回同じように扱えばよいというわけではない。ガナッシュを作ったり型に流したりする時は、温度だけで判断せず、粘度やつやなど見た目の状態を、必ず自分の目で確かめながら仕事をすることを心掛けています」と黒木シェフ。

フランス菓子の中にカカオの魅力を表現する

チョコレートの味は、ワインと似ていて土壌と作り手で決まる。それを自分の目で見て一から作れるところが、ビーントゥバーの魅力で、理想のボンボン・ショコラの味にもつながると言う。今後は、ガーナ以外の豆も使用し、フルーツなどナチュラルな素材と組み合わせ、その特徴を出した製品を作ること。そして自分が携わってきたフランス菓子と、カカオの魅力を融合させた商品を作ること。「レ・カカオ」という名の、ボンボン・ショコラ・ナチュールも目下模索中で、近い将来ショーケースに並べたいと考えているそうだ。

LE CHOCOLAT HATT

ル ショコラ アット

オーナーシェフ　服部 明

アプリコ

チャイナタウン

アブリコ
チャイナタウン
提供期間：各通年
各200円（税込）

アブリコ

アブリコハードゼリー

［材料］

◆2.25cm×2.25cm×高さ1cm　225個分

ペクチン……8.6g
グラニュー糖……396g
アプリコットピューレ……338g
水あめ……50g
酒石酸……3.6g
水……3.6g

［作り方］

1 ペクチンとグラニュー糖36gをあらかじめ混ぜ合わせておく。
2 銅鍋にアプリコットピューレを入れて火にかける。40℃になったら、1を加えて溶かす。
3 沸騰したら、水あめとグラニュー糖360gを入れ、104℃まで煮詰める。
4 同量の水で溶いた酒石酸を加える。取り板の上にシルパットを敷き、その上に置いた34cm×34cm×高さ1cmのカードルに素早く流す。冷蔵庫で冷やし固める。

ハーブのガナッシュ

［材料］

◆2.25cm×2.25cm×高さ1cm　225個分

35%生クリーム……395g
転化糖……47.5g
70%チョコレート……525g
無塩バター……67.5g
キルシュ……37.5g
レモングラスエッセンス……2.5g

［作り方］

1 鍋に生クリームと転化糖を入れ、沸騰直前まで温める。
2 チョコレートをボウルに入れ、1を3回に分けて加え、泡立て器でそのつどしっかりと混ぜ合わせ、乳化させる。
3 30℃くらいになったら、ポマード状にしたバターを加えて混ぜ、乳化させる。
4 キルシュ、エッセンスを加え、ハンドブレンダーできちんと乳化させる。
5 アブリコゼリーを固めたカードルに4を流し入れ、表面をL型パレットで平らにならす。
6 20℃以下の環境にひと晩おいて固め、カードルをはずす。

シャブロネ・ギッターでカットする

［材料］

◆仕込み量
（使用するのはでき上がったうちの適量）

66%チョコレート……20kg
56%チョコレート……20kg
ガナッシュ……適量

［作り方］

1 チョコレート2種類を45℃くらいに溶かしてテンパリングマシンに入れ、31℃に調温する。固めたガナッシュの上面にL型パレットでごく薄く、均一に塗る。
2 表裏を返してギッターにのせ、2.25cm幅に切る。ガナッシュの向きを90度変え、2.25cmに切る。
3 アクリル板上に1個ずつ分けて並べ、20℃以下の環境で1日おく。

トランペ・仕上げ

［材料］

◆仕込み量
（使用するのはでき上がったうちの適量）

66%チョコレート……20kg
56%チョコレート……20kg
ガナッシュ……適量
ラベンダー（ドライ）……適量

［作り方］

1 トランペ用チョコレートをエンローバーに入れて、31℃に調温する。
2 エンローバーのベルトにカットしたガナッシュを間隔を空けてのせ、トランペする。
3 ラベンダーを飾る。

チャイナタウン

ジャスミンティーのガナッシュ

［材料］

◆2.25cm×2.25cm×高さ1cm　225個分

水……240g
ジャスミン茶の茶葉……96g
35%生クリーム……600g
転化糖……60g
70%チョコレート……426g
40%ミルクチョコレート……426g
無塩バター……96g

［作り方］

1 鍋に水を入れて沸騰させ、ジャスミン茶の茶葉を入れて火を止め、ふたをして15分間蒸らす。
2 別の鍋に生クリームと転化糖を入れ、1を漉しながら加え、沸騰直前まで温める。
3 2種類のチョコレートをボウルに入れ、1を3回に分けて加え、そのつど泡立て器でしっかりと混ぜ合わせ、乳化させる。
4 40℃くらいになったらポマード状にしたバターを加えて混ぜ、ハンドブレンダーできちんと乳化させる。
5 取り板の上にシルパットを敷き、34cm×34cm×高さ1cmのカードルをおく。4を流し入れ、表面をL型パレットで平らにならす。
6 20℃以下の環境に1～2日おいて固め、カードルをはずす。

シャブロネ・ギッターでカットする

［材料］

◆仕込み量
（使用するのはでき上がったうちの適量）

38%ミルクチョコレート……2kg
40%ミルクチョコレート……2kg
ガナッシュ……適量

［作り方］

1 ミルクチョコレート2種類を45℃くらいに溶かしてテンパリングマシンに入れ、31℃に調温する。固めたガナッシュの上面にL型パレットでごく薄く、均一に塗る。
2 表裏を返してギッターにのせ、2.25cm幅に切る。ガナッシュの向きを90度変え、2.25cmに切る。
3 アクリル板上に1個ずつ分けて並べ、20℃以下の環境で1日おく。

トランペ・仕上げ

［材料］

◆仕込み量
（使用するのはでき上がったうちの適量）

40%ミルクチョコレート……20kg
38%ミルクチョコレート……20kg
ガナッシュ……適量
ジャスミン茶の茶葉……適量

［作り方］

1 トランペ用ミルクチョコレートをエンローバーに入れて31℃に調温する。
2 エンローバーのベルトにカットしたガナッシュを間隔を空けてのせ、トランペする。
3 粉砕したジャスミン茶の茶葉をふる。

LE CHOCOLAT HATT

ル ショコラ アット

目指す味を明確にし 専門店品質を追求する

1994年に創業したパティスリー「ラ・ベルデュール」に続き、2007年にブーランジェリー「ル・ジャルダン・デュ・ヴェール」を開業。2店舗で1日1000人以上を集客する繁盛店のオーナーシェフ・服部明さんが、新たな挑戦として2014年5月に立ち上げたのが、チョコレートとグラスの専門店「ルショコラアット」。もともとパティスリーで好評を得ていたチョコレートと氷菓を、さらに専門性を高めて販売したいと考えたのが開業のきっかけだが、「世界中、どこに出しても恥ずかしくない商品を作りたい」という思いから、海外の専門店にひけをとらない味づくりを追求。厨房に本格的なチョコレート用の設備を導入するほか、開業前にはスタッフとともにフランスのショコラトリーを50軒以上訪問。人気店の味を実際に味わうことで、目指す味わいや食感をリアルな体験としてスタッフと共有し、本格的な味づくりに役立てている。

「専門店である以上、口に入れたときに最高の状態になるように仕上げたい」と服部シェフ。口の中で、ゆっくりとなめらかに溶けていく食感を生み出すには、乳化をきちんとさせることが肝要だ。そこで通常、ガナッシュづくりにはステファン社のカッターミキサーを使用する。真空状態で撹拌できるため、水分と油脂がしっかりと混ざり合い、つややかな光沢をもったなめらかな状態に仕上がる。

ボウルで作る場合でも原理は同じで、空気を含ませないように混ぜ合わせることが大切。生クリームは一気に加えるのではなく、3回に分けて加え、そのつどきちんと混ぜ合わせることで、よりしっかりとした乳化の状態を作り上げる。中のガナッシュはやわらかく、それでいてカットした断面も美しく見えるよう、保形性を保てる限界の固さに仕上げているのもこだわりだ。ボンボン・ショコラは、誰にでも作れるお菓子だと思っているという服部シェフは、だからこそ、ベストな食感になるまで、何度も試作を繰り返すのだという。こうしたギリギリの見極めを、手を抜かずしっかり行なうことが、食べ比べたときの微妙な味の違いにつながるのだ。

チョコレートの味を尊重し 高貴な味わいに仕上げる

使用するチョコレートは、フランスやベルギー、スイスなど7〜8社から10種類以上を仕入れている。カバーリングもセンターのガナッシュもブレンドすることが多いが、基本的にはそれぞれのチョコレートの個性を生かすことを重視し、過剰な在庫はもたないようにしている。とくに、ビターチョコレートに関しては種類がたくさんあるので、ブレンドして好みの味を作りだすよりも、好みにあったチョコレートを探す方が、確実性が高いという。

ボンボン・ショコラの新作を考える際は、チョコレートそのものよりも、使いたい副素材からの発想が多いという服部シェフ。シンプルな組み合わせを好み、とくにお気に入りは柑橘系。「チョコレートは香りが強い素材なので、柑橘系のようなはっきりとした味の素材の方が相性がよいと感じます」と服部シェフ。逆に、桜のような繊細な香りを付けたい時には、加減が少なすぎると素材の味を感じられず、多すぎると安っぽい味になってしまう。上品な味わいになるように、チョコレートとのバランスの見極めが重要だ。

今回撮影した「アプリコ」は、アプリコットをゼリーにして中に入れ、食感の違いも楽しめるようにした。アプリコットのみでは香りが強すぎると考え、さわやかなレモングラスのガナッシュと組み合わせ、調和をはかった。

「チャイナタウン」は、力強いカカオの香りをもつ70%チョコレートと、まろやかで豊かなこくと香りをもつ40%チョコレートをブレンド。ジャスミンティーの繊細な香りとチョコレート本来の味わいがしっかり味わえるように仕立てている。

■ A4版変形　112ページ　ソフトカバー装
定価**2,500**円+税

パティシエ必修
飴細工
砂糖を自在に操る最新テクニック

大きなピエスモンテから、小さなデコールまで、スペシャリストの卓越した技法をプロセス写真とともに詳しく解説します。

林　正明【尊敬する基本技術の集大成】
サントス・アントワーヌ【飴リボンの伝道師】
太田秀樹【バラに教わる気持ちと技】
藤本智美【砂糖の「伸びる力」を操る】
和泉光一【接着の名人】
藤本美弥【物語をモンタージュする】
神田広達【新しいフォルムに秘めた理由】

飴が人生を輝かせた
私たちの熱中時代
―― 酒井雅夫、横溝春雄、柳 正司

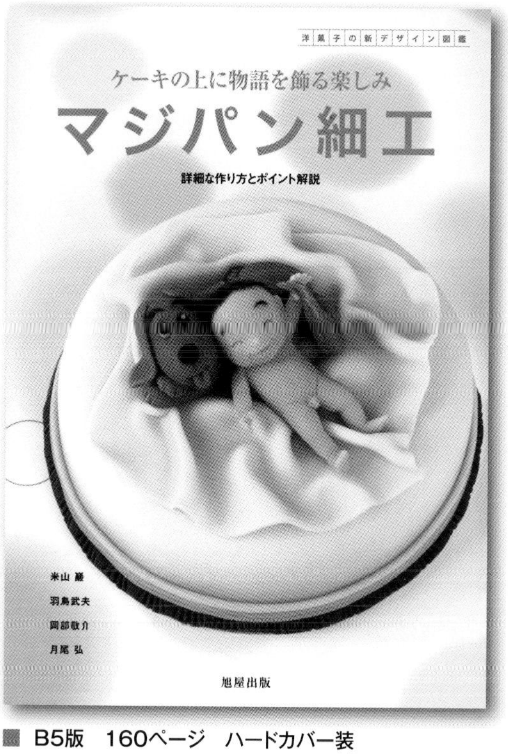

■ B5版　160ページ　ハードカバー装
定価**4,200**円+税

ケーキの上に物語を飾る楽しみ
マジパン細工

米山巖シェフ、羽鳥武夫シェフ、岡部敬介シェフ、月尾弘シェフの4人が、マジパンの基本、植物の飾り、人の表情と動き、シャープでカラフルな特殊技法をくわしく写真で解説。

●マジパン細工の基本
■これだけの材料で入れる。マジパン・ワールド　■とりあえず、あると便利な道具は4つ
■自分に合った固さにマジパンを調整
■マジパンに色をつける。最初は原色のベースカラーで練習
■赤、黄、緑のベースカラーに他の色をブレンド　■マジパン細工の基本の形はこの8つ
■きれいに丸め、マジパンスティックで模様を入れる
■動物で一番かんたん、しずく形でネズミ作り
■しずく形+スティック6種+麺棒で作る「お昼寝ウサギくん」
■これまでの練習では出てこなかったマジパンスティックの使い方
■目でかわいさを強調。童話の世界の動物たち　■マジパン仕上げのデコレーションケーキを作る
■最初に用意するのはスポンジをマジパンでカバーした土台

●ケーキを華やかに飾ってくれる植物を作る
■フルーツは仕上げの色づけがポイント　■野菜は形でメリハリをつける
■花と樹木は最大限に薄く伸ばす　■ケーキに花と木を植えてフルーツを飾る

●表情と動きに富んだ人間を作る
■そら豆形からスマイルへ。顔作りの基本を覚えよう
■目、鼻、口のディテールを工夫し、もっと表情豊かに
■1本の棒から両手足を作り出す　■土台のデコレーションも華やかに

●シャープで緻密なデコレーションケーキを作る
■登場人物を作る　■ミニガーデンを彩る植物を作る
■お菓子屋さんの建物を作る　■土台を作り、組み立てる

お申し込みはお早めに！
★お近くに書店のない時は、直接、郵便振替または現金書留にて下記へお申し込み下さい。

旭　屋　出　版　〒107-0052　東京都港区赤坂1-7-19　キャピタル赤坂ビル8階
☎03-3560-9065㈹　振替／00150-1-19572　http://www.asahiya-jp.com

MAISON BON GÔUT

メゾンボングゥ

オーナーシェフ　伊藤直樹・雪子

スヴニール

日向夏

エクスプリメ

スヴニール
日向夏
エクスプリメ
提供期間：各夏季
各190円（税込）

スヴニール

ガナッシュ ティザーヌ

[材料]

◆2.5cm×2cm×高さ1.5cm　約220個分

35%生クリーム…185g
牛乳…35g
レモングラス…8g
レモンバーベナ…8g
ミント…4g
転化糖…45g
無塩バター…60g
61%チョコレート(ヴァローナ社「エクストラ・ビター」)…135g
55%チョコレート(ヴァローナ社「エクアトリアール・ノワール」)…135g
35%ミルクチョコレート(ヴァローナ社「エクアトリアール・ラクテ」)…110g

[作り方]

1 生クリーム、牛乳、レモングラス、レモンバーベナ、ミント、転化糖、バターを鍋に入れて火にかける。沸騰直前で火を止め、ふたをして5分間蒸らし、香りを移す。

2 ボウルに3種のチョコレートを入れ、1を漉しながら3回に分けて加え、ゴムベラで静かに混ぜ合わせる。つやが出てきたら、ハンドブレンダーできちんと乳化させる。

ガナッシュ マスカット

[材料]

◆2.5cm×2cm×高さ1.5cm　約220個分

35%生クリーム…125g
転化糖…40g
無塩バター…80g
36%ホワイトチョコレート(ドモリ社「ビアンコ」)…305g
カカオバター…100g
マスカットレーズンの白ワイン漬け*…130g

---

*マスカットレーズンの白ワイン漬け

[材料]

◆仕込み量

マスカットレーズン、白ワイン(アルザス産リースリング)…各適量

1 レーズンを容器に入れ、白ワインをひたひたに注いでひと晩おく。翌日、ザルで水気をきり、細かく刻む。

[作り方]

1 生クリーム、転化糖、バターを鍋に入れ、沸騰直前まで温める。

2 ボウルにホワイトチョコレートとカカオバターを入れ、1を3回に分けて加え、ゴムベラで静かに混ぜ合わせる。つやが出てきたらハンドブレンダーできちんと乳化させる。

3 マスカットレーズンの白ワイン漬けを加え、ゴムベラで静かに混ぜ合わせる。

組み立て

[材料]

◆仕込み量

ガナッシュ　ティザーヌ…適量
ガナッシュ　マスカット…適量

[作り方]

1 取り板にシルパットを敷き、高さ1.2cmのバール4本で36cm×30cmの枠を組み、ガナッシュ　ティザーヌを半分の高さまで流す。カードで表面を平らにならし、約20℃の涼しい場所でひと晩おいて固める。

2 翌日、上からガナッシュ　マスカットを流して同様に表面をならし、約20℃の涼しい場所でひと晩おく。

シャブロネ・ギッターでカットする

[材料]

◆仕込み量

61%チョコレート(ヴァローナ社「エクストラ・ビター」)…適量
55%チョコレート(ヴァローナ社「エクアトリアール・ノワール」)…適量(エクストラ・ビターと同量)
ガナッシュ30cm×30cm×高さ1.2cm…1枚

[作り方]

1 2種のチョコレートを同割で合わせ、テンパリングはとらずに35℃くらいに調温する。

2 固めたガナッシュの枠をはずし、上面にパレットで1を薄く塗り広げる。

3 表面が固まったら、裏表を返してギッターにのせ、幅2.5cmに切る。向きを90度変え、幅2cmに切る。

トランペ・仕上げ

[材料]

◆仕込み量

61%チョコレート(ヴァローナ社「エクストラ・ビター」)…適量
55%チョコレート(ヴァローナ社「エクアトリアール・ノワール」)…適量(エクストラ・ビターと同量)
ガナッシュ…適量
レモンバーベナの葉…適量

[作り方]

1 2種のチョコレートをボウルに入れ、直火で50℃まで温める。

2 マーブル台に2/3くらいの量を流し、パレットナイフで広げたり集めたりしながら28〜29℃まで下げる。ボウルに戻し入れ、31〜32℃に調温し、溶解器に入れる。

3 固めたガナッシュを1粒ずつチョコレートフォークにのせて1に沈め、引き上げて余分なチョコレートを落とす。

4 紙を敷いた取り板の上に並べ、表面が固まる前にレモンバーベナの葉を飾る。

日向夏

日向夏のガナッシュ

[材料]

◆2.5cm×2cm×高さ1.2cm　約190個分

35%生クリーム…150g
転化糖…30g
無塩バター…50g
61%チョコレート（ヴァローナ社「エクストラ・ビター」）…170g
33%ミルクチョコレート（ヴァローナ社「タナリヴァ・ラクテ」）…70g
日向夏のコンフィ＊…100g

＊日向夏のコンフィ
[材料]
◆仕込み量
日向夏、グラニュー糖…各適量（同割）
1 日向夏の皮をむいて実を取り出し、皮はせん切り、実はざく切りにする。
2 同量のグラニュー糖とともに銅鍋に入れ、あくを取りながらブリックス56～58°まで煮詰める。ひと晩ねかせてから使用する。

[作り方]

1 生クリーム、転化糖、バターを鍋に入れ、沸騰直前まで温める。
2 ボウルに2種のチョコレートを入れ、1を3回に分けて加え、ゴムベラで静かに混ぜ合わせる。
3 つやが出てきたら日向夏のコンフィを加えて混ぜ合わせる。仕上げにハンドブレンダーできちんと乳化させる。

プラリネ

[材料]

◆2.5cm×2cm×高さ1.2cm　約190個分

35%生クリーム…150g
転化糖…35g
61%チョコレート（ヴァローナ社「エクストラ・ビター」）…70g
55%チョコレート（ヴァローナ社「エクアトリアール・ノワール」）…70g
40%ミルクチョコレート（ヴァローナ社「ジヴァラ・ラクテ」）…75g
プラリネペースト（ヴァローナ社「プラリネ・フリュイテ・クラッカン」）…135g

[作り方]

1 生クリームと転化糖を鍋に入れ、沸騰させる。
2 ボウルに3種のチョコレートを入れ、1を3回に分けて加え、ゴムベラで静かに混ぜ合わせる。つやが出てきたらバーミックスできちんと乳化させる。
3 プラリネを加え、再度ハンドブレンダーできちんと乳化させる。

組み立て

[材料]

◆仕込み量

日向夏のガナッシュ…適量
プラリネ…適量

[作り方]

1 取り板にシルパットを敷き、高さ1.2cmのバール4本で30cm×12cmの枠を組み、日向夏のガナッシュを半分の高さまで流す。カードで表面を平らにならし、約20℃の涼しい場所でひと晩おいて固める。
2 翌日、上からプラリネを流して同様に表面をならし、約20℃の涼しい場所でひと晩おく。

シャブロネ・ギッターでカットする

[材料]

◆仕込み量

61%チョコレート（ヴァローナ社「エクストラ・ビター」）…適量
55%チョコレート（ヴァローナ社「エクアトリアール・ノワール」）…適量（エクストラ・ビターと同量）
ガナッシュ…適量

[作り方]

1 2種のチョコレートとミルクチョコレートを同割で合わせ、テンパリングはとらずに35℃くらいに調温する。
2 固めたガナッシュの枠をはずし、上面にパレットで1を薄く塗り広げる。
3 表面が固まったら、裏表を返してギッターにのせ、幅2.5cmに切る。向きを90度変え、幅2cmに切る。

トランペ・仕上げ

[材料]

◆仕込み量

61%チョコレート（ヴァローナ社「エクストラ・ビター」）…適量
55%チョコレート（ヴァローナ社「エクアトリアール・ノワール」）…適量（エクストラ・ビターと同量）
ガナッシュ…適量

[作り方]

1 2種のチョコレートをボウルに入れ、直火で50℃まで温める。
2 マーブル台に2/3くらいの量を流し、パレットナイフで広げたり集めたりしながら28～29℃まで下げる。ボウルに戻し入れ、31～32℃に調温し、溶解器に入れる。
3 固めたガナッシュを1粒ずつチョコレートフォークにのせて1に沈め、引き上げて余分なチョコレートを落とす。
4 紙を敷いた取り板の上に並べ、表面が固まったらチョコレートを入れたコルネで表面に模様を描く。

エクスプリメ

酒粕のガナッシュ

[材料]

◆2cm×2cm×高さ1cm　約90個分

35%生クリーム…250g
転化糖…60g
無塩バター…80g
酒粕…80g
35%ブロンドチョコレート
（ヴァローナ社「オレリス」）…70g

[作り方]

1 生クリーム、転化糖、バター、酒粕を鍋に入れ、沸騰直前まで温める。
2 ボウルにブロンドチョコレートを入れ、3回に分けて加え、ゴムベラで混ぜ合わせる。つやが出てきたら、ハンドブレンダーできちんと乳化させる。
3 取り板にシルパットを敷き、高さ1cmのバール4本で30cm×15cmの枠を組み、酒粕のガナッシュを流す。カードで表面を平らにならし、約20℃の涼しい場所でひと晩おいて固める。

シャブロネ・ギッターでカットする

[材料]

◆仕込み量

35%ミルクチョコレート（ヴァローナ社「エクアトリアール・ラクテ」）…適量
酒粕のガナッシュ…適量

[作り方]

1 ミルクチョコレートを、テンパリングはとらずに35℃くらいに調温する。
2 固めたガナッシュの枠をはずし、上面にパレットで1を薄く塗り広げる。
3 表面が固まったら、裏表を返してギッターにのせ、幅2cmに切る。向きを90度変え、幅2cmに切る。

トランペ・仕上げ

[材料]

◆仕込み量

61%チョコレート（ヴァローナ社「エクストラ・ビター」）…適量
55%チョコレート（ヴァローナ社「エクアトリアール・ノワール」）…適量
（エクストラ・ビターと同量）
酒粕のガナッシュ…適量

[作り方]

1 2種のチョコレートをボウルに入れ、直火で45℃まで温める。マーブル台に2/3くらいの量を流し、パレットナイフで広げたり集めたりしながら28～29℃まで下げる。ボウルに戻し入れ、31～32℃に調温し、溶解器に入れる。
2 固めたガナッシュを1粒ずつチョコレートフォークにのせて1に沈め、引き上げて余分なチョコレートを落とす。
3 紙を敷いた取り板の上に並べ、表面が固まったらチョコレートを入れたコルネで表面に模様を描く。

MAISON BON GOUT

メゾンボングゥ

チョコレートの資質を重視し、素材を追求

ボンボン・ショコラは、様々なチョコレートと素材を合わせて味わえるお菓子のひとつだと考えている『メゾンボングウ』オーナーの伊藤さん夫妻。

2人とも新しい素材への関心が高く、日々アンテナを張り巡らせている。チョコレートも様々なメーカーの製品を取り寄せては試作を繰り返し、パティスリーだからこそ作れるものづくりをつねに考え、模索している。

今回紹介した3品のベースとなるチョコレートは、味わいに個性があるのはもちろん、粒子のきめが細かく、口溶けのよさにおいても品質が際立っているヴァローナ社の製品を使用。素材の味がストレートに出るからこそ、自分たちが本当に使いたいと思う素材で作ることを大事にしている。

「エクスペリメ」は、黒糖の香りをもつヴァローナの「オレリス」を使った一品。地元・湘南の酒蔵の日本酒で作られた酒粕を組み合わせた。ボンボン・ショコラに和素材を使用するのは今回が初めてで、チョコレートとの組み合わせが非常に面白く、これからも開拓していきたいと伊藤さん夫妻は話す。

他に、同じ酒蔵のビールを使い、キャラメルとガナッシュを合わせるといったユニークな味づくりにも挑戦している。

ガナッシュは、バターを生クリームが沸騰してからチョコレートに加えて作る。作業性のよさに加え、バターを沸騰させることで保存性も高めている。

コンフィチュールのテクニックを応用

雪子さんは修業時代、コンフィチュールで有名なフランス・アルザス地方の『メゾン・フェルベール』でも経験を積んだ。

果実のおいしさを引き出す技術をボンボン・ショコラにも生かし、自家製のコンフィチュールやフルーツ漬けなどをセンターにしのばせることも多い。「日向夏」も、そうしたフルーツ系の一例。オレンジとプラリネの相性がよいことから、同じ柑橘系の日向夏を組み合わせた。

ビターな香りと酸味をもつ日向夏の風味を引き立てるガナッシュは、ヴァローナ社の61%チョコレート「エクストラ・ノワール」に、繊細なミルク感のある33%ミルクチョコレート「タナリヴァ・ラクテ」をブレンドし、味わいと香りに奥行きを出す。

一方、プラリネは、アーモンドとヘーゼルナッツのプラリネに、細かく砕いたナッツとキャラメルシュガーを加えた「プラリネ・クラッカン」を用い、カリカリとした歯ざわりをプラスする。配合するのは、カカオの香り豊かなチョコレート2種と、ミルクチョコレート1種の計3種類。カカオ感やバニラ香に特徴のあるヴァローナ社「ジヴァラ・ラクテ」は、とくにプラリネのような濃厚なナッツと相性がよい。

一方、ハーブティーから発想したさわやかな夏向けのショコラが「スヴニール」。2層構成で、下は、レモングラスとレモンバーベナ、ミントの香りをうつしたガナッシュ。上は、自家製のラムレーズンを加えたホワイトチョコレートのガナッシュ。

フルーティーな香りのマスカットレーズンをフランス・アルザス地方の白ワインに浸け、食感を残すため、乳化させたガナッシュに加える。白ブドウの高貴な香りと、ハーブのさわやかな香りが、華やかな余韻を残す。

「日向夏」や「スヴニール」のように2層に仕立てるボンボン・ショコラの場合は、味の濃淡のバランスも大事なポイントだ。アンフュゼする時間や、キャラメルの焦がし具合などを微調整し、チョコレートと調和をとりつつ、ケーキのように1粒で満足できる味わいに仕上げている。

PÂTISSERIE CHOCOLATERIE REMERCIER

パティスリー ショコラトリー ルメルシエ

オーナーシェフ　三本陽平

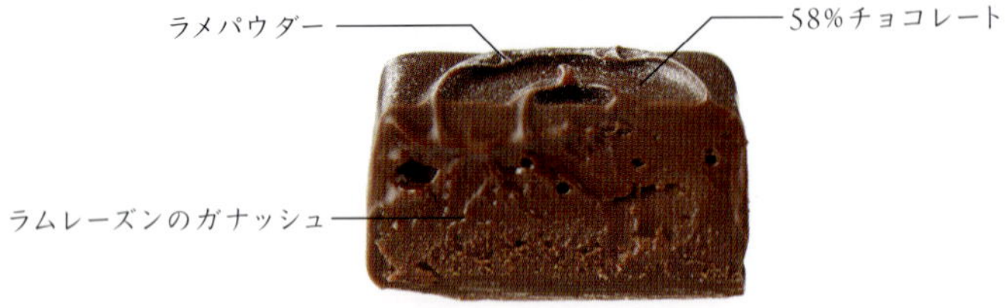

ラムレザン

さつま

バジル

ラムレザン
さつま
バジル
提供期間：未定
各230円（税別）

ラムレザン

ラムレーズンのガナッシュ

［材料］

◆2.5cm×2.5cm×高さ1cm　260個分

ラムレーズン＊…165g
38%生クリーム…594g
転化糖…61g
70%チョコレート（カサルカ社「サンタンデール」）…594g
70.5%チョコレート（バリーカレボー社「カレボー／70-30-38」）…594g
無塩バター…110g
ネグリタ ラム…110g

＊ラムレーズン
［材料］
◆仕込み量
レーズン…適量
ラム酒…適量
1 沸騰した湯（分量外）にレーズンを入れてふやかし、ザルに上げて水気をきる。
2 再度鍋に入れて火にかけ、水分が飛んでふっくらとしたらラム酒を少量加え、フランベする。
3 容器に移し、熱いうちにラム酒をひたひたに加え、室温におく。冷めたら室温または冷蔵庫でひと晩以上おく。

［作り方］

1 ラムレーズンの汁気をきり、粗みじん切りにする。
2 鍋に生クリームと転化糖を入れ、沸騰直前まで温める。
3 チョコレートをボウルに入れ、2を一気に加える。生クリームがいきわたり、粗熱がとれるまでおいてから、泡立て器で静かに混ぜ合わせて乳化させる。
4 バターを加えて混ぜ、泡立て器できちんと乳化させる。
5 1とラム酒を加え、泡立て器でていねいに混ぜ合わせる。
6 白い板の上にOPPフィルムを敷き、33cm×53cm×高さ1cmのカードルをおく。5の温度が26～28℃まで下がったら、カードルに流し入れ、カードで平らにならす。
7 18℃・湿度50%に調整した部屋にひと晩おいて固め、カードルをはずす。

シャブロネ・ギッターでカットする

［材料］

◆仕込み量
（使用するのはでき上がったうちの適量）

58%チョコレート（バリーカレボー社「カレボー／3815」）…適量
カカオバター…適量（チョコレートの3%量）
ラムレーズンのガナッシュ…適量

［作り方］

1 チョコレートとカカオバターを合わせてボウルに入れ、直火で50℃まで温める。マーブル台に3分の2くらいの量を流し、パレットナイフで広げたり集めたりしながら28℃まで下げる。ボウルに戻し入れ、30～31℃に調温する。
2 固めたガナッシュの上下両面にパレットナイフ（L字）でごく薄く、均一に塗る。
3 表裏を返してギッターにのせ、2.5cm幅に切る。ガナッシュの向きを90度変え、2.5cmに切る。乾燥しやすいように白い板の上に1個ずつ分けて並べ、18℃・湿度50%に調整した部屋にひと晩おく。

トランペ・仕上げ

［材料］

◆仕込み量
（使用するのはでき上がったうちの適量）

58%チョコレート（バリーカレボー社「カレボー／3815」）…適量
カカオバター…適量（チョコレートの3%量）
食用ラメパウダー…適量
ガナッシュ…適量

［作り方］

1 チョコレートとカカオバターを合わせてボウルに入れ、直火で50℃まで温める。マーブル台に3分の2くらいの量を流し、パレットナイフで広げたり集めたりしながら28℃まで下げる。ボウルに戻し入れ、30～31℃に調温する。
2 固めたガナッシュを1粒ずつトランペ用フォークにのせて1のチョコレートに沈め、引き上げて余分なチョコレートを落とす。
3 白い板の上に敷いたOPPフィルムの上に並べ、表面にうずまき模様のトランペ用フォークで模様を付ける。食用ラメパウダーを筆で薄く塗る。

さつま

さつま芋のガナッシュ

[材料]

◆2.5cm×2.5cm×高さ1cm　260個分

38%生クリーム…389g
はちみつ…59g
芋焼酎(黒霧島)…260g
58%チョコレート(バリーカレボー社「カレボー/3815」)…810g
33.6%ミルクチョコレート(バリーカレボー社「カレボー/823」)…418g
無塩バター…118g
さつま芋のソテー＊…195g

＊さつま芋のソテー

[材料]

◆仕込み量

さつま芋、無塩バター…各適量

1 さつま芋を洗ってアルミホイルで巻いて天板に並べて150℃のオーブンで20〜30分焼く。加熱時間はさつま芋の大きさによって調節する。
2 焼いたさつま芋を冷まし、皮ごと角切りにし、バターを熱したフライパンでソテーする。
3 水分が飛んで少し焦げ目がついたら火を止め、バットに移して冷まし、粗みじん切りにする。

[作り方]

1 鍋に生クリームとはちみつを入れ、沸騰させる。40℃くらいに温めた芋焼酎を加え、混ぜ合わせる。
2 チョコレートとミルクチョコレートをボウルに入れ、1を一気に加える。生クリームがいきわたり、粗熱がとれるまでおいてから、泡立て器で静かに混ぜ合わせて乳化させる。
3 バターを加えて混ぜ、泡立て器できちんと乳化させる。
4 さつま芋のソテーを加え、泡立て器で静かに混ぜる。
5 白い板の上にフィルムを敷き、33cm×53cm×高さ1cmのカードルをおく。4の温度が26〜28℃まで下がったら、カードルに流し入れ、カードで平らにならす。
6 18℃・湿度50%に調整した部屋にひと晩おいて固め、カードルをはずす。

シャブロネ・ギッターでカットする

[材料]

◆仕込み量
(使用するのはでき上がったうちの適量)

58%チョコレート(バリーカレボー社「カレボー/3815」)…適量
カカオバター…適量(チョコレートの3%量)
さつま芋のガナッシュ…適量

[作り方]

1 チョコレートとカカオバターを合わせてボウルに入れ、直火で50℃まで温める。マーブル台に2/3くらいの量を流し、パレットナイフで広げたり集めたりしながら28℃まで下げる。ボウルに戻し入れ、30〜31℃に調温する。
2 1を固めたガナッシュの上下両面にパレットナイフ(L字)でごく薄く、均一に塗る。
3 表裏を返してギッターにのせ、2.5cm幅に切る。ガナッシュの向きを90度変え、2.5cmに切る。乾燥しやすいように白い板の上に1個ずつ分けて並べ、18℃・湿度50%に調整した部屋にひと晩おく。

トランペ・仕上げ

[材料]

◆仕込み量
(使用するのはでき上がったうちの適量)

58%チョコレート(バリーカレボー社「カレボー/3815」)…適量
カカオバター…適量(チョコレートの3%量)
ガナッシュ…適量

[作り方]

1 チョコレートとカカオバターを合わせてボウルに入れ、直火で50℃まで温める。マーブル台に2/3くらいの量を流し、パレットナイフで広げたり集めたりしながら28℃まで下げる。ボウルに戻し入れ、30〜31℃に調温する。
2 固めたガナッシュを1粒ずつチョコレートフォークにのせて1のチョコレートに沈め、引き上げて余分なチョコレートを落とす。
3 白い板の上に敷いたOPPフィルムの上に並べ、表面にストラクチャーをのせて平らにし、18℃・湿度50%に調整した部屋にひと晩おいて模様をつける。

バジル

バジルのガナッシュ

［材料］

◆2.5cm×2.5cm×高さ1cm　260個分

バジルの葉…21.7g
38%生クリーム…838g
転化糖…84g
70%チョコレート（カサルカ社「サンタンデール」）…598g
70.5%チョコレート（バリーカレボー社「カレボー／70-30-38」）…520g
無塩バター…140g
バニラオイル…2g
E.X.Vオリーブオイル…52g

［作り方］

1 バジルの葉を洗って水気をきり、手でちぎる。
2 鍋に生クリームと転化糖を入れ、沸騰直前まで温める。1を加えて火を止め、ふたをして15分おいて香りを移す。
3 ハンドブレンダーで撹拌し、火をつけて再沸騰させ、火を止める。
4 チョコレート2種類をボウルに入れ、3を漉しながら一気に加える。漉すときはシノワにゴムベラを押しつけるようにして、バジルのエキスをしっかりと抽出する。生クリームがいきわたり、粗熱がとれるまでしばらくおいてから静かに混ぜ合わせる。
5 バターを加えて混ぜ、泡立て器できちんと乳化させる。
6 バニラオイル、オリーブオイルを加え、泡立て器でていねいに混ぜ合わせる。
7 白い板の上にフィルムを敷き、33cm×53cm×高さ1cmのカードルをおく。6の温度が26〜28℃まで下がったら、カードルに流し入れ、カードで平らにならす。
8 18℃・湿度50%に調整した部屋にひと晩おいて固め、カードルをはずす。

シャブロネ・ギッターでカットする

［材料］

◆仕込み量
（使用するのはでき上がったうちの適量）

58%チョコレート（バリーカレボー社「カレボー／3815」）…適量
カカオバター…適量（チョコレートの3%量）
バジルのガナッシュ…適量

［作り方］

1 チョコレートとカカオバターを合わせてボウルに入れ、直火で50℃まで温める。マーブル台に2/3くらいの量を流し、パレットナイフで広げたり集めたりしながら28℃まで下げる。ボウルに戻し入れ、30〜31℃に調温する。
2 1を固めたガナッシュの上下両面にパレットナイフ（L字）でごく薄く、均一に塗る。
3 表裏を返してギッターにのせ、2.5cm幅に切る。ガナッシュの向きを90度変え、2.5cmに切る。乾燥しやすいように白い板の上に1個ずつ分けて並べ、18℃・湿度50%に調整した部屋にひと晩おく。

トランペ・仕上げ

［材料］

◆仕込み量
（使用するのはでき上がったうちの適量）

58%チョコレート（バリーカレボー社「カレボー／3815」）…適量
カカオバター…適量（チョコレートの3%量）
ガナッシュ…適量
乾燥バジル…適量

［作り方］

1 チョコレートとカカオバターを合わせてボウルに入れ、直火で50℃まで温める。マーブル台に2/3くらいの量を流し、パレットナイフで広げたり集めたりしながら28℃まで下げる。ボウルに戻し入れ、30〜31℃に調温する。
2 固めたガナッシュを1粒ずつトランペ用フォークにのせて1のチョコレートに沈め、引き上げて余分なチョコレートを落とす。
3 白い板の上に敷いたOPPフィルムの上に並べ、表面に乾燥バジルを飾る。

PÂTISSERIE CHOCOLATERIE REMERCIER

パティスリー ショコラトリー ルメルシエ

チョコレート本来の味わいを生かす

　パティスリーを経て、『ミッシェル・ブラン』、『テオブロマ』、『ベルアメール』、『デカダンスドュショコラ』など、チョコレート専門店で経験を積んだ三本シェフ。パティスリーではチョコレートを使って味を組み立てるのに対し、専門店では、チョコレートそのものの味を生かす味づくりを学んだ。ボンボン・ショコラは、後者のアプローチをとり、チョコレート本来の味を重視し、センターはガナッシュ一層で構成することが多い。パート・ド・フリュイやフィアンティーヌなどは、食感の変化を与えるが、チョコレートの味を引き立てる役割はないと考え、むやみに使わない。華美なデコレーションや着色はほどこさず、チョコレートの色合いを生かすのもこだわり。

　ガナッシュは通常、2～3種類のチョコレートをブレンドする。その目的は、カカオ分をコントロールし、苦み、渋み、酸味などの要素をアクセントとして補うこと。チョコレート本来の味わいを大事にし、例えば酸味が欲しいときには、レモンを加える代わりに酸味のあるチョコレートを配合する。副素材よりもチョコレートのブレンドで理想の味を出すという考えだ。

　使用するチョコレートは、カレボー社を中心に15種類ほど。チョコレートそのものの味が感じられやすいビターチョコレートの使用頻度がもっとも多い。「カレボーは、よくも悪くもシンプル。合わせる素材によってチョコレートの味が変化するので、面白みがあります」と三本シェフ。一方、パンチのある味を出したいときは、個性の強いカサルカ社のチョコレートをブレンドして使うことが多い。

　さらに、三本シェフが好んで使用するのがお酒。少量でも加えることで、格段に風味が増すという。カクテルにヒントを得ることも多く、芋焼酎を主役にしたのが「さつま」。酒(液体)をガナッシュに加えるだけでは単調になってしまうため、直前にソテーしたさつま芋を加え、味わいや食感に広がりをもたせている。ガナッシュを作る際には、焼酎が大量に加わることで一気に温度が下がってしまうため、焼酎を40℃位に温めて加えるのもポイントだ。

　一方、「ラムレザン」も、ラム酒のふくよかな香りが深い余韻を残す一品だ。自家製のラムレーズンをきざんで加え、食感のアクセントを与えるとともに、鼻に抜ける華やかな香りを際立たせている。

自然な素材の味をチョコレートに融合

　レストランでの修業経験が長い三本シェフは、素材はできるだけフレッシュな状態で使い、香料などに頼らない。「バジル」も、生の状態からアンフュゼして香りを移すが、バジルの状態によって味が出るスピードが違うので、火を止めて15分経ったら必ず味を見て確認する。裏漉ししながらチョコレートに加える時は、シノワに押しつけながらバジルのエキスをよく移すようにするのもポイントだ。

　ガナッシュは、生クリームを一度に加え、乳化させていく。「分離させてから乳化させる方法もありますが、できるだけ少ない手数で乳化させたいので、一気につないでいきます」と三本シェフ。仕上げにハンドブレンダーを使う場合もあるが、具が入る場合は細かくなりすぎてしまうので使用しない。

　また、ギッターでカットする前にガナッシュの表面をコーティングするが、その目的は、①表面をきれいに仕上げる、②ギッターでカットしやすくする、③仕上げのコーティングをかかりやすくする、の3つ。こつは、ガナッシュを触り過ぎないように手早く行なうこと。厚くかけすぎると食感が悪くなってしまうので注意する。また、仕上げのコーティングでは、センターのガナッシュが冷えすぎているとツヤがなく、ぼってりとした仕上がりになってしまうため、室温においてから作業する。こうした一連の丁寧な仕事があってこそ、美しく、口どけのよいショコラが完成するのだ。

chocolate branch

チョコレートブランチ

シェフショコラティエ　時本祐司

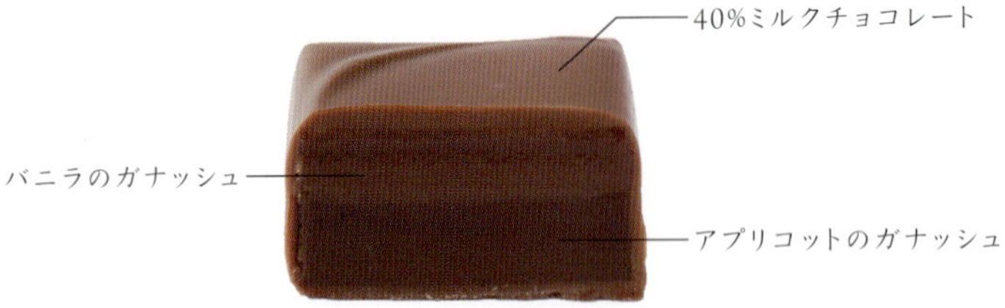

アプリコット・バニラ

ローズ・ベリー・シトロン

キャラメル・ポワール

柚子キャラメル・胡麻とヘーゼルナッツのプラリネ・抹茶

深煎りカフェ・ピーカンナッツのプラリネ

アプリコット・バニラ
キャラメル・ポワール
ローズ・ベリー・シトロン
柚子キャラメル・胡麻と
ヘーゼルナッツのプラリネ・抹茶
深煎りカフェ・ピーカンナッツのプラリネ

提供期間：各通年（季節により入れ替えあり）
各260円～（税込）

アプリコット・バニラ

アプリコットのガナッシュ

［材料］

◆2.1cm×2.8cm×1cm　88個分

アプリコットピューレ…100g
転化糖…20g
41%ミルクチョコレート（バリーカレボー社「カカオバリー／アルンガ」）…180g
無塩バター…25g
アプリコットリキュール…5g

［作り方］

1 鍋にアプリコットピューレを入れ、転化糖を加えて沸騰させる。火からおろし、40℃に冷ましておく。
2 1と40℃に溶かしたチョコレートを合わせて、バーミックスで乳化させる。
3 39℃以下になっているのを確認してバターを加え、バーミックスで乳化させる。
4 アプリコットリキュールを加えて乳化させる。
5 OPPフィルムの上に22.8cm×23.5cm×高さ0.5cmのガナッシュフレームをおき、内側に4を流してパレットナイフで枠いっぱいにのばしていく。15℃の環境で12時間結晶させる。

バニラのガナッシュ

［材料］

◆2.1cm×2.8cm×1cm　88個分

35%生クリーム…136g
バニラのさや（タヒチ産）…1/4本
転化糖…20g
68%チョコレート（ヴァローナ社「ニアンボ」）…143g
無塩バター…23g
ウォッカ…8g

［作り方］

1 バニラのさやを割いてバニラビーンズを取り出し、さや、生クリームとともに鍋に入れる。沸騰させて火を止め、ふたをして5分程度香りづけしてから、さやを取り出す。
2 1に転化糖を加えてゴムべらで混ぜて溶かす。40℃に冷ましておく。
3 2とレンジで40℃に溶かしたチョコレートを合わせて、バーミックスで乳化させる。
4 39℃以下になっているのを確認して、バターを加えて乳化させる。
5 ウォッカを加えて乳化させる。
6 冷やし固めたアプリコットのガナッシュの枠の上に22.8cm×23.5cm×高さ0.5cmの枠を組み、内側に5を流してパレットナイフで枠いっぱいにのばしていく。15℃の環境で12時間結晶させる。

シャブロネ・ギッターでカットする

［材料］

◆仕込み量
（使用するのはでき上がったうちの適量）

40.5%ミルクチョコレート（オペラ社「ディボ」）…適量
ガナッシュ…適量

［作り方］

1 チョコレートをテンパリング（40〜45℃に上げて、26℃に下げ、再度31℃に上げる）し、シャブロネ用チョコレートを作る。
2 固めたガナッシュを枠の内側にナイフをそわせて枠から外し、1をパレットナイフで上面にのみごく薄く、均一に塗る。
3 2.1cm×2.8cm×1cmにギッターでカットし、OPPフィルムの上に、くっつかないように1つずつ離しておき、15℃の環境で12時間結晶させる。

トランペ・仕上げ

［材料］

◆仕込み量
（使用するのはでき上がったうちの適量）

40.5%ミルクチョコレート（オペラ社「ディボ」）…適量
ガナッシュ…適量

［作り方］

1 オートタイプのエンローバーを起動して、テンパリングの温度を設定して（40〜45℃に上げて、26℃に下げ、再度31℃に上げる）、チョコレートをエンローバーに入れてテンパリングする。
2 エンローバーのコンベアにカットしたガナッシュをのせ、コーティングする。コンベア上で随時、丸の抜き型を使い表面に模様をつける。ロウ塗りのシート上に出てきたものを、シートごと板の上にのせて、15℃の環境で12時間結晶させる。

ローズ・ベリー・シトロン

シトロンのパート・ド・フリュイ

［材料］

◆2.1cm×2.8cm×1cm　88個分

グラニュー糖…83g
ペクチン…2g
シトロンピューレ…105g
トレハロース…38g
グルコース…28g
クエン酸50%溶液…2g

［作り方］

1 グラニュー糖8gとペクチンをボウルに入れ、ダマにならないようにスプーンで混ぜ合わせておく。
2 鍋にシトロンピューレを入れ、沸騰直前まで温めて1を加え、ゴムべらでよく混ぜる。
3 2にグラニュー糖75g、トレハロース、グルコースを加えて106℃まで煮詰めたら火を止める。
4 クエン酸溶液を素早く混ぜ、シルパットにおいた22.8cm×23.5cm×高さ0.3cmの枠に流して、パレットナイフで表面をならす。

ローズのガナッシュ

［材料］

◆2.1cm×2.8cm×1cm　88個分

35%生クリーム…34g
転化糖…8g
33%ミルクチョコレート（ヴァローナ社「タナソヴァラクテ」）…71g
無塩バター…10g
ウォッカ…1g
バラのオイル…0.4g

［作り方］

1 鍋に生クリームと転化糖を入れ、混ぜながら40℃になるまで温める。
2 40℃に溶かしたチョコレートと1を合わせて、バーミックスで乳化させる。
3 39℃以下になっているのを確認し、バターを加えて乳化させる。
4 ウォッカとバラのオイルを加えて乳化させる。
5 OPPフィルムの上に、枠で固めたパート・ド・フリュイをおき、その上に22.8cm×23.5cm×高さ0.3cmの枠を重ねる。枠の中に4を流して、パレットナイフで表面をならす。15℃の環境で12時間結晶させる。

ベリーのガナッシュ

［材料］

◆2.1cm×2.8cm×1cm　88個分

フランボワーズピューレ…70g
フレーズピューレ…15g
転化糖…19g
70%チョコレート（バリーカレボー社「カレボー／サントメ」）…117g
カカオバター…7g
無塩バター…20g
オー・ド・ヴィー・ド・フランボワーズ…5g

［作り方］

1 鍋に2種のピューレを入れ、転化糖を加えて沸騰させ、40℃に冷ましておく。
2 1とレンジで40℃に溶かしたチョコレートを合わせて、バーミックスで乳化させる。
3 39℃以下になっているのを確認して、バターを加えて乳化させる。
4 フランボワーズのブランデーを加えて乳化させる。
5 シトロンのパート・ド・フリュイとローズのガナッシュを重ねた枠をOPPフィルムの上におく。上に22.8cm×23.5cm×高さ0.5cmの枠を重ねて、枠の中に4を流して、パレットナイフで表面をならす。15℃の環境で12時間結晶させる。

シャブロネ・ギッターでカットする

［材料］

◆仕込み量
（使用するのはでき上がったうちの適量）

58%チョコレート（バリーカレボー社「カレボー／3815」）…適量
ガナッシュ（とプラリネ）…適量

［作り方］

1 チョコレートをテンパリング（45〜50℃に上げて、27℃に下げ、再度32℃に上げる）し、シャブロネ用チョコレートを作る。
2 固めたガナッシュを枠の内側にナイフをそわせて枠から外す。1を上面のみにパレットナイフでごく薄く、均一に塗る。
3 2.1cm×2.8cm×1cmにギッターでカットし、OPPフィルムの上に、くっつかないように1つずつ離しておき、15℃の環境で12時間結晶させる。

トランペ・仕上げ

［材料］

◆仕込み量
（使用するのはでき上がったうちの適量）

64%チョコレート（バリーカレボー社「カカオバリー／エキストビター」）…適量
ガナッシュ…適量
シトロンの皮のシロップ漬けを乾燥させたもの…適量
フランボワーズのフリーズドライ…適量
フレーズのフリーズドライ…適量
食用バラ…適量

［作り方］

1 オートタイプのエンローバーを起動して、テンパリングの温度を設定して（45〜50℃に上げて、27℃に下げ、再度32℃に上げる）、チョコレートをエンローバーに入れてテンパリングする。
2 エンローバーのコンベアにカットしたガナッシュをのせ、コーティングする。コンベア上で随時、シトロンのシロップ漬けを乾燥させたもの、フランボワーズのフリーズドライ、フレーズのフリーズドライ、食用バラをちらし、上からOPPフィルムで押さえる。
3 ロウ塗りのシート上に出てきたものを、シートごと板の上にのせて、15℃の環境で12時間結晶させる。

キャラメル・ポワール

ポワールのコンフィチュール

［材料］

◆モールド型
(CHOCOLATE WORLD 1526)　56個分

ペクチン…4g
果糖…38g
ポワールピューレ…63g
トレハロース…20g
レモン汁…2g

［作り方］

1 ペクチンと果糖をスプーンであらかじめ混ぜ合わせておく。
2 鍋にポワールピューレを入れ、ゴムべらで混ぜながら沸騰直前まで温める。に1を加えて溶かし、トレハロースを加えて沸騰させ、火を止めてレモン汁を加える。
3 2をボウルに移し、冷水で26℃以下になるまで冷やしておく。

ガナッシュ

［材料］

◆モールド型
(CHOCOLATE WORLD 1526)　56個分

グラニュー糖…15g
グルコース…4g
35%生クリーム…66g
ポワールピューレ…13g
転化糖…2g
トレハロース…2g
32%ミルクチョコレート（バリーカレボー社「カレボー／ジャワ」）…49g
68%チョコレート（ヴァローナ社「ニアンボ」）…14g
無塩バター…6g
ポワールリキュール…2g

［作り方］

1 鍋にグラニュー糖とグルコースを入れて、キャラメルをやや深めに炊き火からおろす。
2 1と同時進行で、別の鍋に生クリームとポワールピューレを入れて沸騰寸前まで温め、火からおろしたばかりの1に加える。ゴムべらで混ぜ合わせる。
3 2に転化糖とトレハロースを加えて溶かす。
4 ボウルに2種のチョコレートを合わせて40℃に温め、40℃に冷ました3を合わせて、バーミックスで乳化させる。
5 39℃以下になっているのを確認して、バターを加えてバーミックスで乳化させる。
6 5にポワールリキュールを加えてさらに乳化させる。

型どり

［材料］

◆モールド型
(CHOCOLATE WORLD 1526)　56個分

カカオバター…適量
チョコレート用色素（黄色、黄緑色、白色）…適量
40%ミルクチョコレート（オペラ社「ディボ」）…適量

［作り方］

1 つやよく仕上げるため、カカオバターをテンパリング（45℃に上げて27℃まで下げ、再度32～33℃に調整）する。カカオバターにチョコレート用色素を1種ずつ溶かし混ぜ、1色ずつチョコレートピストレに入れる。
2 台にOPPフィルムを敷いて型をおき、1をピストレする。マットな状態になったら、別の色を順次ピストレしていく。白は一番最後にピストレすることで、見ばえよく仕上げる。1をすべてピストレし、マットな状態になったら、上面の余分なカカオバターをまとめてスケッパーでこそげ取る。
3 チョコレートをテンパリング（40～45℃に上げて26℃まで下げ、再度31℃に調整）する。
4 3に4を流し、型を叩いて空気を抜き、全体にむらなくいきわたらせる。すぐに型を逆さまにして余分なチョコレートを出す。上面の余分なチョコレートをスケッパーできれいにこそげ取り、OPPフィルムを敷いた台の上に逆さまにしておき、チョコレートが削れる固さになったら、表面の余分なチョコレートをスケッパーで削りとる。15℃の環境で12時間結晶させる。

組み立て・仕上げ

［材料］

◆モールド型
(CHOCOLATE WORLD 1526)　56個分

ポワールのコンフィチュール…112g
ガナッシュ…168g
40%ミルクチョコレート（オペラ社「ディボ」）…適量

［作り方］

1 型どりしたチョコレートの型にポワールのコンフィチュールを1個につき2g絞り、冷蔵庫に10分おいて固める。
2 2の上にガナッシュを1個につき3g絞り、15℃の環境で12時間結晶させる。
3 テンパリング（40～45℃に上げて、26℃まで下げ、31℃に調整）したミルクチョコレートを絞り袋に入れて2の上から流し、ふたをする。上にOPPフィルムをおき、表面をスケッパーでならす。そのまま15℃の環境で12時間結晶させる。
4 固まったらOPPフィルムを外し、台の上で軽く型を叩いて、出来あがったボンボン・ショコラをはずす。

柚子キャラメル・胡麻とヘーゼルナッツのプラリネ・抹茶

胡麻とヘーゼルナッツのプラリネ

［材料］

◆モールド型（カカオバリー「ドミ・スフェール（半球）30mm／28個取）　56個分

グラニュー糖…16g
水…4g
黒胡麻…11g
ヘーゼルナッツ…14g
35%チョコレート（ヴァローナ社「ドゥルセ」）…20g
カカオバター…2g

［作り方］

1 鍋にグラニュー糖、水、胡麻、ヘーゼルナッツを入れ、風味を生かすためやや浅めにキャラメリゼする。シルパットにあけ、冷ます。
2 1をフードプロセッサーにかけ粗めのペーストにする。
3 レンジで溶かしたチョコレート、カカオバター、2をゴムベラで混ぜ合わせる。

柚子キャラメルのガナッシュ

［材料］

◆モールド型（カカオバリー「ドミ・スフェール（半球）30mm／28個取）　56個分

グラニュー糖…8g
トレハロース…4g
グルコース…3g
35%生クリーム…42g
柚子ピューレ…12g
32%ミルクチョコレート（バリーカレボー社「カレボー／ジャワ」）…34g
58%チョコレート（バリーカレボー社「カレボー／3815」）…4g
無塩バター…3g
ライムリキュール…2g

［作り方］

1 鍋にグラニュー糖、トレハロース、グルコースを入れて中程度の焦がし具合のキャラメルを作る。
2 別の鍋で沸騰させた生クリームと柚子ピューレを、1に数回に分けて加える。40℃に冷ましておく。
3 レンジで溶かして40℃にした2種のチョコレートと2を合わせ、バーミックスで乳化させる。
4 39℃以下になっているのを確認してバターを加え、乳化させる。
5 さらにライムリキュールを加えて乳化させる。

抹茶のガナッシュ

［材料］

◆モールド型（カカオバリー「ドミ・スフェール（半球）30mm／28個取）　56個分

生クリーム（35%）…55g
転化糖…6g
45%ホワイトチョコレート（カサルカ社「シエラ」）…41g
抹茶…2g
無塩バター…7g
抹茶リキュール…1g

［作り方］

1 鍋に生クリームと転化糖を入れ、ゴムべらで軽く混ぜながら40℃に温める。
2 レンジでチョコレートを溶かして40℃にし、抹茶を加えてダマにならないようにゴムべらでよく混ぜる。1と合わせてバーミックスで乳化させる。
3 39℃以下になっているのを確認してバターを加え、乳化させる。
4 さらに抹茶リキュールを加えて乳化させる。

型どり

［材料］

◆仕込み量（または作りやすい分量）

チョコレート用色素（黄色、緑色、黒色、白色）…各適量
64%チョコレート（バリーカレボー社「カカオバリー／エキストラビター」）…適量

［作り方］

1 型に銀のパールパウダーを塗る。
2 つやよく仕上げるため、カカオバターをテンパリング（45℃に上げて27℃まで下げ、再度32〜33℃に調整）する。チョコレート用色素を1種ずつ溶かしたカカオバターを、チョコレートピストレに入れる。
3 台にOPPフィルムを敷いて型をおき、1をピストレする。マットな状態になったら、別の色を順次ピストレしていく。白は一番最後にピストレすることで、見ばえよく仕上げる。1をすべてピストレし、マットな状態になったら、上面の余分なカカオバターをまとめてスケッパーでこそげ取る。
4 チョコレートをテンパリング（45℃に上げて27℃まで下げ、再度32〜33℃に調整）する。
5 3に4を流し、型を叩いて空気を抜き、全体にむらなくいきわたらせる。すぐに型を逆さまにして余分なチョコレートを出す。OPPフィルムを敷いた台の上に逆さまにしておいておき、チョコレートが削れる固さになったら、表面の余分なチョコレートをスケッパーで削りとる。
6 15℃の環境で12時間結晶させる。

組み立て・仕上げ

［材料］

◆モールド型（カカオバリー「ドミ・スフェール（半球）30mm／28個取）　56個分

胡麻とヘーゼルナッツのプラリネ…適量
柚子キャラメルのガナッシュ…適量
抹茶のガナッシュ…適量
58%チョコレート（バリーカレボー社「カレボー／3815」）…適量

［作り方］

1 型どりをした型に、胡麻とヘーゼルナッツのプラリネを1gずつ絞る。15℃の環境で12時間やすませる。
2 1に、柚子キャラメルのガナッシュを2gずつ絞って固める。15℃の環境で12時間やすませる。
3 2に、抹茶のガナッシュを2gずつ絞る。15℃の環境で12時間やすませる。
4 ガナッシュを絞って固めた上からテンパリング（45〜50℃に上げて、27℃まで下げ、32℃に調整）したチョコレートを絞り袋に入れて流し、ふたをする。上にOPPフィルムをおき、表面をスケッパーでならす。そのまま15℃の冷蔵庫で12時間やすませる。
5 固まったらOPPフィルムを外し、台の上で軽く型を叩いて、出来あがったボンボン・ショコラをはずす。

深煎りカフェ・ピーカンナッツのプラリネ

ピーカンナッツのプラリネ

[材料]

◆2.1cm×2.8cm×1cm　88個分

バニラのさや…1/5本分
グラニュー糖…22g
ピーカンナッツ…73g
粉糖…25g
39%ミルクチョコレート（バリーカレボー社「カレボー／アリバ」）…71g
カカオバター…12g

[作り方]

1 バニラのさやを割いて種を取り出し、グラニュー糖とともに鍋に入れて加熱する。ピーカンナッツの風味を生かすため、浅めのキャラメルを作る。火からおろし、シルパットにうすく流しておく。
2 1と、オーブンで香ばしくなるまでしっかりローストしたピーカンナッツ、粉糖をフードプロセッサーにかけて粗めのプラリネにする。
3 レンジで溶かしたミルクチョコレートとカカオバターを2に混ぜ合わせる。
4 OPPフィルムの上に22.8cm×23.5cm×高さ0.2cmの枠をおき、3を流し入れる。パレットナイフで表面をならし、15℃の環境で12時間結晶させる。

深煎りカフェのガナッシュ

[材料]

◆2.1cm×2.8cm×1cm　88個分

コーヒー豆…5g
35%生クリーム…158g
転化糖…22g
75%チョコレート（ドモーリ社「スル・デル・ラゴ」）…110g
56%チョコレート（ヴァローナ社「カラク」）…76g
無塩バター…27g
モカリキュール…9g

[作り方]

1 深めにローストしたコーヒー豆を紙に包んで、麺棒で細かくなるまで砕く。
2 1と生クリームを鍋に入れて沸騰させたら、火を止めてふたをする。そのまま10分程度香りづけをする。豆に生クリームが吸われてしまうので、少し多めに計量しておき、足りないようなら158gになるよう生クリームを追加する。
3 2に転化糖を加えて、ゴムべらで混ぜ溶かす。
4 レンジで40℃に溶かした2種のチョコレートと、40℃に冷ました2をボウルに合わせて、バーミックスで乳化させる。
5 39℃以下になっているのを確認し、バターを加えてバーミックスで乳化させる。
6 モカリキュールを加えて、さらに乳化させる。
7 冷やし固めておいたピーカンナッツのプラリネの枠の上に、22.8cm×23.5cm×高さ0.8cmの枠をおき、6を流し入れる。パレットナイフで表面をならし、15℃の環境で12時間結晶させる。

シャブロネ・ギッターでカットする

[材料]

◆仕込み量
（使用するのはでき上がったうちの適量）

64%チョコレート（バリーカレボー社「カカオバリー／エキストラビター」）…適量
ガナッシュ（とプラリネ）…適量

[作り方]

1 チョコレートをテンパリング（40〜45℃に上げて、26℃に下げ、再度31℃に上げる）し、シャブロネ用チョコレートを作る。
2 固めたガナッシュ（とプラリネ）を枠の内側にナイフをそわせて枠から外し、ピーカンナッツのプラリネが上になるようOPPフィルムの上におく。1を上面のみにパレットナイフでごく薄く、均一に塗る。
3 2.1cm×2.8cm×1cmにギッターでカットし、OPPフィルムの上に、くっつかないように1つずつ離しておき、15℃の環境で12時間やすませる。

トランペ・仕上げ

[材料]

◆仕込み量
（使用するのはでき上がったうちの適量）

64%チョコレート（バリーカレボー社「カカオバリー／エキストラビター」）…適量
32%ミルクチョコレート（バリーカレボー社「カレボー／ジャワ」）…適量
ガナッシュ…適量
コーヒー豆（砕いたもの）…適量

[作り方]

1 オートタイプのエンローバーを起動して、テンパリングの温度を設定して（45〜50℃に上げて、27℃に下げ、再度32℃に上げる）、チョコレートをエンローバーに入れてテンパリングする。
2 エンローバーのコンベアにカットしたガナッシュをのせ、コーティングする。コンベア上で随時、別途テンパリングしたミルクチョコレートを使って、コルネで小さな丸を絞り、その部分をつまようじでのばして模様を描く。さらにローストしたコーヒー豆を飾る。
3 ロウ塗りのシートト上に出てきたものを、シートごと板の上にのせて、15℃の環境で12時間結晶させる。

chocolate branch

チョコレートブランチ

素材使いで個性を出した華やかなラインナップ

工場の集まった、意外なロケーションに位置するショコラトリーで腕をふるうのは、シェフショコラティエの時本祐司さん。お店まるごとがリボンでラッピングされたような外観の店内に足を踏み入れると、華やかなボンボン・ショコラが常時20種ほど、並んでいる。

シェフは、もともと興味があったチョコレートの技術を、知識のない状態からほぼ独学で高めた。目指すのは、一つずつの個性がくっきりと際立つボンボン・ショコラで、「柚子キャラメル・胡麻とヘーゼルナッツのプラリネ・抹茶」という和素材を組み合わせた和テイストのものしかり、「ローズ・ベリー・シトロン」を合わせた華やかさと爽やかさが融合した一品しかり、それぞれに存在感を放っている。「カルヴァドス」「山崎12年」「レモンチェッロ」「洋梨のオードヴィ」といった、単一のお酒が主役の商品も充実しているのが特徴だ。

「カフェ＆ピーカンナッツのプラリネ」のような2層になったタイプでは、先に舌で感じてほしいピーカンナッツのプラリネの層を下にし、上にはコーヒー味のガナッシュを配する。その他も同様の考えで、3層からなる「ローズ・ベリー・シトロン」では、下からベリーのガナッシュ、シトロンのパート・ド・フリュイ、ローズのガナッシュの順に重ねているが、ローズのガナッシュの厚みは2㎜、ほのかな甘酸っぱさを添えるベリーのガナッシュの厚みは5㎜というバランスだ。

味はもちろん、丁寧な仕上げによる美しいビジュアルを重視し、色や形のバリエーションが豊富。第一に素材がイメージできるビジュアルを心がけているため、「柚子キャラメル・胡麻のプラリネ・抹茶」には、抹茶のグリーンや柚子のオレンジをスプレーであしらう。このとき、白を最後に吹き付けると美しく仕上がるのがポイントだ。「深煎りカフェ・ピーカンナッツのプラリネ」は、コーヒー豆を飾り、横にチョコレートで模様を描くが、コーヒーカップから立ちのぼる湯気のようなデザインが印象に残る。

乳化は温度を均一化し低めの温度帯で作業

シェフによって異なる乳化の工程だが、時本シェフの場合はチョコレート、生クリームとも40℃に温めて混ぜ、40℃以下に調整したバターを加える手法を選択している。それは、温度が高いと食感がザラザラしてしまい、低いとうまく乳化しないことがあるからだ。

最後にリキュールを加えるケースでは、温度が高いと香りも飛んでしまうため、その時点でなるべく低い温度帯で作業したいというのも理由の一つ。試作等ではバーミックスを使って乳化させ、大量に仕込むときは真空ミキサーを使用する。

オート式のエンローバーを導入しているが、仕上げにコーティングを施すタイプは、カバーも味の一部と捉え、ごく薄くかけるのではなく、ほどよい厚さのチョコレートで覆うことで、やわらかいガナッシュとの食感のコントラストが楽しめるよう意識している。時本シェフはエンローバーに詳しく、メンテナンスも自身で可能なため、万が一の急なトラブルにも対応、解決できることが強みだ。

シェフにとって、ボンボン・ショコラの魅力とは。「材料として50種ほどのチョコレートを扱っているのですが、それ以上に幅広い選択肢があり、さまざまな素材を合わせることで無限のパターンが生まれるのが魅力。ルセットがマッチしたときに、相乗効果でもともとの素材以上のおいしさを引き出せるのが醍醐味だと感じます」。バリエーション豊かにアイデアを練るのはひと苦労だが、外出先で見かけたものや、展示会などあらゆる場所でヒントを得て刺激にしている。

新作への取り組みも意欲的で、バレンタイン時期には約20種を新たに発表し好評を博した。次シーズンのバレンタインに照準をあててパッケージデザインをリニューアルするとともに、新商品開発に注力する構えだ。

Patisserie cri de coq

パティスリー クリド コック

オーナーシェフパティシエ　深澤義人

ミント

キャラメル

ミント
キャラメル
提供期間：各通年（夏期は休止日あり）
各300円（税別）

ミント

ガナッシュ

[材料]

◆3cm×3cm×高さ1.2cm　49個分

66.8%チョコレート（バリー・カレボー社「カレボー／ブラジル」）…180g
39%ミルクチョコレート（バリーカレボー社「アリバ」）…115g
35%生クリーム（中沢乳業）…470g
転化糖…15g
ミント…10g
無塩バター…22g
ホワイト・ラム（バカルディジャパン）…12g

[作り方]

1 2種のチョコレートを500Wの電子レンジに1分～1分30秒かけて、8割ほど溶かす。
2 生クリームと転化糖を鍋で沸かす。沸騰したらミントを茎ごと加えて火を止め、5分ほどおく。
3 2をシノワで漉して、ときどきかき混ぜながら45～50℃まで下げる。
4 チョコレートの1/4量を3に加える。分離したらハンドブレンダーで混ぜながら残りのチョコレートを3回に分けて加え、しっかり乳化させる。
5 4に常温のバター、ラム酒を加え、ハンドブレンダーでしっかり混ぜる。
6 21cm×21cmの型に流し、15～20℃・湿度20%以下の環境でひと晩おく。

シャブロネ・カットする

[材料]

◆仕込み量

64.5%チョコレート（チョコヴィック社「トバド」）…適量
ガナッシュ…適量

[作り方]

1 チョコレートをテンパリングする。
2 ガナッシュの上面に1をスパチュールで薄く塗る。ひっくり返して包丁で3cm×3cmにカットする。
3 シートを敷いた板の上に1個ずつ隙間を空けて並べ、15～20℃の環境でひと晩おく。

トランペ・仕上げ

[材料]

◆仕込み量

64.5%チョコレート（チョコヴィック社「トバド」）…適量
ガナッシュ…適量

[作り方]

1 チョコレートをテンパリングし、トランペ用チョコレートを作る。
2 ガナッシュをチョコレートフォークにのせてチョコレートにくぐらせ、薄くトランペする。
3 余分なチョコレートを落とし、シリコンペーパーにのせる。
4 固まらないうちに角に斜めにストローをおき、固まったら外す。

キャラメル

ガナッシュ

［材料］

◆3cm×3cm×高さ1.5cm　49個分

40%ミルクチョコレート（ヴァローナ社「ジヴァラ・ラクテ」）…200g
70%チョコレート（オペラ社「カルパノ」）…40g
グラニュー糖…92g
水あめ…33g
35%生クリーム（中沢乳業）…170g
バニラビーンズ…1/4本
無塩バター…20g

［作り方］

1 2種のチョコレートを500Wの電子レンジに1分〜1分30秒かけて、8割ほど溶かす。
2 グラニュー糖、水あめを火にかけて、焦げたら沸騰を保ちつつ生クリームを5〜6回に分けて加える。バニラビーンズのさやと種を加えて火を止める。
3 2をシノワで漉して、ときどきかき混ぜながら40〜45℃まで下げる。
4 チョコレートのうち1/4量を3に加える。分離したらハンドブレンダーで混ぜながら残りのチョコレートを3回に分けて加え、しっかり乳化させる。
5 4に常温のバターを加え、ハンドブレンダーでしっかり混ぜる。
6 21cm×21cmの型に流し、15〜20℃・湿度20%以下の環境でひと晩おく。

シャブロネ・カットする

［材料］

◆仕込み量

36.5%ミルクチョコレート（チョコヴィック社「セイロン」）…適量
ガナッシュ…適量

［作り方］

1 チョコレートをテンパリングする。
2 ガナッシュの上面に1をスパチュールで薄く塗る。ひっくり返して包丁で3cm×3cmにカットする。
3 シートを敷いた板の上に1個ずつ隙間を空けて並べ、15〜20℃の環境でひと晩おく。

トランペ・仕上げ

［材料］

◆仕込み量

36.5%ミルクチョコレート（チョコヴィック社「セイロン」）…適量
ガナッシュ…適量

［作り方］

1 チョコレートをテンパリングし、トランペ用チョコレートを作る。
2 ガナッシュをチョコレートフォークにのせてチョコレートにくぐらせ、薄くトランペする。
3 余分なチョコレートを落とし、シリコンペーパーにのせる。
1 固まらないうちに角に斜めにストローをおき、固まったら外す。

Patisserie cri de coq
パティスリー クリド コック

家族で楽しめる大ぶりなボンボン・ショコラ

店名のコック（にわとり）は、家族の幸せを象徴する動物。深澤義人さんは2014年に独立する際「家族でお菓子を食べて欲しい」との願いから、コックを店名に冠した。同店のボンボン・ショコラが3㎝×3㎝×高さ1.2㎝と大ぶりなのも「シェアできるサイズ」にするためだ。一般的なボンボン・ショコラよりも2回りほど大きく、半分にカットしても十分に味が楽しめる。

店頭に並ぶボンボン・ショコラは、多い時期で17〜18種。そのうちのいくつかは「柚子」「箕面ビール」「日本酒」など、地元の素材をメインにしたガナッシュのものだ。出身地で独立を果たした深澤さんは、なるべく地元の素材をお菓子に使いたいと考えている。今回紹介する「ミント」も、実は地元素材のボンボン・ショコラなのだ。

主役は知人である農家から届いた無農薬栽培のミント。驚くほど強い香りを存分に生かすため、沸かした生クリームにミントを茎ごとすべて加えてアンフィゼしている。ミントを濾した後は沸騰させずに、香りを残したままチョコレートと撹拌。合わせるチョコレートは、ミントの強さに負けないほど酸味のある66.8%の「カレボーのブラジル」と、まろやかさを出すためにブレンドする39%の「アリバ」とした。

深澤さんのガナッシュは途中で一度分離させ、乳化を強化するのが特徴だ。口溶けが早いとミントの余韻が残りすぎるため、生クリームの分量を控えめにして、固めの食感に仕上げている。

シャブロネとトランペは64.5%の「トバド」を使う。流動性があまりないので厚めのコーティングになるが、非常にビターなためミントとの相性はいい。カットとトランペは手作業で、一つ一つ心を込めて作り上げている。

口にすると鮮烈なミントの爽快感に、葉っぱそのものの青さがあふれ出す。深澤さん曰く「チョコミントを逆転させたような」印象の、ガツンとワイルドなボンボン・ショコラとなった。

濃厚なキャラメル菓子をガナッシュで表現

もう一つの「キャラメル」も、濃厚な味わいのボンボン・ショコラだ。深澤さんの狙いは「駄菓子のキャラメルのように硬くて粘り気のある、糸を引くようなキャラメル」をボンボン・ショコラで表現すること。一旦濃いキャラメルを作り、チョコレートを練り込んでゆくような感覚でガナッシュに仕上げる。手順としてはしっかり焦がした砂糖を沸騰させたまま、伸ばすつもりで生クリームを少しずつ加えてゆき、熱々を濾してから冷ます。合わせるチョコレートは「キャラメル感がある」と感じた、ヴァローナ社の「ジヴァラ・ラクテ」。70%のオペラ社「カルパノ」を少しブレンドして、カカオの風味を強調した。こちらも一度分離させる方法で乳化を強め、最後にバターで追油を行って濃厚かつ口溶けのいいテクスチャーを実現している。

シャブロネとトランペは、ミルク感の強い36.5%ミルクチョコレート「セイロン」。キャラメルの香ばしさをマイルドに包み込み、全体の印象を和らげている。香ばしくて濃い「キャラメル」は、同店の売れ筋ナンバーワンだ。

修業時代には名店「パレ・ド・オール」でチョコレートを学び、感銘を受けたという深澤さん。しかし同店は郊外に立地し、ファミリーユースをテーマにしていたこともあり、開業当初はボンボン・ショコラを作っていなかった。2年目の年に、ふと「もう一度やってみようかな」と思い立ち、作ってみたところ意外にも大好評。気がつけば生菓子のショーケースのうち半分ほどをボンボン・ショコラが占めるようになった。

素材の味がはっきりとわかり、手がけのコーティングが優しい表情を見せる。深澤さんのおおらかなボンボン・ショコラは、まさしく〝家族〟にふさわしい佇まいだ。

Pâtisserie le Lis

フランス菓子 ルリス

オーナーパティシエ　須山真吾

アメール

ピスターシュ

マントン

アメール
ピスターシュ
マントン
提供期間:各通年
各210円(税別)

アメール

ビターガナッシュ

［材料］

◆3cm×2cm×高さ1cm　150個分

35%生クリーム…440g
転化糖…26.4g
70%チョコレート（カサルカ社
「コロンビア」）…440g
無塩バター…66g

［作り方］

1 鍋に生クリームと転化糖を入れて沸騰させ、ボウルに入れたチョコレートに2/3量を流し入れる。全体がやわらかくなるまで、そのまま30秒〜1分おいてから混ぜ、ゆっくり乳化させる。
2 残りの生クリームを加えて混ぜ、そのままおいて35℃まで冷ます。
3 常温に戻してサイコロ状に切ったバターを加えて混ぜる。ここで33〜35℃以下になる。
4 30cm×30cm×1cmのカードルをシルパットの上におき、なるべく手早く3を流し入れ、L字型パレットナイフで全体に平らにならし、ステンレスのスケールなどでかすり、高さを均等に整える。
5 15〜16℃の環境にひと晩おいて落ち着かせ、しっかり固める。

シャブロネ・ギッターでカットする

［材料］

◆仕込み量

55%チョコレート（ヴァローナ社
「エクアトリアール・ノワール」）…適量
ガナッシュ…適量

［作り方］

1 チョコレートはテンパリングしないで、40℃程度に溶かす。
2 ガナッシュのカードルをはずし、1を上面に流し、0.5mm程度の厚みになるようにL字型パレットナイフで均一に伸ばす。冷蔵庫で2〜3時間程度冷やし固める。
3 チョコレートの底面がギッターにくっつかないように、シャブロネした面を下にしてギッターにおき、3cm×2cmに切る。ロール紙を敷いた取り板に並べ、15〜16℃の環境に24時間おいて固める。

トランペ・仕上げ

［材料］

◆仕込み量

55%チョコレート（ヴァローナ社
「エクアトリアール・ノワール」）…適量
ガナッシュ…適量

［作り方］

1 乾式エフェクター6リットル用のボウルに、4リットルのテンパリングしたチョコレートを入れる。ガナッシュを落とし、フォークですくい上げ、のせたままボウルの縁で軽く叩き、余分なチョコレートを落とす。
2 ロール紙を敷いた取り板におき、すぐに正方形に切った透明なフィルムを乗せ、上から軽く押して平らにする。20℃程度の環境に半日ほどおき、フィルムをはがす。

ピスターシュ

ピスタチオのホワイトガナッシュ

［材料］

◆3cm×2cm×高さ1.2cm　150個分

35%生クリーム　345g
転化糖…37g
35%ホワイトチョコレート（ヴァローナ社「イボワール」）…725g
ピスタチオペースト…87g
無塩バター…16g

［作り方］

1 鍋に生クリームと転化糖を入れて沸騰させ、ボウルに入れたチョコレートに3/4量を流し入れる。全体がやわらかくなるまで、そのまま30秒〜1分おいてから混ぜ、ゆっくり乳化させる。
2 残りの生クリームを加えて混ぜ、さらにピスタチオペーストを加えて混ぜる。ここで35℃になる。
3 常温に戻してサイコロ状に切ったバターを加えて混ぜる。ここで28〜29℃になる。
4 30cm×30cm×1.2cmのカードルをシルパットの上におき、なるべく手早く3を流し入れ、L字型パレットナイフでカードル全体に平らにならし、ステンレスのスケールなどでかすり、高さを均等に整える。
5 15〜16℃の環境にひと晩おいて落ち着かせ、しっかり固める。

シャブロネ・ギッターでカットする

［材料］

◆仕込み量

55%チョコレート（ヴァローナ社「エクアトリアール・ノワール」）…適量
ガナッシュ…適量

［作り方］

1 チョコレートはテンパリングしないで、40℃程度に溶かす。
2 ガナッシュのカードルをはずし、1を上面に流し、0.5mm程度の厚みになるようにL字型パレットナイフで均一に伸ばす。冷蔵庫で2〜3時間程度冷やし固める。
3 チョコレートの底面がギッターにくっつかないように、シャブロネした面を下にしてギッターにおき、3cm×2cmに切る。ロール紙を敷いた取り板に並べ、15〜16℃の環境に24時間おいて固める。

トランペ・仕上げ

［材料］

◆仕込み量

55%チョコレート（ヴァローナ社「エクアトリアール・ノワール」）…適量
ガナッシュ…適量
エディブルフラワー（バーベナ）…適量

［作り方］

1 乾式エフェクター6リットル用のボウルに、4リットルのテンパリングしたチョコレートを入れる。ガナッシュを落とし、フォークですくい上げ、のせたままボウルの縁で軽く叩き、余分sなチョコレートを落とす。
2 ロール紙を敷いた取り板におき、すぐにピンセットでエディブルフラワーをのせ、20℃程度の環境に半日程度おく。

マントン

パート・ド・フリュイ・シトロン

［材料］

◆3cm×2cm×高さ1.2cm　114個分

レモンピューレ（ラビフリュイ社）…245g
水…105g
水あめ…60g
グラニュー糖…284g
トレハロース…96g
ペクチン（アイコク社「イエローリボン」）…18g
クエン酸（1/2希釈）…3g

［作り方］

1 鍋にレモンピューレ・水・水あめ・グラニュー糖を入れて火にかけ、60〜70℃まで加熱する。
2 トレハロースとペクチンを合わせてしっかり攪拌したものを、かき混ぜながら振り入れるように加える。
3 沸騰させて煮詰めたら、ブリックス73%で火を止め、クエン酸を加えてよく混ぜる。
4 3と同時進行で30cm×30cm×1.2cmのカードルをシルパットの上におき、3の準備ができたら、なるべく手早く0.6mmの高さまで流し入れる。耐熱性のカードで手早く平らに広げる。室温の環境におくと、1時間程度で冷めて固まる。

ガナッシュプラリネ

［材料］

◆仕込み量

35%生クリーム…230g
転化糖…17g
41%チョコレート（カサルカ社「ヘリコニア」）…214g
61%チョコレート（カサルカ社「マランタ」）…89g
プラリネアマンド…143g
キルシュ…35g

［作り方］

1 鍋に生クリームと転化糖を入れて沸騰させ、ボウルに入れたチョコレート2種に3/4量を流し入れる。全体がやわらかくなるまで、そのまま30秒〜1分おいてから混ぜ、ゆっくり乳化させる。
2 残りの生クリームを加えて混ぜる。
3 ボウルにプラリネアマンドを入れ、プラリネがダマにならないように、2のガナッシュを少量ずつ加えてのばす。
4 しっかり乳化したら、プラリネアマンド全量を2のガナッシュに戻し混ぜる。キルシュを加えて混ぜる。ここで30〜32℃になる。
5 パート・ド・フリュイ・シトロンの上になるべく手早く流し入れ、L字型パレットナイフでカードル全体に平らにならし、ステンレスのスケールなどでかすり、高さを均等に整える。
6 15〜16℃の環境にひと晩おいて落ち着かせ、しっかり固める。

シャブロネ・ギッターでカットする

［材料］

◆仕込み量

35%ミルクチョコレート（ヴァローナ社「エクアトリアール・ラクテ」）…適量
ガナッシュ…適量

［作り方］

1 チョコレートはテンパリングしないで、40℃程度に溶かす。
2 ガナッシュのカードルをはずし、1を上面に流し、0.5mm程度の厚みになるようにL字型パレットナイフで均一に伸ばす。冷蔵庫で2〜3時間程度冷やし固める。
3 チョコレートの底面がギッターにくっつかないように、シャブロネした面を下にしてギッターにおき、2.5cm×2.5cmに切る。ロール紙を敷いた取り板に並べ、15〜16℃の環境に24時間おいて固める。

トランペ・仕上げ

［材料］

◆仕込み量

35%ミルクチョコレート（ヴァローナ社「エクアトリアール・ラクテ」）…適量
ガナッシュ…適量
半割りにして軽くローストしたアーモンド…適量

［作り方］

1 乾式エフェクター6リットル用のボウルに、4リットルのテンパリングしたチョコレートを入れる。ガナッシュを落とし、フォークですくい上げ、のせたままボウルの縁で軽く叩き、余分なチョコレートを落とす。
2 ロール紙を敷いた取り板に置き、すぐにアーモンドをのせ、20℃程度の環境に半日程度おく。

Pâtisserie le Lis

フランス菓子 ル リス

コスパの高いチョコレートで手に取りやすい商品作りを

「主役はお客様だから、お菓子はいい意味で脇役でありたい」と語るのは『ル・リス』のオーナーパティシエ須山真吾シェフ。吉祥寺駅からバスで10分ほどの、あえて駅前の喧噪から離れた立地を選び、自己表現や複雑性に走りすぎない、地元客に愛される親しみやすいお菓子作りを目指している。

そんな姿勢が表れているもののひとつが、チョコレート選びだ。須山シェフがガナッシュに使用しているのは、コストパフォーマンスの高いコロンビアのカサルカ社。

そもそもチョコレートは、中南米などが原産のカカオをヨーロッパなどに輸送し加工することで、価格が高騰する。しかしカサルカ社はコロンビア産のカカオを国内で加工・輸出することで、価格をおさえた高品質のチョコレートの製造を実現。またチョコレートの特徴をはっきり打ち出した、個性的な商品作りも魅力となっている。

一方カバーは、パティシエにもファンが多いヴァローナ社「エクアトリアール」シリーズを使用。流動性がよいため薄く付き、味や風味に強いクセがなく、ガナッシュそのものの味わいを邪魔しない、使い勝手のよさが気に入っているそうだ。

緻密な乳化と温度管理で口溶けのよいガナッシュに

ガナッシュの要ともいえる口溶けを生み出すのは、少量ずつ丁寧に行う乳化のテクニックと温度管理。この手法で、まずしっかりとしたコシのあるガナッシュを作り、最終的に、ある程度硬さがあって舌にとろけるようになめらかなチョコレートにもっていく。

たとえばビターガナッシュを包んだ「アメール」の場合、最初に加熱した生クリームの2/3量をチョコレートに加えたら、30秒〜1分おき、中心部分のなるべく少量をゆっくり混ぜて乳化し、徐々にまわりを巻き込むように全体を混ぜ合わせていく。こうすると、水と油脂の粒子が細かくしっかり一体化した〝強い乳化〟が生まれる。

しかし最初から全体を混ぜてしまうと、一気に温度が下がってチョコレートがダマになりやすく、乳化も弱いため、分離しやすいゆるくだれたガナッシュになってしまう。

そしてバターが一気に溶けないように35℃まで冷まし、ポマード状のバターを練り込むように加えると、最終温度は33〜35℃に。これで、クリーミーかつ濃密な須山シェフのガナッシュが完成する。

「センターのガナッシュを食べるのが好き」と断言する須山シェフは、カバーが厚くなる、型を使ったチョコレートは作らない。またガナッシュの口溶けと味わいをより強めるには、ある程度の大きさが必要と考え、以前は2.5cm×2cmだったが、現在は3cm×2cmと大きくした。縦横の比率は、須山シェフが意匠として美しいと感じるバランス。厚さは基本1.2cmだが、味わいに合わせて微調整し、苦味の強い「アメール」は1cmと薄くしている。

では個々のチョコレートでは、こだわりをどう表現しているか。

前述の「アメール」は、カカオ分70%の単体ではあまり口溶けのよくないカサルカ社の「コロンビア」に、乳化性の高い中沢の生クリーム「フレッシュライラック」シリーズを合わせた。まろやかな苦味と酸味を閉じ込めた、ガナッシュのシルキーな口溶けが余韻を残す。

「ピスターシュ」は、ミルク感と甘味が強いヴァローナ社の「イボワール」を選択。同様に味わいが濃厚でビター感が強い、バビ社のピスタチオペーストを合わせている。ふわりと広がるピスタチオ特有の香りが印象的で、ピスタチオの皮からイメージした紫色のバーベナのトッピングが目を引く人気商品だ。

レモン祭りで有名な町「マントン」から命名したこのチョコレートは、皮ごと使うレモンピールの苦味と酸味、アーモンドの香ばしさが絶妙にマッチ。カサルカ社のミルクチョコレートにブラックチョコレートを混ぜて甘さを抑えつつ、カバーにもミルクチョコレートをかけ、レモンの清涼感とのコントラストを引き立てた。

LA PÂTISSERIE BELGE

ラ・パティスリー・ベルジュ

オーナーシェフ　鈴木貴信

トンカ

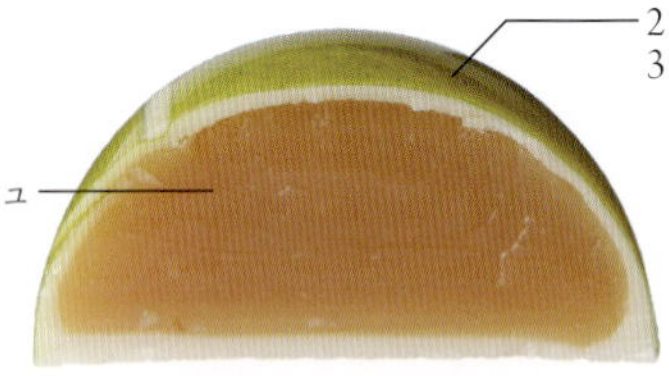

シトロン・ヴェール

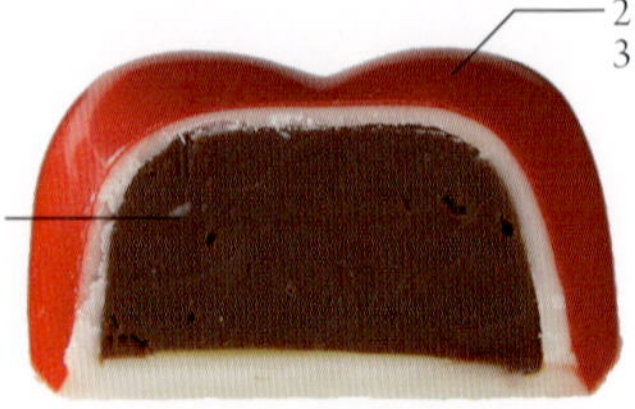

スペキュロス

トンカ
シトロン・ヴェール
スペキュロス
提供期間：各通年
各230円（税込）

トンカ

トンカ豆のガナッシュ

［材料］

◆チョコレートワールド社　スクエア型10枚
（2.4cm×2.4cm×高さ1.4cmのボンボン・ショコラ　240個分）

A
- トンカ豆……6粒
- 35%生クリーム……491g
- 転化糖……107g
- トレハロース……28g

65.5%チョコレート（ベルコラーデ社「ノワール・アンターンス」）……809g
無塩バター……119g

［作り方］

1 トンカ豆を細かく刻み、残りのAの材料とともに鍋に入れて火にかけ、沸騰させる。

2 ボウルにチョコレートを入れ、1を漉しながら一気に加え、ハンドブレンダーでつやが出るまでしっかりと混ぜて乳化させる。

3 室温にもどしたバターを加え、ハンドブレンダーでしっかりと乳化させる。

型どり

［材料］

◆仕込み量

65.5%チョコレート（ベルコラーデ社「ノワール・アンターンス」）……適量
55.6%チョコレート（ベルコラーデ社「ノワール・セレクシオン」）……適量
転写シート……適量

［作り方］

1 チョコレート2種類を同割で合わせ、テンパリングマシンで29～32℃前後にテンパリングする。

2 型に転写シートを貼る。

3 1のチョコレートを2の型全体に流し、むらなくいきわたらせる。側面をたたいて空気を抜き、余分なチョコレートを落とし、網の上に置く。上面や側面のチョコレートを三角パレットできれいにそぎ落とす。

4 型を伏せた状態で、チョコレートが固まるまで作業台にしばらくおく。

組み立て・仕上げ

［材料］

◆仕込み量

トンカ豆のガナッシュ……適量
65.5%チョコレート（ベルコラーデ社「ノワール・アンターンス」）……適量
55.6%チョコレート（ベルコラーデ社「ノワール・セレクシオン」）……適量

［作り方］

1 トンカ豆のガナッシュを絞り袋に入れ、型どりした型の高さ8～9分目の高さまで絞る。型の底をたたいて空気を抜き、冷蔵庫で冷やし固める。

2 チョコレート2種類を同割で合わせ、テンパリングマシンで29～32℃前後にテンパリングする。

3 1の上に2を縁いっぱいまで流してふたをする。上面の余分なチョコレートを三角パレットでそぎ落とす。

4 型をひっくり返し、軽く叩きつけてチョコレートをはずす。

シトロン・ヴェール

ライムのガナッシュ

［材料］

◆チョコレートワールド社　ドーム型10枚
（直径3cmのボンボン・ショコラ　240個分）

ライムピューレ（ボワロン社）…656g
35%生クリーム…875g
ライムゼスト…26g
グラニュー糖…438g
35%ホワイトチョコレート（ベルコラーデ社「ブラン・アンターンス」）…875g
カカオバター…175g

［作り方］

1 ライムピューレを鍋に入れ、175gまで煮詰める。
2 生クリームとライムゼスト、1を鍋に入れて沸騰させる。
3 別の鍋にグラニュー糖を入れ、キャラメルを作る。
4 3の鍋に、2を漉しながら加え、耐熱性のへらで手早く混ぜ合わせる。
5 ボウルにホワイトチョコレートを入れて電子レンジで溶かし、溶かしたカカオバターを加えてハンドブレンダーで静かに混ぜ合わせる。
6 5のボウルに4を一気に加え、ハンドブレンダーでしっかりと乳化させる。

型どり

［材料］

◆仕込み量

28.1%ホワイトチョコレート（ベルコラーデ社「ブラン・セレクション」）…適量
35%ホワイトチョコレート（ベルコラーデ社「ブラン・アンターンス」）…適量
チョコレート用色素（IBC「黄」・「緑」）…各適量

［作り方］

1 型自体を18℃くらいに調整する。
2 2種類のホワイトチョコレートを同割で合わせ、テンパリングマシンで29～31℃にテンパリングする。うち少量に黄色のチョコレート用色素を加えて溶かし、コルネに入れ、1の型に線を描く。
3 黄色と緑色のチョコレート用色素をそれぞれ29～31℃に調整する。
4 チョコレートピストレに3を入れ、まず緑色を2の型に吹きつけ、次に黄色を吹きつける。
5 2のテンパリングしたホワイトチョコレートを4の型全体に流し、むらなくいきわたらせる。側面をたたいて空気を抜き、余分なチョコレートを落とし、網の上に置く。上面や側面の余分なチョコレートを三角パレットできれいに落とす。
6 型を伏せた状態で、チョコレートが固まるまで作業台にしばらくおく。

組み立て・仕上げ

［材料］

◆仕込み量

ライムのガナッシュ…適量
35%ホワイトチョコレート（ベルコラーデ社「ブラン・アンターンス」）…適量
28.1%ホワイトチョコレート（ベルコラーデ社「ブラン・セレクション」）…適量

［作り方］

1 ライムのガナッシュを絞り袋に入れ、型どりした型の8～9分目の高さまで絞る。型の底をたたいて空気を抜き、冷蔵庫で冷やし固める。
2 2種のチョコレートを合わせ、テンパリングマシンで28～30℃にテンパリングし、1の上に縁いっぱいまで流してふたをする。上面の余分なチョコレートをスケッパーでそぎ落とす。
3 型をひっくり返し、軽く叩きつけてチョコレートをはずす。

スペキュロス

スペキュロスのガナッシュ

［材料］

◆チョコレートワールド社　ハート型10枚
（直径3.3cm×高さ1.5cmのボンボン・
ショコラ　240個分）

A
- 35%生クリーム…724g
- 転化糖…64g
- スペキュロスパウダー（スパイスミックス）…7.8g
- トレハ（林原商事）…32g

35%ホワイトチョコレート（ベルコラーデ社「ブラン・アンターンス」）…527g
66.5%チョコレート（ベルコラーデ社「ノワール・アンターンス」）…762g

［作り方］

1 Aを鍋に入れ、沸騰させる。
2 ボウルに2種のチョコレートを入れ、1を一気に加え、ハンドブレンダーでつやが出るまでしっかりと混ぜて乳化させる。
3 室温にもどしたバターを加え、ハンドブレンダーでしっかりと乳化させる。

型どり

［材料］

◆仕込み量

チョコレート用色素（IBC「赤」）…適量
35%ホワイトチョコレート（ベルコラーデ社「ブラン・アンターンス」）…適量
28%チョコレート（ベルコラーデ社「ブラン・セレクシオン」）…適量

［作り方］

1 型を18℃くらいに調整する。
2 29～31℃にテンパリングした赤色のチョコレート用色素を、チョコレートピストレに入れる。型の片側に吹きつけ、向きを変えてもう片側に吹きつける。
3 ホワイトチョコレート2種類を同割で合わせ、テンパリングマシンで29～31℃にテンパリングする。
4 3のチョコレートを2の型全体に流し、むらなくいきわたらせる。側面をたたいて空気を抜き、余分なチョコレートを落とし、網の上に置く。上面や側面のチョコレートを三角パレットできれいにそぎ落とす。
5 型を伏せた状態で、チョコレートが固まるまで作業台にしばらくおく。

組み立て・仕上げ

［材料］

◆仕込み量

スペキュロスのガナッシュ…適量
35%ホワイトチョコレート（ベルコラーデ社「ブラン・アンターンス」）…適量
28%ホワイトチョコレート（ベルコラーデ社「ブラン・セレクシオン」）…適量

［作り方］

1 スペキュロスのガナッシュを絞り袋に入れ、型どりした型の8～9分目の高さまで絞る。型の底をたたいて空気を抜き、冷蔵庫で冷やし固める。
2 2種のホワイトチョコレートを合わせてテンパリングマシンで28～30℃にテンパリングし、1の上に縁いっぱいまで流してふたをする。上面の余分なチョコレートをスケッパーでそぎ落とす。
3 型をひっくり返し、軽く叩きつけてチョコレートをはずす。

繊細な口溶けを生む 1.2㎜のコーティング

ベルギーで4年半修業し、2012年のクープ・デュ・モンド・ドゥ・ラ・パティスリーでは、日本人初のベルギー代表として参加。チョコレート部門で優勝を果たすなど、華々しい経歴をもつ鈴木シェフ。独立した千葉・鴨川市は、人口3万3千人のローカル立地ながらチョコレート商品の売れ行きは好調で、売上の3割を占めている。

ショーケースに並ぶきらびやかなボンボン・ショコラは、ベルギーで学んだ型抜きタイプ10種類に厳選して販売。いずれもコーティングはパリッと薄く、中のガナッシュはとろっと溶け出すようになめらか。ギッタータイプに比べてカットする工程がないため、センターのガナッシュをやわらかく仕上げることができ、コーティングのパリッとした食感とのコントラストを楽しめるのも魅力だ。コーティングの厚みは、もっとも口どけがよく感じられる1.2㎜に調整。コーティングが厚すぎるとひび割れの原因にもなる。

型どりの工程では、型にチョコレートを流してムラなくいきわたらせ、型をたたいて余分なチョコレートを落とし、パレットで表面を手早くそぎ落とす。日本と比べてチョコレートに触る機会が圧倒的に多かったというベルギーでの修業経験の賜物だ。

甘みを抑え、なめらかで 日本人好みの味わいに

味づくりでは、副素材の味を引き立てることを第一に、チョコレートとの調和を図っている。使用するチョコレートは、さまざまな素材のもち味を引き出してくれるという理由から、すべてベルコラーデ社の製品。「トンカ」に使用したのは、カカオ分65.5%の「ノワール・アンターンス」。甘さを抑えたビターチョコレートでありながら日本人にも親しみやすい味わいで、トンカ豆の複雑な香りを引き立てる。

このように、センターのガナッシュは、日本人の食べやすさを意識し、ベルギーよりも甘さを抑え、食感も軽めにしている。

カカオ分の高いチョコレートの場合は、バターや生クリームをやや増やし、日本人好みのなめらかな食感に。ただし、時にはバターの油分が味わいの邪魔になることもある。

たとえば「スペキュロス」では、スパイスの風味を生かすため、バターを使わずカカオ分の高いホワイトチョコレートを配合する。できるだけ空気を入れずに乳化させるため、はじめからハンドブレンダーを使ってしっかりと乳化させている。

型抜きタイプのボンボン・ショコラならではの要所として鈴木シェフが重視しているのが、チョコレートピストレを使った色づけの工程だ。色素の量や混ぜ方を調整することで多彩な色を表現でき、美しい光沢はまさに食べる宝石である。

「シトロン・ヴェール」は、煮詰めて味を凝縮させたライムのピューレと、苦味をおさえてライムとの調和を図ったキャラメルとの組み合わせ。型どりは、コルネで白のラインを引いてから、緑と黄色のピストレをかけるというひと手間をかけ、美しいグラデーションに仕上げている。

こうした色づけをきれいに仕上げるポイントは、第一に温度管理。厨房の微妙な室温の変化にも気を配り、作業前の室温を20℃以下に保ち、型は、それ自体を18℃くらいに調温する。チョコレートピストレをかける時のカカオバターの温度は、29～31℃。この温度でないと、きらめくようなつやが出ない。

また厨房には、ベルギーの修業先でも使用していたイタリア・ポマーティ社のテンパリングマシン2台と、サビー社のエンローバー1台を導入。ベルギーで購入するなどして集めた型は、400種にものぼる。今後はギッタータイプのボンボン・ショコラも増やしていく方針だ。

LE BONBON ET CHOCOLAT

ボンボンショコラ

オーナーシェフショコラティエ　前田こず枝

ポワール

キャラメルパッション

ポワール
キャラメルパッション
提供期間:各通年
各194円(税込)

ポワール

パート・ド・フリュイ・フレーズ

[材料]

◆2.25cm×2.25cm×高さ2.5mm　約260個分

グラニュー糖…370g
ペクチン(イエローリボン)…4.7g
フレーズのピューレ…242g
フランボワーズのピューレ…92g
水あめ…76g

[作り方]

1 グラニュー糖のうち少量をとり、ペクチンとすり混ぜておく。
2 ピューレを40℃まで加熱し、1を入れる。沸騰したら湯煎でゆるめた水あめを加える。
3 残りのグラニュー糖を3〜4回に分けて加える。中火で15分ほどかけてゆっくり溶かし、106℃まで加熱する。
4 100℃のオーブンで温めておいた鉄板に2〜2.5mmの厚さで流す。

ガナッシュ

[材料]

◆2.25cm×2.25cm×高さ1cm　約260個分

66%チョコレート(カオカ社「チロリ」)…528g
40.5%ミルクチョコレート(オペラ社「ディボ」)…330g
38%生クリーム(森永乳業)…484g
トリモリン…60g
オー・ド・ヴィ(ポワール・ウイリアム)…50g
無塩バター…83g

[作り方]

1 2種のチョコレートを湯煎で溶かし、テンパリングをとって29℃にする。
2 生クリーム、トリモリンを沸騰させる。粗熱がとれたらオー・ド・ヴィを加え、45℃に調整する。
3 2を1に一気に加え、空気を入れないようスパチュラで混ぜて乳化させる。均一になれば、ハンドブレンダー(強)でさらにしっかりと乳化させる。
4 やわらかくしたバターを加え、ハンドブレンダー(強)で混ぜる。

シャブロネ・ギッターでカットする

[材料]

◆仕込み量

パート・ド・フリュイ…適量
ガナッシュ…適量
55%チョコレート…適量

[作り方]

1 固まったパート・ド・フリュイの上にガナッシュを1cmほどの厚さで流し、ひと晩おく。
2 溶かしたチョコレートを底に塗って、それが固まってからひっくり返す。
3 上にごく薄くチョコレートを塗って素早くギッターでカットし、チョコレートを90度回転させて再度カットする。
4 網の上に1個ずつ隙間を空けて並べ、15℃の環境でひと晩おく。

トランペ・仕上げ

[材料]

◆仕込み量

ガナッシュ…適量
55%チョコレート…適量
ドライ・フランボワーズ…適量量

[作り方]

1 ギッターでカットしたガナッシュに、テンパリングをとったチョコレートでトランペする。
2 固まらないうちに角にフランボワーズをのせる。

キャラメルパッション

キャラメル

[材料]

◆1.2cm×1.2cm×高さ3mm　約384個分

38%生クリーム…180g
グラーュ　糖A…180g
グラニュー糖B…45g
水あめ…63g
パッションフルーツのピューレ…45g
無塩バター…23g
塩…1.2g

[作り方]

1 生クリーム、グラニュー糖A、水あめを鍋で沸騰させる。
2 別鍋でグラニュー糖Bを焦がす。
3 2に1とピューレを加える。混ぜながら122℃まで加熱する。
4 バター、塩を加えて混ぜる。
5 シルパットに3mmの厚さで流す。固まれば1.2cm角にカットする。

ガナッシュ

[材料]

◆直径2.7cm×高さ1.5cmの半球型　約384個分

66%チョコレート（カオカ社「チロリ」）…428g
40.5%ミルクチョコレート（オペラ社「ディボ」）…178g
38%生クリーム…606g
トリモリン…39g
水あめ…39g
無塩バター…98g

[作り方]

1 2種のチョコレートを湯煎で溶かし、テンパリングをとって29℃にする。
2 生クリーム、トリモリン、水あめを沸騰させ、45℃に調温する。
3 2を1に加えて、空気を入れないようゴムべらで混ぜて乳化させる。均一になれば、ハンドブレンダー（強）でさらにしっかりと乳化させる。
4 やわらかくしたバターを加え、ハンドブレンダー（強）で混ぜる。

型どり

[材料]

◆仕込み量

チョコレート用色粉（オレンジ）…適量
チョコレート用色粉（黄色）…適量
39%ミルクチョコレート…適量

[作り方]

1 チョコレート用色粉（オレンジ）を29℃に温めてピストレに入れ、適温に調整した型にピストレする。
2 固まったらチョコレート用色粉（黄色）を29℃に温めてピストレに入れ、型にピストレする。
3 テンパリングをとったミルクチョコレートを流し、すぐに下を向けて余分なチョコレートを落とし、型のふちについた余分なチョコレートをスケッパーで取り除く。

組み立て・仕上げ

[材料]

◆仕込み量

ガナッシュ…適量
キャラメル…適量
38%ミルクチョコレート…適量

[作り方]

1 ガナッシュを絞り袋に入れ、型の半分より少し低い位置まで絞る。
2 キャラメルを入れて沈める。
3 残りのガナッシュを2の上から型の高さよりわずかに低い位置まで絞る。15℃の環境でひと晩おく。
4 テンパリングしたチョコレートを薄く流してふたをする。固まったら台の上で軽く型を叩いて、でき上がったボンボン・ショコラをはずす。空気に触れないように5℃の環境で2日おく。

テンパリングをとることで ふわりと溶けるガナッシュに

大阪で10年のパティシエール修業を経て、さらなる経験のために渡仏した前田こず枝さん。フランスのパティスリーとショコラトリーで2年過ごすうちにチョコレートの魅力に惹かれ、ショコラティエの道に進んだ。休日にはベルギーなど周辺国も回ったが、ボンボン・ショコラをヨーロッパでは誰もが気軽に買ってゆく。

「ビニール袋にポンポン入れて、日常風景なんです。こういう店がやりたい、と思いました」。やがて地元である滋賀県長浜市に戻り、開業した理由は「おいしいチョコレートが食べたかったから」。従って店で販売するボンボン・ショコラは、前田さん自身が好きな味ばかりだ。シンプルなルックスも「あまり飾らない方がおいしそうに感じる」ため。

自分という明確な基準に従うことで、「ボンボンショコラ」の商品は一貫した芯を感じさせる並びとなった。

前田さんの好みは、香り高く優しい味のボンボン・ショコラ。センターには異なる2層を合わせて、ケーキのような感覚で組み立てる。

ガナッシュを作る際にはチョコレートをテンパリングし、一気に乳化させるのが特徴だ。これはフランスで学んだ方法ではなく、アメリカのレシピ本を参考にしたもの。試作したところ、口溶けがよくふわっとした食感に仕上がったため、以降テンパリングをとる方法を定番にしている。

コーティングはなるべく薄く、あっさりと食べやすいチョコレートをかけて、センターを引き立てる。

2層構造で味を織り成す 香り高いボンボン・ショコラ

今回紹介する「ポワール」は、非常に香りがいい洋梨のリキュール「ポワール・ウイリアムス」に出会ったことから生まれた。お酒が好きで日頃から気に入るものを探しているという前田さん。前田さんが一番好きな、カオカ社の66%チョコレート「チロリ」と合わせると、フローラルな香りがガツンときて、口中に華やかな空気が広がるガナッシュができあがった。

洋梨と組み合わせるのは、いちごのパート・ド・フリュイ。フランボワーズのピューレを一部加えることで、いちごの味わいをくっきりと際立たせた。ガナッシュ1cmに対してパート・ド・フリュイは2.5mm。口に残らない軟らかさのパート・ド・フリュイが、洋梨のガナッシュを引き立てる役割を全うしている。

もう一つの「キャラメルパッション」は、プレーンなガナッシュにパッションフルーツのキャラメルを入れたもの。

パッションフルーツの酸味はアクセントにこそなっているものの、主張しすぎずキャラメルのまろやかな味わいとマッチする。ポイントはガナッシュを型の半分弱まで流した後でキャラメルを沈めて、残りのガナッシュを流す工程。これによりキャラメルがガナッシュの中でほどよく溶けて、完成後は軟らかい層となるのだ。でき上がったボンボン・ショコラは2日ほど寝かせて、キャラメルとガナッシュを完全に馴染ませる。硬かったキャラメルは舌の上でとろりととろけ、ふわっと優しいガナッシュに酸味とコクを加えている。

実は、2015年の開業当初「ボンボン・ショコラは売れないと思っていた」と前田さん。ところが意外にも、冬期などは作っても作っても間に合わないほどの売れ行きとなった。夏期においても「チョコレート屋なので」との矜持のもと、年中作り続けている。1人ですべての工程を行うため、品数は10種類で手一杯。それ以外にもプティ・ガトーに焼菓子、夏期はジェラートが店頭に並ぶ。

観光客が多い立地だが、近所の人が立ち寄って、イートインスペースでボンボン・ショコラを1粒楽しんでゆくこともある。まだまだ作りたいボンボン・ショコラはたくさんあるので徐々に増やして行く予定だ。

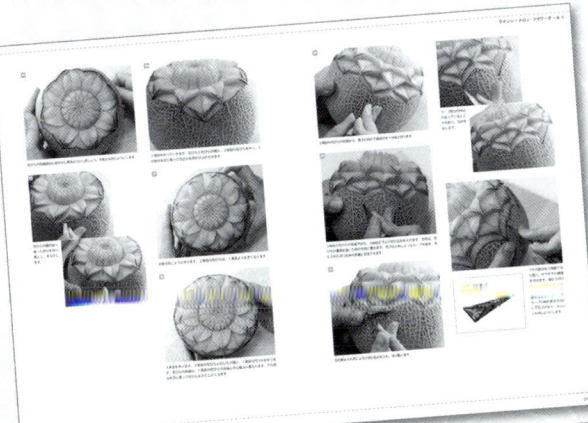

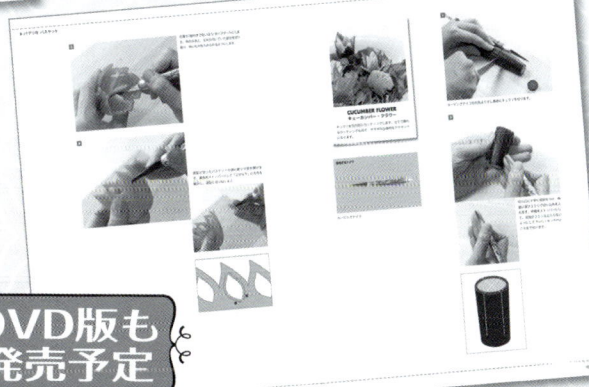

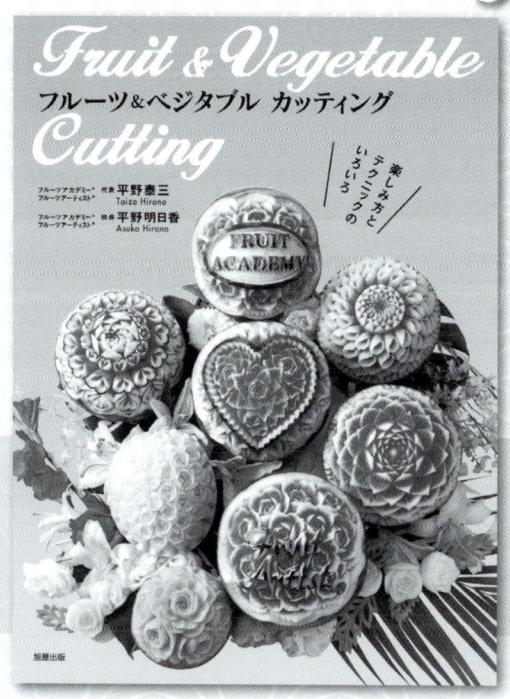

chocolaterie COCO

ショコラトリーココ

オーナーシェフ　谷上誠二

ヴァニーユ

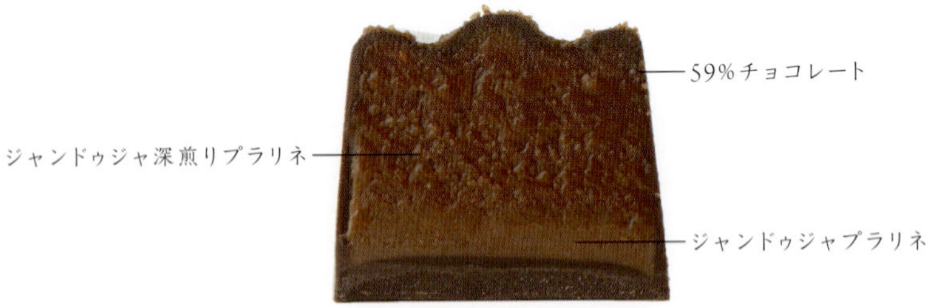

深煎りプラリネ ノアール

抹茶苺

ヴァニーユ
深煎りプラリネ ノアール
抹茶苺
提供期間：各通年
各237円（税込）

ヴァニーユ

プラリネ生地

［材料］

◆53.5cm×31.5cm高さ2mmのカードル1台分

カカオバター…26g
41%ミルクチョコレート…51g
プラリネ＊…146g
サブレフレーク(DGF社「ロイヤルティーヌ」
(ロボクープで細かく砕いておく)…123g

＊プラリネ

◆仕込み量
グラニュー糖…62g
水(浄水器を通す)…16g
皮むきヘーゼルナッツ8割…65g
皮むきアーモンド8割…28g

1 鍋にグラニュー糖と水を入れ、116℃までヒーターで加熱し、ヒーターのスイッチを切る。
2 ナッツ類を鍋に加え入れ、1のシロップと絡ませて糖を結晶化させる。1粒1粒がはずれるまで混ぜる。
3 ヒーターのスイッチを入れ、火力を調整しながら加熱し、混ぜていく。茶色になったら鍋からとり出す。
4 冷めたらロボクープでなめらかなペーストにする。

［作り方］

1 ステンレス板にOPPフィルムを貼り、内寸53.5cm×31.5cm高さ2mmのカードルをセットする。
2 カカオバターを電子レンジで完全に溶かす。(700Wで4分)
3 ミルクチョコレートは電子レンジ500Wで、20秒ずつ様子をみながら溶かし、2と合わせ、プラリネを加えて混ぜ合わせる。
4 サブレフレークを加えてむらなく混ぜ合わせる。
5 生地をフィルムで挟み、53.5cm×31.5cmに伸ばし、生地がフィルムにつくことなく、きれいにはがれるまで冷蔵庫に入れる。

ダークチョコレートガナッシュ

［材料］

◆53.5cm×31.5cm高さ2mmのカードル1台分

64%チョコレート…185g
35%生クリーム…170g
マダガスカル産バニラ…1.7本
転化糖(トレモリン)…15g
無塩バター(1cm角切り)…15g
ラム酒(マイヤーズ・ラム・プラチナ
ホワイト)…15g

［作り方］

1 プラリネ生地のフィルムをはがし、内寸53.5cm×31.5cm高さ4mmのカードルに入れ替える。
2 ダークチョコレートを500Wのレンジで、20秒ずつ様子をみながら溶かす。
3 バニラビーンズを半分にカットし、種とさやを分けて生クリームに入れて沸騰させる。ヒーターを切って10〜15分おいて香りを移す。
4 バニラのさやを取り出す。生クリームを再計量し、170gに調整する。
5 鍋に生クリームを戻し、転化糖を加えて再度沸騰させ、2と混ぜ合わせる。
6 バターを加え混ぜ、続けてラムを混ぜ合わせる。
7 ハンドブレンダーをかけ32℃まで冷まし、1のカードルに流す。
8 温度17℃、湿度45%のショコラエイジングストッカーで24時間おく。

ホワイトチョコレートガナッシュ

［材料］

◆53.5cm×31.5cm高さ2mmのカードル1台分

カカオバター…54g
41%ホワイトチョコレート…216g
35%生クリーム…108g
マダガスカル産バニラ…1本
転化糖(トレモリン)…26g
ラム酒(マイヤーズ・ラム・プラチナ
ホワイト)…22g

［作り方］

1 ダークチョコレートガナッシュのカードルに内寸53.5cm×31.5cm高さ2mmのカードルを重ねてのせる。
2 カカオバターを電子レンジで溶かし、ホワイトチョコレートを加え入れて、レンジで溶かす。
3 バニラをカットし、種とさやを分けて生クリームに入れ沸騰させる。ヒーターのスイッチを切って、10〜15分おく。
4 バニラのさやを取り出し、生クリームを再計量し、108gに調整する。
5 生クリームに転化糖を加えて沸騰させて2と混ぜ合わせ、ラム酒を混ぜ合わせる。
6 ハンドブレンダーをかけて28℃まで冷まし、1のカードルに流す。
7 温度17℃、湿度45%のショコラエイジングストッカーで24時間おく。

ミルクチョコレートガナッシュ

［材料］

◆53.5cm×31.5cm高さ2mmのカードル1台分

46%ミルクチョコレート…259g
マダガスカル産バニラ…1.8本
35%生クリーム…177g
転化糖(トレモリン)…21g
無塩バター(1cm角切り)…21g
ラム酒(マイヤーズ・ラム・プラチナ
ホワイト)…21g

［作り方］

1 ホワイトチョコレートガナッシュのカードルを、内寸53.5cm×31.5cm高さ8mmのカードルに交換する。
2 電子レンジでミルクチョコレートを溶かす。
3 バニラをカットし、種とさやを分けて生クリームに入れて沸騰させる。ヒーターを切って10〜15分おく。
4 バニラのさやを取り出し、生クリームを再計量し、177gに調整する。
5 生クリームに転化糖を加えて沸騰させ、2と混ぜ合わせる。
6 バターを混ぜ合わせ、ラム酒を混ぜ合わせる。
7 ハンドブレンダーをかけて32℃まで冷まし、1でセットしておいた枠に流す。
8 温度17℃、湿度45%のショコラエイジングストッカーで48時間置いておく。

ギターカッターでカットする

［材料］

◆仕込み量

ガナッシュ…53.5cm×31.5cm高さ8mmのカードル1台分

［作り方］

1 カードルをはずして、ミルクチョコレートガナッシュが上になるように、ギターカッターで3cm×2.5cmにカットし、翌日までエイジングストッカーに入れておく。

トランペ・仕上げ

［材料］

◆仕込み量

ガナッシュ…53.5cm×31.5cm高さ8mmのカードル1台分
59%チョコレート…適量
バニラパウダー＊…適量

＊バニラパウダー
◆仕込み量
使用済みのバニラのさや…適量
1 バニラのさやを100℃のオーブンで2時間乾燥させて、ミルでパウダーにする。

［作り方］

1 ガナッシュをカットした翌日、テンパリングしたチョコレートでトランペする。
2 コーティングのチョコレートが結晶化する前にバニラパウダーを飾る。

深煎りプラリネ ノアール

プラリネ

[材料]

◆24個分のモールド10型分　240個

A

- ジャンドゥジャプラリネ用
  グラニュー糖…48g
- 水(浄水器を通す)…12g
- 皮むきヘーゼルナッツ8割…50g
- 皮むきアーモンド8割…22g

B

- ジャンドゥジャ深煎りプラリネ用
  グラニュー糖…197g
- 水(浄水器を通す)…49g
- 皮むきヘーゼルナッツ8割…207g
- 皮むきアーモンド8割…88g

※AとBを、途中まで一緒に作るため、材料はAとBすべてを合わせて使用する。

[作り方]

1 鍋にグラニュー糖と水を入れ、116℃まで強で加熱し、ヒーターのスイッチを切る。

2 ナッツ類を1の鍋に入れ、シロップと絡ませて糖を結晶化させる。ひと粒ひと粒がはずれるまで混ぜ続ける。

3 再びヒーターのスイッチを入れる。火力を中から弱で調節し、混ぜながら加熱する。

4「ジャンドゥジャプラリネ」に使用するぶんA(460g)はナッツ類が茶色になったところで、鍋から取り出す。残りの「ジャンドゥジャ深煎りプラリネ」に使用するBは、濃い焦げ茶色になるまで加熱する。

5 それぞれ冷めたら、ロボクープでなめらかなペーストにする。

ジャンドゥジャ深煎りプラリネ

[材料]

◆24個分のモールド10型分　240個

ジャンドゥージャ・ノワゼット・ノワール(ヴァローナ社)…526g

無塩バター(1cm角切り)…263g

プラリネB…460g

[作り方]

1 ジャンドゥージャ・ノワゼット・ノワールをテンパリングして、電子レンジでやわらかくしたポマード状のバターと混ぜ合わせ、深煎りプラリネを加えてむらなく混ぜ合わせる。

ジャンドゥジャプラリネ

[材料]

◆24個分のモールド10型分　240個

ジャンドゥージャ・ノワゼット・ノワール(ヴァローナ社)…235g

41%ミルクチョコレート…73g

無塩バター(1cm角切り)…24g

プラリネA…108g

[作り方]

1 ジャンドゥージャ・ノワゼット・ノワールとミルクチョコレートを、それぞれテンパリングして、電子レンジでやわらかくしたポマード状のバターとプラリネを加えて、むらなく混ぜ合わせる。

型どり

[材料]

◆仕込み量

カカオバター(ibc色素入りカカオバターブラック)

59%チョコレート

[作り方]

1 溶かしたカカオバターを32℃以下にして、型にエアブラシで吹きつける。

2 1にテンパリングしたブラックチョコレートを流し、すぐに逆さまにして余分を除き、型についたチョコレートをこそげ落とす。

組み立て・仕上げ

[材料]

◆仕込み量

ジャンドゥジャ深煎りプラリネ…適量

ジャンドゥジャプラリネ…適量

59%チョコレート…適量

金箔スプレー…適量

[作り方]

1 ジャンドゥジャ深煎りプラリネを型どりした型に5gずつ絞り、結晶化させる。

2 1にジャンドゥジャプラリネを2gずつ絞る。

3 温度17℃、湿度45%のショコラエイジングストッカーに24時間おく。

4 翌日、テンパリングしたブラックチョコレートでふたをする。

5 型から抜き金箔スプレーを吹きつける。

※すべてのチョコレートに共通して、厨房の環境は室温20℃、湿度50%以下。室温に影響するガス火を避け、IHクッキングヒーターを使用。チョコレートは湯煎はせず、電子レンジで溶かす。

抹茶苺

プラリネ生地

［材料］

◆内寸53.5cm×31.5cm高さ4mmのカードル1台分（210個分）

3カカオバター…23g
41%ミルクチョコレート…47g
プラリネ＊…135g
サブレフレーク（DGF社「ロイヤルティーヌ」）…115g

＊プラリネ
◆仕込み量
グラニュー糖…58g
水（浄水器を通す）…15g
皮むきヘーゼルナッツ8割…61g
皮むきアーモンド8割…26g

1 鍋にグラニュー糖と水を入れ116℃まで加熱し、ヒーターのスイッチを切る。
2 ナッツ類を1に入れ、シロップと絡ませて糖を結晶化させる。1粒1粒がはずれるまで混ぜる。
3 ヒーターのスイッチを入れ、火力を調整しながら、混ぜ続けて、ナッツが茶色になったら鍋から出して、樹脂マットにあけて室温で冷ます。
4 冷めたら、ロボクープでなめらかなペーストにする。

［作り方］

1 レンジでカカオバターを溶かす。ミルクチョコレートを加えて、レンジを500Wに設定して、20秒ずつ様子をみながら溶かす。
2 1にプラリネを混ぜ入れ、ロボクープで細かく砕いたサブレフレークをゴムベラで混ぜ合わせる。
3 フィルムで2をはさみ、53.5cm×31.5cmに伸ばす。
4 フィルムに生地がつくことなく、きれいにはがれるまで冷蔵庫に入れる。

抹茶ガナッシュ

［材料］

◆内寸53.5cm×31.5cm高さ4mmのカードル1台分

プラリネ生地…適量
カカオバター…69g
41%ホワイトチョコレート…275g
35%生クリーム…182g
抹茶…22g
転化糖（トレモリーヌ）…33g
グリーンティーリキュール（ヘルメス）…33g

［作り方］

1 プラリネ生地のフィルムをはがし、内寸53.5cm×31.5cm高さ4mmのカードルをセットする。
2 カカオバターをレンジで溶かし、ホワイトチョコレートを入れ、500Wにセットして20秒ずつ様子をみながら溶かす。
3 生クリームに抹茶を混ぜる。だまにならないように2回裏漉しする。
4 3に転化糖を加えて沸騰させ、2の溶かしたチョコレートと混ぜ合わせる。
5 4にリキュールを混ぜ合わせ、ハンドブレンダーをかける。
6 28℃まで冷めたら、1のセットしておいたカードルに流す。
7 温度17℃、湿度45%のショコラエイジングストッカーで24時間おく。

いちごガナッシュ

［材料］

◆内寸53.5cm×31.5cm高さ4mmのカードル1台分（210個分）

抹茶ガナッシュ…53.5cm×31.5cm高さ4mmのカードル1台分
カカオバター…104g
41%ホワイトチョコレート…415g
無糖いちごピューレ…197g
ラズベリーパウダー（フリーズドライ）…9g
転化糖（トレモリーヌ）…33g
いちごリキュール（ルジェ・ラグート社「クレーム・ド・フレーズ」）…52g

［作り方］

1 エイジングストッカーにキープしていた抹茶ガナッシュをひっくり返して、内寸53.5cm×31.5cm高さ8mmのカードルに代える。
2 電子レンジでカカオバターを完全に溶かした上に、ホワイトチョコレートを入れて溶かす。
3 鍋にいちごピューレとラズベリーパウダーを混ぜ合わせ、転化糖を加えて沸騰するまで煮立てる。
4 2の溶かしたチョコレートと3を混ぜ合わせる。
5 いちごのリキュールを混ぜ合わせる。
6 ハンドブレンダーをかける。28℃まで冷めたら、1に流す。
7 温度17℃、湿度45%のショコラエイジングストッカーで48時間おく。

ギターカッターでカットする

［材料］

◆3cm×2.5cm×高さ0.8cm　210個分

ガナッシュ…内寸53.5cm×31.5cm高さ8mmのカードル1台分

［作り方］

1 カードルからはずしたガナッシュを、いちごのガナッシュが上になるように、ギターカッターで3cm×2.5cmにカットし、翌日までエイジングストッカーにおいておく。

トランペ・仕上げ

［材料］

◆仕込み量

ガナッシュ…3cm×2.5cm×高さ0.8cm 210個分
59%チョコレート…適量
ライン用チョコレート＊…適量

＊ライン用チョコレート
41%ホワイトチョコレート…200g
色素入りカカオバター（レッド）…15g
1 ホワイトチョコレートとカカオバターを合わせてテンパリングする。

［作り方］

1 ガナッシュをカットした翌日、テンパリングしたチョコレートでトランペする。
2 ライン用チョコレートをコルネに入れ、表面に飾りラインを絞る。

chocolaterie COCO《ショコラトリー ココ》

センターを二層、三層……美しさと楽しさと

老舗ホテル出身の谷上誠二シェフ。フランス式にギッターでカットして、トランペして仕上げるタイプが主流だ。カカオの産地ごとに個性を引き出すボンボンと並んで、他では見られない独自のスタイルのボンボンがある。店の名前を冠したCOCOシリーズに代表されるように、センターを二層から三層で構成することだ。

半分にカットしたときの断面の美しさ。口にしたときも容易に分かれてしまうことなく、なめらかに味わいが溶け合って広がるうまさは、緻密な工程の結晶だ。

なかでも、同じショコラティエも真似出来ないともらす、「ヴァニーユ」。当初、アニスノートを含む、存在感のあるタヒチ産バニラで、一層のシンプルなガナッシュを予定していたが、不作のために入手できないとわかり、マダガスカル産バニラで、タヒチ産に匹敵するようなものをと、4層の仕立てのセンターにたどりついたという。素材に頼らずに表現できたことはよかったと、シェフは振り返る。結果、開業以来、人気の定番になっている。

センターの4層は底から自家製のプラリネ生地、ダークチョコレートのガナッシュ、ホワイトチョコレートのガナッシュ、ミルクチョコレートのガナッシュからなり、ガナッシュすべての生クリームに、バニラビーンズの香りを移す。さらに、トランペしたチョコレートが結晶化する前に、自家製のバニラパウダー、さやをオーブンで乾燥させてミルで挽いたものを振っている。口にした時、3つのチョコレートガナッシュは一体となって溶け合う。プラリネの香ばしい食感がさりげないアクセントとなり、より香味を引き立てているようだ。

きちっと2㎜ずつ層を成すために、オリジナルの用具を使っている。鉄工所に別注したというステンレス棒だ。15㎜と8㎜角、長さは46㎝と31・5㎝の2種、各2本ずつ。自在に組み合わせてカードル、焼き菓子の型にもなる、汎用性の高いもの。ガナッシュをならす時は、長さ46㎝のものを使用。ひと晩おいて、生地の表面が結晶化してから、高いところから低いところへ。最後に端から端まで、全体を一気にならしている。ストレスをなるべくかけないように手早く動かすこと。もちろん、作業時の温度も重要。チョコレートの融点を超えないように、32℃以下を守ること。ガナッシュは口どけのよさを重視して、水分の多い配合にしているので作業はしにくいが、層の密着に役立っているようだ。

また、多層のセンターを作る必須の用具として、同じ内寸のカードルを高さ2㎜から10㎜まで6種類揃えている。ヴァニーユでは2㎜はじめ、違う高さのカードルを重ねて用いている。これらの用具を使いこなし、さらに必要な時間を、厳しい温度管理のもとできちんとかけている。ヴァニーユの場合、ガナッシュが結晶化するために1日待って、次のガナッシュを重ねていくので、完成までに1週間費やしている。

プラリネもそれぞれに配合を変えて

「抹茶苺」も見た目の美しさと味のバランスのとれたボンボン。オープン時から人気の定番、抹茶に合ういちご、プラリネの3層仕立て。バランスのとれた味わいが特長になっている。構成要素のひとつ、自家製のプラリネはヘーゼルナッツとアーモンドの配合の比率を、ボンボンによって変えることにより、より効果的な味わいの構成要素になっている。

モールドタイプの「深煎りプラリネ」は、ヘーゼルナッツとアーモンドの加熱時間を変えて、プラリネは2種。それぞれ、ヴァローナのジャンドゥジャノワゼットノワールを合わせているが、油分の多いもの少ないもの使い分けて、2層に仕上げている。このことで底からの油脂の滲み出しを防ぐと同時に、味わいに深みをもたらしている。

LE PETIT BONHEUR

ル・プティ・ボヌール

オーナーシェフ　廣嶋 恵

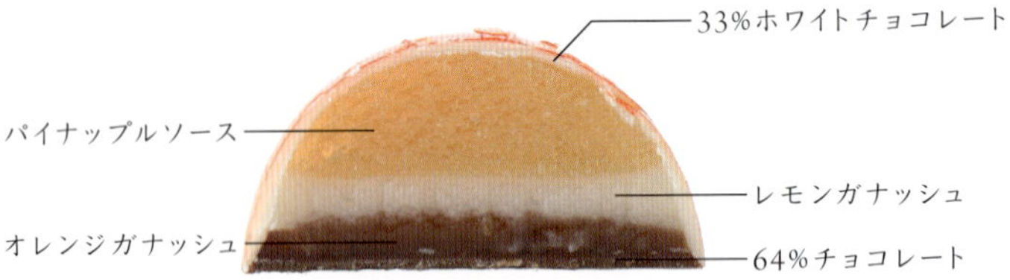

シンデレラ

ミュスカディーヌ

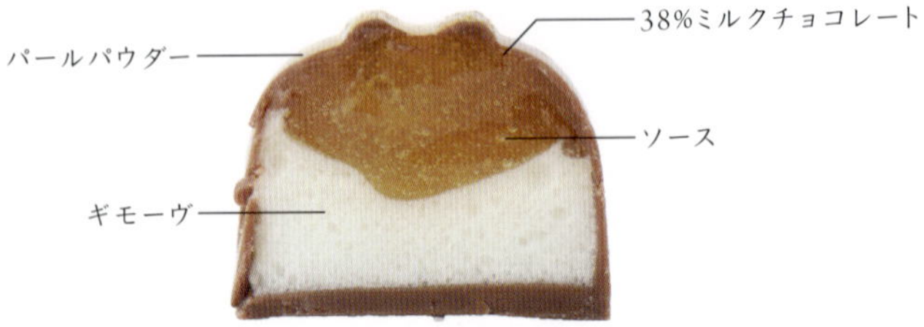

マシュマカロン マンゴーパッション

シンデレラ
250円 (税込)
ミュスカディーヌ
180円(税込)
マシュマカロン マンゴーパッション
230円(税込)
提供期間:各通年

シンデレラ

パイナップルソース

［材料］

◆直径2.7cm×高さ1.5cm　約200粒

A
- ペクチン…8g
- グラニュー糖…38g

パイナップルピューレ…350g
グルコース…75g
グラニュー糖…300g
クエン酸溶液（クエン酸と水、1対1の割合）…5g
リキュール…適宜

［作り方］

1 Aをあらかじめよく混ぜておく。鍋にパイナップルピューレとAを混ぜ、15分置いておく。
2 1にグルコースを加えて火にかける。鍋の縁にあたる部分が、ふつふつし始めたら、グラニュー糖を2〜3回に分けて加え混ぜる。
3 鍋の真ん中から完全に沸騰している火加減を保ち、たえず混ぜながら煮詰め、105〜106℃で火を止める。クエン酸溶液を加え混ぜてバットにあけておく。
4 粗熱がとれたらロボクープに移し、なめらかなテクスチャーになるまで回す。かた過ぎるようなら、リキュールなどでゆるめる。

レモンガナッシュ

［材料］

◆直径2.7cm×高さ1.5cm　約200粒

33%ホワイトチョコレート…150g
カカオバター…13g
レモン果汁…100g
グルコース…13g

［作り方］

1 ホワイトチョコレートとカカオバターを溶かしておく。（店ではウォーマー35℃設定を使用。）
2 鍋にレモン果汁、グルコースを入れ、沸騰させる。
3 1に2を少しずつ注ぎ、ホイッパーで乳化させる。

オレンジガナッシュ

［材料］

◆直径2.7cm×高さ1.5cm　約200粒

38%ミルクチョコレート…110g
33%ホワイトチョコレート…15g
A
- オレンジ果汁…90g
- パッションフルーツピューレ…10g
- レモン果汁…20g

グラニュー糖…50g
グルコース…40g
オレンジゼスト…1/2個分
グランマルニエ…35g

［作り方］

1 2種のチョコレートをウォーマーで溶かしておく。
2 Aを鍋に入れ、沸騰させる。
3 同時にグラニュー糖、グルコースを加熱して煮溶かし、ごく薄い色のキャラメルにする。
4 3に2を加え、105〜106℃まで煮詰め、火を止めてオレンジゼストを入れる。
5 グランマルニエを入れ、再び火にかけてフランベし、アルコールを飛ばす。
6 粗熱がとれたら、溶かしておいたチョコレート（約25℃）に、少しずつ加え混ぜて、乳化させる。量が多いときはハンドブレンダーをかける。

型どり

［材料］

◆仕込み量

チョコレート用色素（赤・黄色）…各適量
33%ホワイトチョコレート…適量

［作り方］

1 テンパリングしたホワイトチョコレートに赤と黄色それぞれを溶かす。
2 それぞれをピストレに入れて型に吹きつけ、余分な色素をスケッパーなどで削り取る。
3 テンパリングしたホワイトチョコレートを2に流し、台の上で型をたたき振動を与えて、チョコレートのなかの気泡を浮かせて抜く。
4 すぐに型を裏面に返して、チョコレートを落とし、固まりかけるまで伏せておく。
5 スケッパーなどで余分なチョコレートをこそげ落とす。

組み立て・仕上げ

［材料］

◆直径2.7cm×高さ1.5cm　約200粒

64%チョコレート…適量
33%ホワイトチョコレート…適量
金箔…適量

［作り方］

1 型どりした型にパイナップルソースを約3g絞る。
2 レモンガナッシュを1g、うすい層を作る程度に絞って、17℃の環境にひと晩おいて結晶化させる。
3 翌日、レモンガナッシュの上にオレンジガナッシュ2gを絞る。型の縁から1mm残すようにする。17℃・湿度40%設定のエイジングストッカーにひと晩置いて、結晶化させる。
4 翌日、テンパリングしたチョコレートを型に流し、スケッパーなどを使ってふた閉めをする。
5 固まったら型からはずし、テンパリングしたホワイトチョコレートでラインを引き、金箔を飾る。

ミュスカディーヌ

ガナッシュ

［材料］

◆直径1.3cm×長さ3cm　約150個分

A
- プラリネアマンド…100g
- プラリネノワゼット…100g

カカオバター…95g
38%生クリーム…175g
コアントロー…21g

［作り方］

1 Aに、あらかじめ溶かしておいたカカオバターを加え混ぜる。
2 鍋に生クリームを沸騰させ、1に少しずつ注ぎながら、泡立て器で混ぜる。
3 コアントローを入れて混ぜ、28℃くらいに温度を調整する。
4 3をミキサーボウルに移して、ホイッパーで白っぽくなりムースのような質感になるまで、攪拌する。目安はホイッパー持ち上げると跡がつく程度。
5 4を11ミリの口金をつけた絞り袋で、樹脂製マットの上に棒状にしぼる。固まりやすいので作業は手早くおこなう。
6 17℃・湿度40%設定のエイジングストッカーにひと晩置いて、結晶化させる。

カットする

［材料］

◆仕込み量

ガナッシュ…適量

［作り方］

1 棒状に絞ってひと晩おいたガナッシュを、3cm長さにカットする。

組み立て・仕上げ

［材料］

◆仕込み量

ガナッシュ…適量
64%チョコレート…適量
粉糖…適量

［作り方］

1 ガナッシュをチョコレートフォークを使って、テンパリングしたチョコレートにくぐらせ、バットに入れておいた粉糖に落とす。さっと転がして、模様をつける。やわらかく、溶けやすいため慎重に作業する。

マシュマカロン マンゴーパッション

ソース

[材料]

◆1回に作りやすい量

A
- ペクチン…8g
- グラニュー糖…38g

マンゴーピューレ…175g
パッションフルーツピューレ…175g
グルコース…75g
グラニュー糖…340g
クエン酸溶液（クエン酸と水の比率1対1）…5g
リキュール…適宜

[作り方]

1 Aをあらかじめよく混ぜておく。鍋に2種類のピューレとAを混ぜ、15分置いておく。
2 1にグルコースを加え、火にかける。鍋のふちがフツフツとし始めたら、グラニュー糖を2〜3回に分けて加え、その都度混ぜる。
3 鍋の真ん中から沸いている火加減を保ち、106℃まで混ぜて煮詰める。
4 火を止めて、クエン酸液を加え混ぜ、バットにあける。
5 粗熱がとれたら、ロボクープに移し、なめらかになるまで回す。かた過ぎるようなら、リキュールなどでゆるめる。

ギモーヴ

[材料]

◆2.2cm×3cm×H2cm　192粒分

パッションフルーツピューレ…100g
グラニュー糖　130g
転化糖…113g
板ゼラチン…9g（ふやかしておく）

[作り方]

1 鍋にパッションフルーツのピューレ、グラニュー糖、転化糖50gを加えて火にかけ、109℃まで煮詰める。
2 ミキサーボウルに転化糖63g、ゼラチン、1を入れ、ホイッパーを持ち上げると、跡が残るくらいまでムース状に泡立てる。

型どり

[材料]

◆仕込み量

チョコレート用色素（黄色）…適量
パールパウダー…適量
38%ミルクチョコレート…適量

[作り方]

1 温めたチョコレート用色素に、パールパウダーを加え混ぜ（31〜32℃）、ピストレで型に薄く吹きつける。
2 指で触れてもつかなくなったら、テンパリングしたチョコレートを型に流す。
3 台の上で型を叩いて、細かく揺すり気泡を浮かす。
4 型を裏返し、余分なチョコレートを落とし、固まりはじめるまで伏せておき、さらにスケッパーでこそげ落とす。

組み立て・仕上げ

[材料]

◆仕込み量

ソース…適量
ギモーヴ…適量
38%ミルクチョコレート

[作り方]

1 ソースの温度が20℃前後になったら、型どりした型に2gずつ絞る。
2 ギモーヴを9分目まで絞り入れる。
3 17℃・湿度40%設定のエイジングストッカーにひと晩おいて、結晶化させる。
4 翌日、テンパリングしたミルクチョコレートを型に流す。
5 スケッパーなどでふた閉めする。

LE PETIT BONHEUR

ル・プティ・ボヌール

フランスで出合った ショコラティエの仕事から

エッフェル塔をかたどったチョコレートをはじめ、フランスの型をつかったボンボンなど、女性に人気のショコラトリー。フランス、ロワール地方にあるM.O.F.のパティスリーで経験を積んだ、オーナーショコラティエの廣嶋恵さん。パリのムッシュウ ショコラ、ジャン＝マルク・リュエ氏のもとで、ショコラティエとしての仕事を本格的に学んだ。フランスで長く親しまれて来た、見て食べて幸福感に満たされるチョコレートに強く惹かれたという。

ナツメグの実をかたどった「ミュスカディーヌ」もそのひとつ。本場のロワール地方のトゥールで作っていたそうだが、パリで学んだレシピがベースになっている。プラリネの深みのある香ばしさと、ふわっとコアントローのオレンジの香りが広がる、とろんとした口どけが特長。カカオバターをはじめとする材料をきちんと調温して、白っぽくムースのような質感になるまで、撹拌するのがポイントだという。あとの作業は手早く、抱かせた気泡をこわさないように結晶化させないといけない。コーティングして粉糖をくぐらせたあと、ナツメグの実の表面にあるようなしわを、フォークでつけるが、とけやすいので、つねに慎重におこなっている。

小さな一粒で多彩な表現 カクテルの再現も

ビーン・トゥ・バー、カカオの風味に重点を置くショコラトリーが主流のなか、愛らしいビジュアル、フルーツを積極的に使っている。なぜなら、「ボンボンショコラの魅力は小さな一粒で、食感、香りなどで多彩な表現ができること」にもあるからだ。

例えば、バレンタインの贈りものとして考案した「シンデレラ」。華やかな柑橘系、伝統的なノンアルコールカクテルといわれる、シンデレラを、ボンボンに再構成したものだ。オレンジとレモン、2種類のガナッシュに、パイナップルソースが、小さなボンボンのなかに閉じ込められている。3つの要素をブレンドする配合も考えてみたが、フルーツの味のひとつひとつが、きらめくように口の中で溶けて、余韻を残していくようにしたいと、別々に絞り込むレシピに落ち着いた。

型どりした型に、2種のガナッシュを2gずつ薄い層をつくる程度に絞ることは、かなり神経を要する作業。口金をつかわず、絞り袋の先を、カットして使うほうがやりやすいそうだ。

小さなセンターに、フルーツの複数の要素をしのばせているのは、「マシュマカロン」も同じ。マカロン型に出合ったのがきっかけで、ホワイトデー向けのボンボンに。カシスとオレンジ、ライチとフランボワーズ、パッションとマンゴー、あんずと桃など7種も。フランスのマシュマロ、フルーツのギモーブとソース、ふたつの食感が合わさることで、みずみずしい味わいに。

一部ではあるが、旬のフルーツの香り高さは、既製のピューレにはない魅力があるので、ときには自家製のピューレも使用。「シンデレラ」の味を決めるパイナップルは、フレッシュのものを完熟させて使っている。

また、みずみずしさ、愛らしさを視覚的に表すことも大事にしている。色調の美しさと光沢には定評がある。

「カカオバターは28℃以下の適温で使うこと、テンパリングがきちんとできているチョコレートで……」さらに、型にツヤがあれば、必ずツヤが出るという。日頃から、型の内側を傷つけないように注意深く扱い、洗ったあとは、やわらかな布で拭いて、さらに繊維のくずがついていないかどうかを、しっかりとチェックしている。

シェフ自身がパリでイースターのうさぎやたまご、愛らしい細工もののチョコレートに出合ったときのワクワク感を、見た目にも口にしたときにも、感じてもらうための工夫が、細やかに凝らされている。

✳ ✳ ✳ ✳

お店の紹介

ボンボン・ショコラの掲載ページ

OCTOBRE
オクトーブル

⇨ P124

都内とパリの有名店で修業を重ね、「リンツ&シュプルングリージャパン」のシェフを務めた神田智興氏が2013年に開店。オリジナルな表情に富む正統派フランス菓子が人気。

住所：東京都世田谷区太子堂3-23-9
電話：03-3421-7979
営業時間：10時～19時
定休日：火曜日

マールブランシュ 加加阿365祇園店
マールブランシュ カカオ365ギオンテン

⇨ P054

「京のほんまもん」をテーマにした、パティスリー「マールブランシュ」のショコラトリー。お干菓子のようなショコラや毎日替わるショコラなどを求めて遠方からの来店も多数。

住所：京都府京都市東山区祇園町南側570-150
電話：075-551-6060
営業時間：10時～18時
定休日：無休
URL：http://www.malebranche.co.jp/

ASSEMBLAGES KAKIMOTO
アッサンブラージュ カキモト

⇨ P102

パティシエ、ショコラティエ、キュイジニエ、3つの顔を持つ垣本晃宏さん。セロリ、大葉などユニークな食材がチョコレートと見事に融合した、唯一無二のショコラが味わえる。

住所：京都府京都市中京区竹屋町通寺町西入る松本町587-5
電話：075-202-1351
営業時間：12時～19時、イートイン12時～17時、18時～23時(L.O.20時30分)(予約のみ)
定休日：火曜日、第2・第4水曜日(不定休)
URL：http://assemblages.jp/

GATEAU DES BOIS LABORATOIRE
ガトー・ド・ボワ ラボラトワール

⇨ P088

フランス菓子をひろめ、関西のパティスリーを牽引してきた。本店とは別に構えたラボはゆったりとしたサロンを併設。チョコレート菓子はプチガトー、焼き菓子、マカロンとさすがのレパートリー。

住所：奈良県奈良市四条大路3丁目4-54
電話：0742-93-8016
営業時間：10時～20時(サロンは18時半L.O.19時まで)
定休日：水曜日、第3木曜日定休
URL：http://www.gateau-des-bois.com/

Pâtisserie et les Biscuits UN GRAND PAS
アングランパ

⇨ P096

老舗の東京・世田谷『オーボンヴュータン』やパリ『ストレー』などで修業を重ね、2013年10月に独立開業。生菓子、ショコラのほか、贈答用の焼き菓子にも力を注ぐ。

住所：埼玉県さいたま市大宮区吉敷町4-187-1
電話：048-645-4255
営業時間：10時～19時30分(日曜日～19時)
定休日：月曜日(祝日の場合は翌火曜日)、第1・第3火曜日
URL：https://www.facebook.com/UN.GRAND.PAS/

Chocolatier La Pierre Blanche

ショコラティエ ラ・ピエール・ブランシュ

⇨ P060

日本を代表するショコラティエの白岩さんが、シンプル・ピュア・ナチュラルをモットーに丁寧なチョコレート菓子を作る。ボンボン・ショコラは夏期以外には50～60種と豊富。

住所：兵庫県神戸市中央区下山手通4−10−2
電話：078−321−0012
営業時間：10時～19時、日曜日10時～18時
定休日：火曜日
URL：http://www.la-pierre blanche.com/

CLUB HARIE八日市の杜

クラブ ハリエ ようかいちのもり

⇨ P024

「CLUB HARIE」で唯一、ショコラをテーマにした杜《もり》の中に佇む店舗。ボンボン・ショコラ以外にも「バームクーヘン ショコラ」などここ限定のお菓子やカフェメニューが楽しめる。

住所：滋賀県東近江市八日市緑町38−15
電話：0748 22 7777
営業時間：9時～18時、カフェ10時～18時（L.O.17時）
定休日：無休（1月1日を除く）
URL：http://clubharie.jp/home/

chocolaterie COCO

ショコラトリー ココ

⇨ P250

2015年11月の開店。プロの間でも評価が高い。ボンボンはカカオ感を生かしたものから、手間をかけた三層、四層仕立てのガナッシュなど幅広く40種。ていねいな作りこみの焼き菓子は手みやげに人気。

住所：大阪市中央区南久宝寺町1−5−15COZY南久宝寺1F
電話：06−7181−1743
営業時間：11時～19時
定休日：月曜日定休
URL：https://www.facebook.com/Chocolaterie-COCO-1128397110521789/

CRIOLLO

クリオロ

⇨ P006

2000年にお菓子教室としてスタートし、2016年にリニューアル。在日20余年のフランス人パティシエサントス・アントワーヌ氏の、進化を続けるお菓子やチョコレートが人気。

住所：東京都板橋区向原3−9−2
電話：03−3958−7058
営業時間：10時～20時
定休日：火曜日（祝日は営業）
URL：http://www.ecolecriollo.com

CHOCOLATERIE PATISSERIE SoLiLité

ショコラトリ・パティスリ ソリリテ

⇨ P046

大阪「なかたに亭」、東京・自由が丘「オリジーヌ・カカオ」を経て、2015年11月に独立。今や大阪を代表する1軒に。チョコレートの魅力を知るショコラトリーらしいショコラ、プチガトー、焼き菓子の3本柱の構成。

住所：大阪市西区江戸堀2−2−5
電話：06−4980−8518
営業時間：10時～19時
定休日：火曜定休
URL：http://solilite.site/

Chocolatier EauRouge

ショコラティエ オウルージュ

⇨ P156

ショコラにこだわり抜く足立晃一シェフが2007年1月にオープン。カカオの風味を十全に活かすことを考えたショコラ作りと、品質を守るための限られた販売期間がショコラ愛好家の心を掴んでいる。

住所：静岡県駿東郡長泉町中上狩874 1
電話：055−950−9898
営業時間：11時～19時（売り切れ次第終了）
定休日：火曜日、4月～10月は閉店
URL：http://rouge5934649.wixsite.com/eaurouge

PATISSERIE a terre
パティスリー アテール

⇨ P172

2016年12月に同エリア内で駅近に移転。シックな空間に、ベーシックなフランス菓子が多彩に並ぶ。目下、チョコレート系商品の充実化に注力しようと、商品開発中。

住所：大阪府池田市城南1-2-3
電話：072-748-1010
営業時間：10時～19時
定休日：水曜日
URL：http://aterre.citylife-new.com/

chocolate branch
チョコレートブランチ

⇨ P218

工場の多い郊外という立地とあって、男性客も多いショコラトリー。ほぼ独学で技術を高めた時本祐司シェフによる、華やかで香り高いボンボン・ショコラが常時約20種並ぶ。

住所：大阪府豊中市原田中1-17-5
電話：06-6854-8028
営業時間：11時～19時
定休日：水曜日
URL：http://www.chocolate-branch.com/

Patisserie cri de coq
パティスリー クリ ド コック

⇨ P226

関西の有名パティスリーとショコラトリーで経験を積んだ深澤シェフが2014年に独立。地元の素材を使用したお菓子などが並ぶ。シックでモダンなカフェスペースも併設。

住所：大阪府箕面市白島3-7-2 LA GARELLIA 1F
電話：072-729-0285
営業時間：10時～19時30分
定休日：水曜日、第1木曜日
URL：https://www.facebook.com/patisseriecridecoq

TIKAL by BROADHURST's
ティカール バイ ブロードハースト

⇨ P080

大阪のビジネス街淀屋橋の一角で、イギリス人のシェフが母国の菓子のうまさを伝え続ける『ブロードハースト』がプロデュース。ポップな斬新さと伝統が同居するボンボンを夏季を除いて10数種そろえている。

住所：大阪市中央区伏見町3丁目3-3　芝川ビル1F
電話：06-6232-0144
営業時間：11時30分～19時（土曜日・日曜日18時まで）
定休日：月曜日
URL：https://www.facebook.com/Tikal-by-Broadhursts-193136077398026/

Pâtisserie Chocolaterie Ordinaire
パティスリー ショコラトリー オーディネール

⇨ P180

オーナーシェフ長谷川益之さん、ショコラティエ実由起さん夫婦によるパティスリー。ボンボン・ショコラは冬季限定販売で約10種、すべて180円。トリュフのみ通年販売。

住所：大阪府大阪市西区南堀江2-4-16
電話：06-6541-4747
営業時間：11時～20時
定休日：木曜日（水曜日臨時休業あり）
URL：https://www.facebook.com/p.ordinaire

W.Bolero
ドゥブルベ ボレロ

⇨ P110

南仏をイメージした一軒家で渡邊シェフが腕を振るうパティスリー&サロン。2015年よりC.C.C.ショコラアワードで2年連続金賞受賞など、ショコラティエとしても実力派。

住所：滋賀県守山市播磨田町48-4
電話：077-581-3966（電話対応は10時～）
営業時間：11時～20時
定休日：火曜日（祝日の場合は翌日、月に1度連休あり）
URL：http://www.wbolero.com/

Pâtisserie Miraveille
パティスリー ミラヴェイユ

⇨ P140

フランスのショコラトリーで修業をした妻鹿シェフによる、フルーツいっぱいのお菓子が並ぶ。17年に改装してショコラ用のショーケースを設置、ショコラが通年販売になった。

住所:兵庫県宝塚市伊子志3-12-23 102
電話:0797-62-7222
営業時間:10時～19時(売り切れ次第閉店)
定休日:水曜日、第2·第4木曜日
URL:http://miraveille.com/

Pâtisserie chocolaterie Chant d' Oiseau
パティスリー ショコラトリー シャンドワゾー

⇨ P036

ベルギーで研鑽を積んだモールドを使う美しいボンボン・ショコラが好評。2017年9月、本店近くにイートインスペースを併設したアイスクリームとチョコレート専門店をオープン。

住所:埼玉県川口市幸町1-1-26
電話:048-255-2997
営業時間:10時～20時(売り切れ次第終了)
定休日:不定休
URL:http://chant-doiseau.com

Pâtisserie Les années folles
パティスリー レザネフォール

⇨ P118

伝統的なフランス菓子に革新を加えながら、独自の感性でわかりやすくシンプルな味わいを表現した多種多彩な菓子が注目されている。2018年4月に中野に新店舗をオープンする予定。

住所:東京都渋谷区恵比寿西1-21-3
電話番号:03-6455-0141
営業時間:10時～22時
定休日:不定休
URL:http://lesanneesfolles.jp

Pâtisserie Chocolaterie Ma Prière
パティスリー ショコラトリー マ·プリエール

⇨ P074

日本とフランスで腕を磨き、コンクール入賞経験も豊富な猿舘シェフが2006年オープン。ボンボン・ショコラは常時80品以上。プチガトーも7～8割がチョコレート系。

住所:東京都武蔵野市西久保2-1-11バニオンフィールドビル1F
電話:0422-55-0505
営業時間:10時～20時
定休日:不定休
URL:http://www.ma-priere.com/

Patisserie LES TEMPS PLUS
パティスリー レタンプリュス

⇨ P164

藤生義冶氏、河田勝彦氏の下で修業し、パリで研鑽した熊谷治久氏が2012年に開店。生菓子、焼き菓子、チョコレート、コンフィズリー、パンと幅広い品揃え。カウンター席あり。

住所:千葉県流山市東初石6-185-1　エルピス1階
電話:04-7152-3450
営業時間:9時～20時
定休日:水曜日、第1·第3火曜日(祝日は営業)
URL:http://lestempsplus.com

Pâtisserie Noliette
パティスリー ノリエット

⇨ P015

1993年開店。永井紀之シェフは「オーボンヴュータン」を経てパリなどで修業。2014年リニューアル。3階はサロンとレストラン。どの商品からもフランス菓子一筋の思いが伝わる。

住所:東京都世田谷区赤堤5-43-1
電話:03-3321-7784
営業時間:10時～19時
定休日:水曜日、第1·第3火曜日
URL:http://www.noliette.jp

POIRE帝塚山本店
ポアール テヅカヤマホンテン

⇨ P132

本店がある帝塚山を中心に府内に7店舗展開。スイーツのみで構成されたフルコース、他店とコラボレートしたショコラなど、常に新しい挑戦でユニークな商品を生み出している

住所:大阪府大阪市阿倍野区帝塚山1-6-16
電話:06-6623-1101
営業時間:9時～22時
定休日:元旦
URL:http://www.poire.co.jp/

14 Juillet
フランス菓子 キャトーズ・ジュイエ

⇨ P068

1991年開店。白鳥裕一シェフは「クドウ」、「アルパジョン」を経てパリで修業。国内外のコンクールで活躍。2007年、新丸ビルに「キャトーズ・ジュイエTokyo」をオープン。

住所:埼玉県越谷市千間台東2-13-31
電話:048-979-8608
営業時間:9時～19時(夏期)、9時～20時(冬期)
定休日:水曜日
URL:http://www.14juillet.jp

LE BONBON ET CHOCOLAT
ボンボンショコラ

⇨ P244

大阪で10年、フランスで2年修業をした前田さんが「おいしいチョコレートを食べたい」との思いから2015年にオープン。ボンボン・ショコラ8種とケーキ、ジェラートが並ぶ。

住所:滋賀県長浜市元浜町18-22
電話:0749-65-5560
営業時間:10時～17時
定休日:水曜日、木曜日(祝日は営業)
URL:http://le-bonbon-et-chocolat.com/

Pâtisserie le Lis
フランス菓子 ル リス

⇨ P232

『オリジンヌ・カカオ』などでショコラティエとしての腕を磨いた須山シェフが、親しみやすく地元客に愛される味わいを提供。季節ごとのイベント菓子も多彩に展開している。

住所:東京都三鷹市下連雀1-9-16 KENTビル1階
電話:0422-70-5002
営業時間:10時～19時(日曜日は～18時)
定休日:火曜日・第3月曜日(祝祭日等により変更あり)
URL:https://www.facebook.com/patisserie.lelis/

MAISON BON GÔUT
メゾンボングゥ

⇨ P206

「ノリエット」出身の伊藤さん夫妻が2013年12月に開業。フランス「メゾン・フェルベール」で学んだコンフィチュールや、生菓子、パン、ショコラなど幅広い商品を提供。

住所:神奈川県茅ヶ崎市松ヶ丘1-10-1
電話:0467-53-9215
営業時間:10時～19時(日曜日～18時)
定休日:月曜日、第1と第3火曜日
URL:http://www.maison-bon-gout.com/

Pâtisserie Chocolaterie Confiserie Traiteur BLONDIR
ブロンディール

⇨ P186

フランスのパティスリーを再現したようなクラシカルな店内に、本場の味を届ける生菓子や焼菓子、コンフィズリーなどを多種多彩にそろえ、地元客の人気を集めている。

住所:東京都練馬区石神井町4-28-12
電話:03-6913-2749
営業時間:10時～20時(土曜日・日曜日・祝日は～19時30分)
定休日:水曜日(他、休業日あり)
URL:http://www.blondir.com/

PÂTISSERIE CHOCOLATERIE REMERCIER
パティスリー ショコラトリー ルメルシエ

⇨ P212

「ミッシェル・ブラン」、「テオブロマ」などで修業し、「デカダンスドュ ショコラ」でシェフを務めた三本さんが2017年5月に開業。ボンボン・ショコラは20品以上。

住所:神奈川県横浜市港北区日吉4-4-20
電話:045-566-7557
営業時間:10時～20時
定休日:不定休

LA PÂTISSERIE BELGE
ラ・パティスリー・ベルジュ

⇨ P238

2014年10月開業。ベルギーで4年半修業し、クープ・デュ・モンド・ドゥ・ラ・パティスリーで日本人初のベルギー代表に選出された鈴木シェフが、本場仕込みのチョコレートと生菓子を提供している。

住所:千葉県鴨川市横渚138-1
電話:04-7093-1145
営業時間:9時30分～19時30分
定休日:水曜口
URL:http://www.belge.co.jp/

Relation entre les gâteaux et le café
ルラシオン・アントル・レ・ガトー・エ・ル・カフェ

⇨ P148

2013年2月に開業。フランスで修業した野木シェフのお菓子と、バリスタの奥様が淹れるコーヒーとのマッチングを提案する。イートインあり。

住所:東京都世田谷区南烏山3-2-8
電話:03-6382-9293
営業時間:10時～20時(喫茶およびテイクアウトドリンクのL.Oは19時30分)
定休日:火曜日
URL:http://www.relation-entre.com/

LE CHOCOLAT HATT
ル ショコラ アット

⇨ P200

繁盛店「ラ・ベルデュール」が手掛けるジェラート&ショコラ専門店。2014年5月開業。ボンボン・ショコラやタブレット、ジェラート、グラスアントルメなどを提供。

住所:神奈川県横浜市泉区緑園5-29-3
電話:045-810-3161
営業時間:11時～18時30分(イートインはL.O.18時)
定休日:月曜日(祝日の場合は営業、翌火曜日休み)
URL:https://chocolathatt0516.wixsite.com/chocolathatt

LES CACAOS
レ・カカオ

⇨ P192

「ピエール・マルコリーニ」(東京)のシェフを務めた黒木琢磨氏が2016年に開店したビーントゥバー。ボンボンをはじめタブレット、生菓子など多彩なチョコレート商品が揃う。

住所:東京都品川区東五反田2-19-2　第二東都ビル1階
電話:03-6450-2493
営業時間:11時～19時
定休日:火曜日
URL:http://www.les-cacaos.shop

LE PETIT BONHEUR
ル・プティ・ボヌール

⇨ P256

フランスで学んだ技術をベースに、女性ショコラティエが見た目にも味わいにもボンボンの多彩な魅力を紹介する専門店。ギモーヴ、コンフィチュールに焼き菓子も。大阪の人気店が2018年初頭に移転。

2018年初頭に東京・世田谷に移転。現在、新店オープンのため準備中。開業の情報や、開業後の営業時間、定休日はフェイスブックで確認を。
URL:https://www.facebook.com/%E3%83%AB%E3%83%97%E3%83%86%E3%82%A3%E3%83%9C%E3%83%8C%E3%83%BC%E3%83%AB-1390709841228737/

ボンボン・ショコラの技術

発行日　2017年12月8日　初版発行

編者　旭屋出版書籍編集部《あさひやしゅっぱんしょせきへんしゅうぶ》
発行者　早嶋　茂
制作者　永瀬正人
発行所　株式会社 旭屋出版
〒107-0052
東京都港区赤坂1-7-19 キャピタル赤坂ビル8階
郵便振替　00150-1-19572
TEL　03-3560-9065（販売）
03-3560-9066（編集）
FAX　03-3560-9071（販売）
03-3560-9073（編集）
URL　http://www.asahiya-jp.com

印刷・製本 株式会社 シナノパブリッシング プレス

ISBN978-4-7511-1307-3

●編集・取材　井上久尚
●取材　川田早苗　久保田恵美　笹木理恵　志木田理絵
関由都子　高橋昌子　那須陽子　西倫世　藤田アキ
●撮影　岡田久仁子　川井裕一郎　川瀬典子　合田慎二
佐々木雅久　佐々木義仁　野辺竜馬　畑中勝如
●デザイン　冨川幸雄（studio Freeway）